中等职业教育“十二五”规划教材
中职中专电子商务类教材系列

电子商务案例教程

肖　嘉　丛凤英　蔡锦晖　主　编
李　翀　邓志娟　李留山　副主编

科 学 出 版 社
北　京

内 容 简 介

本书根据电子商务的发展现状，从电子商务的技术实现、商业模式、行业应用、法律问题及综合建设五个方面，剖析有关行业电子商务系统，并对相关典型案例展开分析，从多个角度阐述企业在互联网上的商业活动，使学生增进对电子商务的网站建设、技术操作及业务处理的认识，提高专业能力，为学生今后的创业、就业打下良好的基础。

本书融合了计算机网络技术、电子商务技术、网络营销、经济学、法律等多门学科的相关内容，在写作编排上强调图文并茂、通俗易懂，设置了“知识链接”和“读一读”、“议一议”等小模块，以及“知识拓展”，“案例拓展”等部分，以提高学习效果。

本书适合作为中等职业学校电子商务、经济管理类及其相关专业的教材；也适合企业各部门业务人员、信息技术人员阅读；还可作为相应层次电子商务培训班的教材。

图书在版编目(CIP)数据

电子商务案例教程/肖嘉，丛凤英，蔡锦晖主编．—北京：科学出版社，2011

(中等职业教育“十二五”规划教材·中职中专电子商务类教材系列)

ISBN 978-7-03-031015-6

Ⅰ.①电… Ⅱ.①肖… ②丛… ③蔡… Ⅲ.①电子商务-案例-分析-中等专业学校-教材 Ⅳ.① F713.36

中国版本图书馆 CIP 数据核字(2011)第 085365 号

责任编辑：殷晓梅 / 责任校对：刘玉靖

责任印制：吕春珉 / 封面设计：耕者设计工作室

科学出版社 出版

北京东黄城根北街 16 号

邮政编码：100717

http://www.sciencep.com

新科印刷有限公司 印刷

科学出版社发行　各地新华书店经销

*

2014 年 3 月第 一 版　开本：787×1092 1/16

2021 年 8 月第七次印刷　印张：12 1/2

字数：263 000

定价：38.00 元

(如有印装质量问题，我社负责调换〈新科〉)

销售部电话 010-62140850　编辑部电话 010-62148322

前　言

21 世纪是网络经济不断发展成熟的世纪。作为新经济时代重要特征的电子商务，打破了传统的思想观念，成为新的经济运作模式，并给传统行业带来了的重大变革。随着全球信息网络的建立和完善，在短短几年中，涌现出了大批新兴的从事电子商务的企业，许多传统企业也加入网络中发展电子商务。电子商务的发展不仅影响单个企业的竞争优势，而且关系整个国家经济发展的速度。

新一代电子商务正在改变企业经营的面貌。电子商务之所以受到重视，是因为它具有区别于其他经济运作方式的特点和诱人的发展前景。它可以使企业的经营业务不受时间与空间的限制，有助于降低企业的成本，提高竞争力，尤其能使中小企业以更低的成本进入国际市场参与竞争。

本书编者介绍了电子商务的发展现状，剖析了现代电子商务系统，对各类案例进行分析，从多方面阐述了企业在网上的商业活动，以提高学生对电子商务案例的分析能力和对电子商务建设、操作、处理的认识，为学生铺垫了掌握电子商务的理论与实践，融会贯通各方面知识的基础。

全书共 6 章，主要内容包括 Internet 技术、网站建设与维护案例、Internet 商务案例、电子商务行业案例、电子商务法律案例、电子商务综合案例等。编者打破了按行业划分案例、单纯介绍网站的教材编写方式，而是更注重于教材之中融合计算机网络技术、电子商务技术、网络营销、经济学、法律等多个学科的相关内容于教材之中，并结合我国电子商务发展过程中出现的实际案例，以及现有多个相关行业电子商务企业的技术特点、实现方式、商业模式、核心优势及法律问题，进行综合介绍和引发思考，使本书更具有独特性与实用性。

本书在内容呈现上，设置了“知识要点”、“典型案例”、“案例分析”、“知识拓展”与“案例拓展”等部分，以“知识”与“案例”为主线，以“学习”与“模仿”为手段，培养学生分析问题，解决问题的能力。

本书由肖嘉、丛凤英、蔡锦晖任主编并负责本书总纂、修改和审定，李翀、邓志娟、李留山任副主编并协助主编组稿、审稿等。参加本书编写的人员还有张宝顺、许晓斌、张智荣、王得加。

在编写本书的过程中，编者参考了大量的网站和文献，同时为了保持案例的真实性和资料的原始性，对某些资料进行了直接引用。这里，编者对所有这些网站版权所有者和文献著作者表示真诚的感谢。

由于编者水平有限，且编写时间紧迫，以及计算机网络技术和电子商务发展迅速，本书难免存在疏漏之处，恳请广大读者批评指正。

编　者

2014 年 3 月

目　录

第一章　Internet 技术

【导读】

电子商务是建立在 Internet 上的现代商务模式。企业要开展电子商务，必须了解电子商务常用的技术，特别是 Internet 开展电子商务所涉及的搜索、安全认证和其他最新技术。

本章围绕电子商务常用的技术，通过电子商务技术案例分析，加强学生对电子商务技术与电子商务关系的理解，培养对电子商务软件的应用能力、选择评价能力和学以致用的实践精神。

第一节　搜索引擎案例

知识要点

1. 搜索引擎的定义

搜索引擎是为网络用户提供信息查询服务的计算机系统，也可以说是一类提供信息检索服务的网站，它根据一定的策略，运用特定的方法搜集互联网上的信息，并对信息进行组织和处理，将处理后的信息通过计算机网络显示给用户。搜索引擎包括信息搜集、信息整理和用户查询三部分。

最早的搜索引擎是 1990 年由加拿大麦吉尔大学的三名学生（Alan Emtage、Peter Deutsch、Bill Wheelan）发明的 Archie。Archie 是第一个自动索引互联网上匿名 FTP 网站文件的程序，还不是真正的搜索引擎。

1994 年 4 月，斯坦福大学的美籍华人杨致远和大卫·费罗（David Filo）共同创办了雅虎（图 1-1）。由人工选择、整理互联网上的优秀网站，并简要描述，分类放置到不同目录下，用户必须通过一层一层的单击来查找自己想找的网站，这其实就是网站分类目录。在此后的一段时期内，以雅虎为代表的网站分类目录查询非常流行。

网站分类目录适用于互联网信息不是特别多的情况，随着互联网信息的几何式增长，网站分类目录已无法满足人们的需求，这时就出现了真正意义上的搜索引擎，即全文检索搜索引擎。全文检索搜索引擎通过计算机程序搜索互联网上的所有超级链接，把超级链接所链接的页面放入索引数据库，按照一定方法对要输出的结果排序。

图 1-1　雅虎网站首页

读一读

搜索引擎模式

搜索引擎模式就是搜索引擎服务商凭借提供个性化、智能化的信息查询服务，吸引大量企业用户和消费者登录网站，以此为优势，通过竞价排名或固定排名等服务，吸引搜索引擎推广客户成为其付费客户，进行网站、产品、服务推广的互联网应用模式。

由于全文检索搜索引擎的工作方式和互联网的快速发展，其搜索的结果让人越来越不满意，搜索结果多而杂。这时就出现了大学搜索、新闻搜索、图书搜索和图片搜索等专业化、行业化的搜索，也被称为垂直搜索。

2. 搜索引擎的分类

谈到搜索引擎，人们首先想到的是百度(http://www.baidu.com)和Google(http://www.google.com.hk)，如图1-2和图1-3所示。那么搜索引擎到底有哪些类型？这需要从不同的角度进行划分。

图 1-2　百度搜索网站

图 1-3　Google 搜索网站

(1) 按工作原理划分

从工作原理来分，搜索引擎可以分为全文检索搜索引擎、分类目录式搜索引擎和元搜索引擎。

1) 全文检索搜索引擎。全文检索搜索引擎是纯技术的搜索引擎，如 Google、AltaVista、百度等，其原理是通过机器手(Spider 程序)到各个网站收集、存储信息，并建立索引数据库供用户查询。

2) 分类目录式搜索引擎。分类目录式搜索引擎并不采集网站的任何信息，而是利用各网站向搜索引擎提交网站信息时填写的关键词和网站描述等资料，经过人工审核编辑后，如果符合网站登录的条件，则被输入数据库以供查询。雅虎是分类目录式搜索引擎的典型代表。

3) 元搜索引擎。元搜索引擎是一种调用其他独立搜索引擎的引擎，元搜索引擎在接收用户查询请求时，同时在其他多个引擎上进行搜索，并将结果返回给用户。著名的元搜索引擎有 InfoSpace、Dogpile、Vivisimo 等，中文元搜索引擎中具有代表性的有万纬搜索、Jopee 元搜索等。

(2) 按发展历史划分

从发展历史来看，目前搜索引擎可以分为第一代搜索引擎、第二代搜索引擎、第三代搜索引擎、第四代搜索引擎和第五代搜索引擎。

1) 第一代搜索引擎。第一代搜索引擎是指主要依靠人工分拣的分类目录搜索，以雅虎为代表。

2) 第二代搜索引擎。第二代搜索引擎是以超链接分析为基础的机器手抓取技术为基础，以 Google、百度为代表。

3) 第三代搜索引擎。第三代搜索引擎是根据内容相关度、网页权重和用户搜索行为结果进行动态排序的搜索引擎，搜狗(http://www.sogou.com)的互动式搜索号称全球第一个“第三代中文互动式搜索引擎”，在用户输入一个查询词时，能尝试理解用户可能的查询意图，给予多个主题的搜索提示，引导用户更快、更准地定位自己所关注的内容。

4) 第四代搜索引擎。第四代搜索引擎是一种分类细致精确、数据全面深入、更新及时、面向主题的搜索引擎。这种搜索引擎以用户的搜索行为为中心，互动学习搜索，通过提供的新闻或者检索词等检索出来若干项独立的信息标题及内容，让用户进行选择，并给出符合度的评价。检索系统通过分析用户的选择，推测用户没有或无法通过简单词语表达出来的隐性信息检索条件，重新在结果或更广泛的范围中进行检索，让用户再次选择。通过多次互动学习，系统将逐渐接近用户真正的需求和信息偏好，并且将检索偏好进行记录，当下次该用户再次检索其他相关信息时，可以通过过去系统所学习的结果，更快地检索出用户真正所需的信息。

5) 第五代搜索引擎。第五代搜索引擎以理解用户的信息持续需求为目标，即智能情报搜索。在第四代搜索引擎的基础上，根据用户以前的信息需求，以及用户的兴趣和工作、学习需要，定期主动为用户搜索可能有价值的信息，并且根据用户的反馈不断调整搜索策略，最终成为用户的情报(主动、及时、针对性、精准信息)助理。Google 大中华区原总裁李开复认为，搜索引擎未来将主要有可移动、个性化、智能化三大发展趋势，这可能就是第五代搜索引擎的主要特点了。

① 移动搜索引擎：除手机外，电视、汽车上的移动设备等所有能上网的产品都将具有搜索功能。

② 个性化搜索引擎：这种搜索引擎能够让人依照不同的个性需求调整搜索的结果，如可以选择时间排序、重要性排序或地域性排序等排序方式，找到令人满意的搜索结果。

③ 智能化搜索引擎：如某一天你对搜索引擎说“送母亲一束花”，它就能善解人意地订购鲜花并预约服务人员将其送到目的地。

(3) 按搜索引擎结果的来源划分

从搜索引擎结果的来源来分，即相对于搜索引擎服务商对搜索结果的“产权”来划分，搜索引擎可以分为独立搜索引擎和第三方搜索引擎。

1) 独立搜索引擎。独立搜索引擎就是搜索引擎服务商所提供的搜索结果来源于自身的数据库，前面提到的全文检索搜索引擎和分类目录式搜索引擎就属于独立搜索引擎。

2) 第三方搜索引擎。第三方搜索引擎是对独立搜索引擎搜索结果的整合(上述元搜索引擎就属于这一类)，或提供独立搜索引擎的快速入口平台，搜网全能搜(http://www.sowang.com/sousuoyinqing.htm)，如图 1-4 所示，就是典型代表之一。

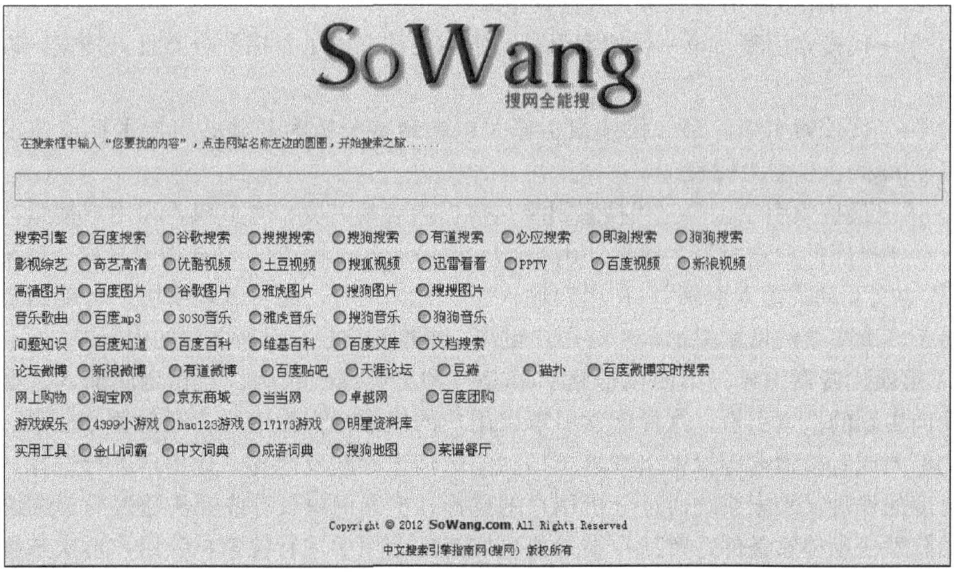

图 1-4 搜网全能搜首页

(4) 按商务应用划分

从商务应用来分，搜索引擎可以分为综合搜索门户和垂直搜索引擎。

1) 综合搜索门户。综合搜索门户是以百度、Google 为首的以综合信息搜索为主的独立搜索系统。

2) 垂直搜索引擎。垂直搜索引擎具有明确的市场定位，提供更加具有针对性的、满足用户需求的内容和服务，可以按行业建立搜索平台，也可以按区域建立搜索平台，也可以按用户需求的产品和服务种类建立搜索平台（参见中文搜索引擎指南网 http://www.sowang.com/link.htm 所列垂直搜索引擎目录）。

议一议

搜索引擎对企业的意义表现在哪两个方面？

典型案例

Google 搜索引擎

1. 基本情况

Google 搜索项目是由两名斯坦福大学的理学博士生拉里·佩奇(Larry Page)和谢尔盖·布林(Sergey Brin)在 1996 年建立的，他们开发了一个对网站之间的关系做精确分析的搜索引擎。因为该系统需要检查 Backlinks(反向链接)去估计站点的重要性，所以当时该项目被称为 BackRub。拉里·佩奇和谢尔盖·布林深信“从其他高相关网站得到最多链接的网页一定是最相关的网页”，并把这一点作为他们研究的一部分进行测试，这为他们的搜索引擎打下了基础。1998 年 9 月，25 岁的拉里·佩奇和 24 岁的谢尔盖·布林用从家人、朋友和投资者募集来的 100 万美元，在位于加利福尼亚州的一个车库里，以私有股份公司的形式创立了 Google 公司，拉里·佩奇和谢尔盖·布林是公司的联合总裁，拉里·佩奇主管产品，谢尔盖·布林主管技术研发。当时，Google 每天已经有 1 万次搜索。1999 年 2 月，Google 搬到了加利福尼亚州的帕罗奥多大学街，每天处理的搜索已经达到 50 万次。1999 年 6 月，Google 得到两家风险投资基金的 2500 万美元注资。2001 年 3 月，当时担任 Novell CEO 和董事会主席的埃里克·施密特加入 Google 担任董事会主席，同年 8 月，他接替 28 岁的拉里·佩奇，成为 Google 的 CEO，从此 Google 开始了一个新的时代。2003 年，Google 将总部搬到了位于美国加利福尼亚州圣克拉拉县的山景城，其总部被称为“Googleplex”。

Google 作为全球著名的搜索引擎技术开发商和高效的广告宣传媒介，被公认为是全球规模最大的搜索引擎，它提供了简单易用的免费服务，用户可以在瞬间得到相关的搜索结果。Google 属于全文检索搜索引擎，也是综合性的搜索引擎。在搜索引擎市场，2012 年 12 月 Google 公司在美国的市场份额为 66.7%，而微软和雅虎加起来在美国的市场份额只有 28.1%。

Google 搜索引擎的价值网络以 Google 为中心，涉及 Google 提供的搜索服务、利用 Google 搜索信息的用户、Google AdWords 服务、做关键词广告的广告主、Google AdSense 服务、加入 Google AdSense 广告联盟的客户、Google 提供的付费搜索服务、使用 Google 搜索技术的企业。

2. 商业模式

(1) 战略目标

Google 的使命是整合全球信息，使人人皆可访问并从中受益。Google 的战略目标是要为互联网用户提供网上最好的查询服务，促进全球信息的交流。为了实现这个目标，Google 开发出了世界上最大的搜索引擎，一直在孜孜不倦地追求技术创新，突破现有技术的限制，随时随地为人们提供快速准确又简单易用的搜索服务。

(2) 目标用户

Google 的目标用户是最广大的全球网民，调研机构 comScore 在 2009 年 1 月公布的调查结果显示，全球网民数量已突破 10 亿，而国际电联在 2013 年 10 月发布的报告显示，2013 年年底全球网民数量将达到 27 亿。由这些数据可以看出，Google 的目标用户规模是非常大的。

(3) 产品和服务

Google 提供的产品和服务非常全面，包括搜索服务、移动服务、分享与沟通服务、软件产品等。其中，搜索服务是其最主要的服务，其他产品和服务是围绕搜索服务发展起来的。Google 的主要搜索服务包括网页搜索、图片搜索、视频搜索、音乐搜索、地图搜索、购物搜索、博客搜索、大学搜索、生活搜索、图书搜索和学术搜索等。

(4) 盈利模式

Google 的盈利主要来自两种类型的企业，一类是需要借助搜索引擎做网络营销的企业，它们可以购买 Google 的关键词广告，从而实现公司的搜索引擎营销；另外一类是需要使用搜索技术的企业，这类企业往往需要使用搜索技术来为自己或别的企业提供服务，而自己又没有先进的搜索技术，它们就可以使用 Google 的搜索技术。具体来说，Google 的盈利主要来自以下几个方面。

1) 付费搜索服务。Google 的网页搜索服务保证了它在行业内的领先地位。目前，新浪、Netscape、网易、Cisco、宝洁、华盛顿邮报和美国能源部等多家大公司、网站和政府部门使用的就是 Google 的搜索技术，Google 则按照搜索的次数来收取授权使用费。此外，Google 授权软件开发商把自己的程序添加进去，从而让公司的内部网络也可以使用 Google 强大的搜索功能。

2) 在线广告业务。2001 年 6 月，Google 发布了 AdWords 服务(图 1-5)，其核心内容：Google 在搜索结果页面附近投放广告，广告商按点击量付费。这一革命性的服务彻底改变了 Google 的商业模式，也改变了 Google 的增长轨迹。Google AdWords 给 Google 带来了质的飞跃，使得广告收入一举成为 Google 的核心收入，而技术收入则退居次要位置。2003 年 3 月，Google 又推出了 AdSense 服务，对已有的网络广告产品 AdWords 进行了延伸。AdSense 的思路：把 AdWords 方案向博客及其他任何商业网站延伸，然后和这些网站共享网络广告收入。这使得各网站投放的广告更有针对性，点击率也就相应增长。目前，Google 的绝大多数收入来源于 AdWords 和 AdSense 这两项广告业务。

(5) 核心能力

1) 网站兼容优势。Google 支持网站的合理优化，网站管理员可以根据 Google 的准则优化自己的站点，注册网站地图，并在新的页面开发出来时，都使用 Google 的服务。这使得 Google 与其他搜索引擎相比就具备了一定的网站兼容优势。

2) 针对不同用户的个性化策略。Google 提供了 Gmail、Google 工具栏、Google 文件等服务，可以利用用户提供的兴趣爱好等个人信息，为用户提供个性化的搜索结果。

3) 全能搜索服务。Google 不仅提供对 Web、博客和出版物等的搜索，还提供 Google 地图对现实世界的搜索，并且用户可以使用 Google 所有的服务。

4) 品牌优势。Google 已经形成了自己强大的搜索品牌，它具有心理上的统治地位，当用户尝试使用其他的搜索引擎时，就会觉得缺少了些什么，特别是当搜索查询目的性不明确时。例如，用户主要的目的是要学习研究而不是查找，那么仍会选择使用 Google 搜索，即使已经对其他网站的搜索结果感到满意。

图 1-5　Google 广告的主页

3. 技术模式

(1) 服务器技术

要以最快的速度提供最精确的搜索结果，则需要一种全新的服务器设置。大多数的搜索引擎依靠少量大型服务器，这样，在访问高峰期速度就会减慢，而 Google 在全球部署了数十万台服务器，并自行设计构建了超级计算机系统，能够在多个数据中心之间传输数据，并能够在半秒钟之内同时对千万个搜索请求做出应答。这一创新技术成功地缩短了响应时间，提高了可扩展性，并降低了成本。

(2) 搜索技术

1) PageRank(网页级别)技术。PageRank 技术是由 Google 的两位创始人发明的技术,是一种由搜索引擎根据网页之间相互的超链接关系计算网页级别的技术。Google 用它对网页的相关性和重要性做出评价。PageRank 技术并不是简单地计算直接链接的数量,而是把从 A 页面到 B 页面的链接解释为 A 页面给 B 页面的投票,根据 A 页面和 B 页面的级别来决定 B 页面新的级别。一个页面的 PageRank 是由链接它的页面数量和重要性经过递归算法计算得到的。PageRank 技术使用网上反馈的综合信息来确定某个网页的重要性,搜索结果没有人工干预或操纵,这使 Google 成为一个广受用户信赖、不受付费排名影响的信息来源。

2) 超文本匹配分析技术。Google 的超文本匹配分析技术不但扫描基于网页的文本内容,而且分析网页的全部内容、字体、分区及每个文字精确位置等因素,同时 Google 还分析相邻网页的内容,以此来确保返回与用户查询最相关的结果。

3) 广告相关性投放实现技术。Google 爬虫对广告显示页进行抓取,首先对网页进行降噪处理,通过信息块之间的关联找到正文所在的信息块,剔除导航、广告、版权信息等无用信息块。得到正文块后,对正文进行分词处理,得到关键词序列。最后利用已经通过机器学习技术获得的每个分类在特征空间上的聚类中心进行计算,得出该网页属于某个分类的概率,对高出一定分类阈值的网页投放相关分类下的广告。

4) 作弊点击分析技术。Google 并不是单纯使用编程技巧(如检查 IP 是否重复)来判断作弊点击,而是把所有的点击及页面访问历史信息都记录下来,保存到一个设计良好的点击流数据仓库中。对数据仓库中的数据进行数据挖掘,得到由多个因素参与的计算模型,最后给出一次点击成为作弊点击的概率,通过当前阈值来过滤作弊点击。这些参与因素包括整体点击比、单 IP 点击比、时间段因素、时间差因素(网页的显示和点击广告间的时间差及广告打开和关闭的时间差)等。

5) 地图搜索技术。Google 地图是一项网络地图服务,通过 Google 地图,用户可以查询详细地址,寻找周边信息、商户信息,并规划点到点路线。Google 地图的工作原理:Google 每隔 1~2 年通过民用卫星拍摄地球的图片传到服务器上,通过软件把图片的坐标转换成地图的经纬度,经过处理把相关数据存放在服务器的数据库里,当用户搜索地图时,Google 用程序来读取服务器数据库的相关数据,经过筛选把符合用户需要的结果反馈到客户端。

Google 地图对坐标的控制比较宽松,不对坐标进行加密,而且 Google 地图搜索请求不仅支持 HTML 输出,还支持 JSON 和 KML 等输出,给程序整合带来了便利。

6) 视频搜索技术。Google 的视频搜索漫游器会定期抓取热门视频网站,将这些网页纳入索引并扫描其中的视频。Google 使用先进的抓取技术分析视频旁的文字、视频标题和其他数十种因素,以确定视频内容。Google 还使用复杂的算法删除重复视频,确保在搜索结果中先展示质量最高的视频。

知识链接

Google 搜索的技巧

利用 Google 搜索引擎进行搜索有一些技巧，正确地使用这些技巧会给搜索过程带来很大的便利。

参考网址：

1) Google 用户中心：http://www.google.com/intl/zh-CN/help/index.html。

2) 中文搜索引擎指南网：http://www.sowang.com。

3) Google 搜索技巧 2005：http://www.sowang.com/SOUSUO/20061020.htm。

4)『高手教你玩电脑』之无敌搜索篇：http://www.sowang.com/SOUSUO/20050630.htm。

思考题

Google 的经营模式和管理模式是怎样的？有什么优劣之处？

案例分析

Google 的经营模式

从诞生到现在，Google 的发展才经历了短短的十余年，之所以在互联网世界里具有举足轻重的地位，正是由于其独特的经营模式。同时 Google 成功的经营策略和经营模式正有越来越多的企业效仿和借鉴。

1. 全球化经营

Google 的使命是整合全球信息，目标用户是全球网民，所以 Google 确定了其全球化的经营战略。在全球化过程中，Google 高度重视互利合作并且广泛建立合作关系，从而构建了覆盖全球的价值网络。目前，Google 面向全球很多国家提供服务，开发出数十种语言的版本，其员工遍布全球，全球业务收入与日俱增，Google 也因此成为世界著名品牌。Google 的成功表明，互联网企业，无论是中国企业还是美国企业，都面临全球的互联网市场机遇与挑战，所以互联网企业应该形成全球化的经营模式。

2. 本土化经营

任何一家企业不可能用统一的模式去经营全球的业务，所以全球化之后自然就是在每一个国家的本土化。Google 的本土化经营策略在中国市场得到了很好的体现。Google 在中国组建 Google 中国公司，并不惜冒着被微软起诉的风险聘请了拥有华人背景的李开复担任 Google 中国区总裁。同时，还在上海建立了 Google 在中国的研究院。除了大规模地招聘本地人才之外，Google 还在中国寻找代理商，开展在中国的搜索广告业务。2005 年 8 月，在百度上市三天后，Google 的中国首家代理商中企动力科技集团股份有限公司高调在媒体面前亮相，随后 Google 又宣布了两家合作伙伴上海火速网络信息有限公司和厦门中资源网络服务有限公司，正式授权它们代理销售 Google 的 AdWords 服务。从聘请李开复出任 Google 中国区总裁，到在中国成立研究院，再到设立的三家广告代理商，说明 Google 正在实施其在中国的本土化经营策略。

3. 以用户为中心的经营

Google 能够成为全球领先的著名互联网品牌，其原因是多方面的，但是最重要的一点是，Google 始终以提供最佳的用户体验为中心任务，无论是用户研究、统计分析、使用测试等都积极让用户参与。虽然很多企业都主张客户利益优先，但是它们最终难以抗拒各种诱惑，往往会牺牲客户的少量利益来增加股东价值。而 Google 的一贯态度是，如果所做的更改不会给网站访问者带来好的体验，则将坚定不移地予以拒绝。Google 的网站设计充分体现了以用户体验为中心的理念，其网页界面清楚易用、加载速度快；绝对不出售搜索结果中的排名位置；在网站上刊登的广告只提供相关的内容，且不影响用户的体验。正是因为 Google 始终秉承以用户体验为中心的理念，所以从网上赢得了最忠诚的用户群体，用户数量不断增长，市场份额不断扩大，巨大的用户市场为其带来了巨大的商业价值。

4. 口碑式经营

Google 是凭借市场口碑取胜的典型公司之一，它没有做过一次电视广告，没有粘贴过一张海报，没有做过任何网络广告链接。Google 注重在网民中树立良好的口碑，并借此提升品牌的知名度和美誉度。这种口碑营销战略产生了很好的效果，不但使 Google 的用户数量和市场份额大幅增加，而且也使 Google 成为网络搜索引擎的代名词。在口碑式经营过程中，Google 通过提供简单实用的搜索服务、准确客观的搜索结果来强化搜索功能，通过降低网络广告对用户的影响来淡化商业气息，从而赢得良好的口碑宣传效果。

Google 的管理模式

1. 组织管理

Google 一直寻求自由与纪律的完美结合，在组织架构设置上，采用的是一种小团队管理模式，也就是将有智慧、有激情的员工针对关键问题分成几个小团队，即扁平化的组织，以海量的计算资源和数据作为支持，同时允许工程师抽出 20%的时间，根据兴趣自己确定研究方向。在决策层设置上，Google 采用的是“三人执政团”模式。在这个结构里，没有一位高层主管明显拥有控制权，决策是由三个人讨论后确定的。在部门设置上，没有截然分开的研究部门和产品部门，这种研发一体的做法彻底消除了创新与实践之间的隔阂，同时也最大限度地节省了管理和沟通成本，提高了工作效率。

Google 维系小团队管理的秘密武器就是 70/20/10 模式，即 70%的精力做搜索，20%的精力做相关的开发，其余的 10%做一些全新产品的研发。

读一读

Google 小团队管理的优势

Google 的小团队管理有三个优势：一是能够让 Google 员工增加尝试的机会，不断尝试尽量多的新生事物；二是改进员工的工作氛围，让小组有决策权，在开发过程中让他们觉得自己拥有决定方向的自主权；三是能够降低团队内部的协调成本。

2. 文化管理

Google 是以研发人员为中心的公司。因此，Google 倡导并鼓励一种创新、民主的企业文化。从工程师的观念创新落实到产品设计营销最后延伸到管理，这在每一个环节都有体现。Google 拥有文化委员会，在督导文化推广的同时，也倡导一些活动主题，由员工来组织相应的活动，如社区活动、环保活动和资助残疾人活动等。员工拥有更多的主动权，参与的兴趣也会更加浓厚。Google 的老板与员工之间没有强烈的职位等级观念，其更倡导民主的工作氛围，员工可以随时表达自己的想法甚至是与管理层不同的想法。

3. 工作时间管理

Google 员工所享受的工作时间的自由度是很大的，Google 充分相信员工，把工作时间的掌控权交给员工，由员工根据自己的喜好自由安排时间。员工可以选择在自己喜欢工作的任何时间里工作，可以凌晨或晚上工作而白天休息，或者可以连续工作几十个小时后再好好地休息，也可以在任何时间去做自己喜欢的事情，然后在其他时间里努力工作。

此外，Google 给每位工程师 20%的自由支配时间，让他们将这些时间用于做自己喜欢的事情，寻找新的创意，开创新的项目。很多员工利用这些时间将自己的创新想法变成现实产品。事实上，Google 推出的很多产品都是员工用 20%的个人时间设计完成的，这些产品都非常成功。Google 非常鼓励这种创新，而且会根据员工的发明、创造及给公司带来的回报对员工进行各种奖励。

4. 人力资源管理

Google 一直秉承“只雇佣最聪明的人”的人才选用宗旨，相信只有“最聪明的人”才能在这个全新的互联网领域不断创新。所以，Google 非常重视人才的引进和晋升。

公司创办初期，Google 的两位创始人会参与所有应聘人员的面试，后因公司规模不断壮大而放弃，但即使到了今天，Google 的两位创始人仍然会审查招聘委员会每周的工作情况，并对一些应聘者的资格提出意见。最终获得工作职位的应聘者平均需要通过六次以上面试，人力资源部、岗位需求部门甚至跨部门或跨区域的人员都会参与面试，每个面试者都要写下评语，每个人的评语都可能影响应聘者的录取。这样做有三个目的：一是确保最终进入 Google 的员工真正适合跨部门、跨区域的工作；二是考查面试人员的协作能力；三是考查应聘者是否符合公司的文化。Google 非常鼓励内部员工推荐应聘者，如果员工推荐的人才最终被 Google 录用，公司会对员工进行奖励。

Google员工的晋升强调民主和自由。在每年1～2次的晋升机会中，如果员工觉得自己合适，就可以在系统中提出申请，不必非要等主管提拔才行，只要同事认可并顺利通过审核就可以实现。

5. 绩效管理

Google具有非常完善的、基于团队的考核机制。员工每个季度都有自己明确的工作目标，而且因为公司有自己的网络管理平台，如工程师每周的项目做到了什么程度，这对所有员工都是透明的，也为员工的绩效考核提供了很好的管理工具。

Google的考核分不同的等级，对排在末位的员工有相应的帮助措施。Google特别重视排名在后5%的员工，公司将集中找出原因，帮助其建立信心并赶上来，但也不排除会将一些人淘汰出局。而排名在前5%～10%的员工，每年都会得到充分的奖励和荣誉。Google的人才流失率一直低于行业水平，这也从一个侧面证明了Google在绩效管理工作上的创新是卓有成效的。

6. 资本管理

Google采用的是“全员持股”的资本管理方式，“全员持股”也是Google的两位创始人一直坚持的管理理念。顾名思义，“全员持股”就是指公司的所有正式员工都持有公司派发的股票，即公司的所有正式员工都是公司的股东。Google在上市之前就给公司所有的员工派发了股票期权，共派发了2000多万股股权，平均每股作价只有5.21美元。Google的这种做法吸引了一大批有能力且忠实的员工。

Google授予员工多少股票期权，取决于其开始为公司服务的时间、谈判的技能、薪金及在公司内担任的职务等标准。因此，单个人持有的公司期权存在很大的差别，Google给每个员工股权的价格差别也很大。同时，员工获得的期权能套现的时间要求也不一样。而且，在Google内部不允许谈论何时抛售股票、每个人获得了多少股权等信息。

Google经营管理模式的优势与劣势

Google在许多方面都有自己的独到之处，其取得的巨大成就也不是简简单单得来的，其经营管理模式的优势主要体现在以下五个方面。

1. 具有最有利的竞争态势

Google拥有全世界最多的使用者，使用搜索引擎的客流质量非常高，大部分都是优质的潜在客户。企业一旦在Google上获得了好的排名以后，每天都会源源不断地带来新的客户。

2. 拥有充足的资金保障来源

Google的营业收入逐年大幅增加，截至2012年6月30日的第二季度，Google公司季报显示，该公司当季实现营业收入90.3亿美元，较2011年同期增长了32%。

3. 具有良好的企业形象

Google 能让全球各地的网民向它“效忠”，它的口碑从学术界传播到了懂技术的用户，再到互联网编辑、记者的口中，直至更广阔的世界各地。

4. 拥有强大的技术力量

Google 的成功源于其突破性的搜索技术。Google 开发了自己的服务基础结构和具有突破性的 PageRank 技术——利用相互链接的 PC 来快速查找每个搜索的答案，使得搜索方式发生了根本性变化。这一创新技术成功地缩短了响应时间，提高了可扩展性，并降低了成本。

5. 拥有稳定的市场份额

目前 Google 在全球搜索市场占了大部分的份额。Google 公司在欧洲、北美洲的搜索市场占据了主导地位，在亚洲甚至拉丁美洲都占有极高的比例。所以做海外推广，选择 Google 是非常有效的推广方式。

尽管 Google 的经营管理模式具备很多的优势，但也存在一些问题，主要表现在以下几个方面。

1. 点击付费利润有限

Google 点击付费的商业模式是相当成功的，但是它能够给企业带来的利润却非常有限。点击付费的不完善主要体现为信息不充分、对用户需求缺乏深度的挖掘、“以人为本”做得还不够。

Google 点击付费大体有以下三个缺点：第一，不及时，点击时服务提供商无法知道客户何时会光顾；第二，不真实，有些点击是无效的，无法区别是潜在客户或非潜在客户，还是欺诈性的点击；第三，不精准，无法与客户进行及时的沟通，理解并满足客户最真实的需求。

2. 无法把握广告效果

由于有大量的用户将 Google 设置为浏览器首页，从某种程度上说，Google 已经是一个大门户网站。因而企业必须花大量精力通过新闻与商品搜索页面来获得目标入口。而且，企业在 Google 上投放的广告所处的特定位置决定了这种广告形式既不能独占网页，又不能掌握网页搜索者的情况。因此，企业花费了大量金钱还是无法对广告效果做出准确地把握。这样发展下去，如果企业不再购买 Google 的搜索广告，而是热衷于通过目标性电子邮件列表或探索使用隐性弹出式窗口来进行广告宣传，那么企业所要瞄准的对象就会是像雅虎这样的传统网络广告商，而不是 Google 这样的搜索广告商。如果失去了企业的支撑，Google 电子商务的神话也就不复存在。

3. 未来Google在无线用户端的竞争压力较大

广告的效果衡量按照媒体的形式不同而有所差异。而无线用户端的强制广告注意力，也许能推动移动手机搜索成为新的探索者。Google能否顺应时代的发展，在无线搜索方面将其电子商务模式的优势发挥出来，也是一个未知数。

4. 微软和雅虎的合作对Google带来了严峻的挑战

2009年7月底，微软和雅虎达成一项为期十年的搜索业务合作协议，微软将为雅虎的搜索业务提供搜索引擎，雅虎则将负责两家公司搜索广告的全球销售。微软和雅虎合作的目的很明显，就是希望可以联手与搜索引擎行业巨头Google展开竞争。

议一议

微软与雅虎的合作会对Google形成什么样的挑战？

知识拓展

搜索引擎存在的必要性

1. 搜索引擎的特征

(1) 用户数量较多

根据CNNIC(China Internet Network Information Center，中国互联网络信息中心)统计，2013年12月，中国搜索引擎用户规模接近4.9亿，与2012年年底相比，搜索引擎的用户增长了3856万，增长率达到8.5%，搜索引擎的使用率为79.3%，在各互联网应用中位列第四。

(2) 信息量较大

搜索引擎的目标就是让网民找到自己想要查找的信息，而不同的网民在不同的时间想要查找的信息是不同的，为此，搜索引擎必须尽可能多地收录互联网上的网页信息，并将这些信息放在数据库中，供用户查询。目前，常用的搜索引擎都能够收录大量的页面供用户查询。

(3) 查找信息快速

对于网民来说，最重要的不是信息的获取，而是如何快速地筛选出自己需要的信息。搜索引擎在某种程度上解决了信息获取和快速信息筛选的问题。一方面，搜索引擎帮助用户找到想要找的资料；另一方面，搜索引擎又通过自身的算法，努力使与用户搜索请求更相关的内容出现在搜索结果靠前的位置，从而可以使用户快速地找到自己需要的信息。

2. 搜索引擎的价值

在搜索引擎模式中，涉及搜索引擎服务商、搜索引擎营销服务商、搜索引擎推广客户、企业用户和消费者等主体。

在这一价值体系中，搜索引擎服务商提供信息查询服务，吸引大量用户，并借此提供网页排名服务，吸引企业付费推广。而搜索引擎营销服务商则凭借其技术优势，在掌握搜索引擎排名规则和进行用户需求分析的基础上，通过网站优化等手段为搜索引擎推广客户提供针对一定搜索引擎系统的搜索引擎优化(Search Engine Optimization，SEO)咨询和外包服务。据此实现企业用户和消费者需求与搜索引擎推广客户产品和提供服务的有效匹配，实现搜索引擎营销的推广效果。

3. 搜索引擎对企业的价值

搜索引擎对企业的价值表现在两个方面。一方面，它可以作为企业搜集信息的一种手段；另一方面，它可以作为企业网络推广的一种手段，即所谓的搜索引擎营销。企业搜索引擎营销的核心就在于通过获得领先的搜索引擎排名，吸引用户对企业产品和服务的知晓和注意，获得潜在客户信息，通过一定形式的客户跟踪，转化为企业订单。因此，企业实施搜索引擎营销策略，必须做好网络营销和传统营销的整合，在付费排名、搜索引擎优化自然排名、潜在客户信息收集、客户跟踪、客户转化等方面有机结合，实现搜索引擎营销效果。

案例拓展

奇虎论坛搜索

论坛搜索引擎，是专门查找论坛内容的搜索引擎，是一种垂直搜索引擎。它不追求大而全，而是仅仅把索引范围限定在论坛中，只抓取论坛里的网页。

奇虎论坛搜索(www. qihoo. com/bbs)是奇虎 360 公司旗下的网站，如图 1-6 所示。奇虎 360 公司创立于 2005 年 9 月，主营以 360 安全卫士为代表的免费网络安全平台。同时，奇虎 360 公司独创了 PeopleRank 搜索技术，并将此技术应用于 BBS 搜索。基于这一强大的社区搜索技术，2008 年 3 月，奇虎 360 公司正式发布问答网站奇虎网，为网民提供问问题和找答案的服务。目前，奇虎问答已成为国内答案数量最多最全的问答网站，搜索范围覆盖中国 95%以上社区网站，以及博客等由用户创造的互联网个性化内容，形成了中国互联网上最大的用户经验库。奇虎网属于全文检索搜索引擎，也是垂直搜索引擎。

奇虎论坛搜索的价值网络以奇虎网为核心，涉及奇虎提供的论坛搜索服务、使用奇虎论坛搜索的用户、奇虎提供的付费论坛搜索服务、使用奇虎付费论坛搜索服务的论坛社区、奇虎提供的广告联盟服务、加入奇虎广告联盟服务的联盟用户、奇虎提供的关键词广告和社区口碑营销、使用关键词广告和社区口碑营销的广告主。

奇虎网的优势表现在四个方面。一是奇虎网拥有中国最领先的 BBS 搜索技术；二是奇虎网更专业和专一，定位非常明确，就是做好论坛搜索；三是奇虎网收录了中国 95%以上的论坛和博客的优质内容；四是在其他搜索服务商还在传统的搜索领域“刀光剑影”时，奇虎网独辟蹊径抓住社区搜索趋势，率先进入。

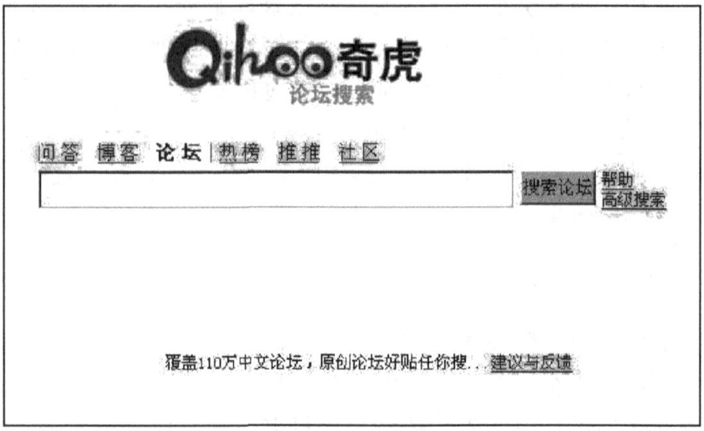

图 1-6　奇虎论坛搜索首页

但是，奇虎网的经营也将面临着一系列的风险。首先，奇虎网面临版权之忧，MP3 下载、影像资料下载等都可能面临着侵权的问题；其次，奇虎网遭遇监管困境，也就是论坛本身内容的监管和规范，由于中国互联网政策的不稳定，以及网络立法的缺位，都为奇虎的发展埋下隐患，当然，这也是所有网络社区发展的隐患。

搜索市场竞争虽然激烈，但是前景依然广阔。搜索概念非常火热，很容易获得风险投资，社区搜索做好了，可以拓展到其他方面的搜索，如门户或一些即将出现的新模式。现阶段奇虎的主要任务是将 Web 2.0 搜索产品做好，但是新闻搜索也应该在其考虑范围之中，而奇虎收购上海亿之唐信息服务有限公司获得的 ICP 证，可用来做新闻搜索。这样，奇虎网要做的将不仅仅是 Web 2.0 搜索而已，其最终的目标，依然是中国的整个搜索市场。进入 Web 2.0 搜索，只是其迂回战略中的第一步，先从 Web 2.0 搜索这一空白做起，站稳脚跟后再做新闻搜索等各类搜索业务，最后再扩展到中国其他搜索领域，包括现有的新闻、网页、图片、音乐搜索等。

读一读

奇虎 360 公司旗下的 360 导航

360 导航(http://hao.360.cn)的宗旨是方便网友们快速找到需要的网站，而不用去记太多复杂的网址。360 导航能让网友快速收藏喜爱的网站，同时提供多种搜索引擎入口、实用工具、快速充值、天气预报、团购导航、地方导航等特色服务。

360 导航打破了传统网址导航站十几年来一成不变的沉闷局面，首创了“网址＋APP 聚合”的模式，树立了新一代导航网站的行业标准。用户可在自己的站点内增加文字或图片友情链接，也可在 360 导航里手工提交站点信息和收录要求，申请将自己的网站收录到 360 导航里。

拓展思考

分析奇虎论坛搜索的商业模式和经营模式。

第二节 电子商务认证技术

知识要点

1. CA

CA(Certificate Authority)又称认证权威机构、认证中心、证书授予机构，是承担网上认证服务，能签发数字证书并能确认用户身份的受用户信任的第三方机构。CA 通常是企业性的服务机构，其主要任务是受理数字证书的申请、签发及对数字证书进行管理。

2. 数字证书

数字证书用电子手段来证实一个用户的身份和对网络资源的访问权限。证书就是一份文档，记录了用户的公开密钥和其他身份信息。数字证书是由 CA 颁发的，包含了公开密钥持有者信息及公开密钥的文件，证书上还有 CA 的数字签名。就像驾驶执照能将照片、姓名、出生日期进行有公证效果的关联一样，一个用户的数字证书就是一个有公证效果的将公开密钥与持有者的身份信息相联系的“数字身份证”。在网上的电子交易中，如果双方出示了各自的数字证书并用它来进行交易操作，那么双方都可不必为对方的身份担心。数字证书可用于与电子商务相关的各个领域。

数字证书一般分为三种类型。

(1) 个人数字证书

个人数字证书主要为某一个用户提供证书，以帮助个人用户和其他用户交换信息或在使用在线服务时，验证用户的身份，保证信息的安全，主要针对个人的电子邮件安全。个人身份的数字证书通常安装在浏览器内，并通过安全的电子邮件来进行操作。目前常用的 Netscape 浏览器和 IE 浏览器都支持该功能。个人数字证书一般分为两个级别：第一级提供个人电子邮件的认证，仅与电子邮箱地址有关，并不对个人信息进行认证，是最初级的认证；第二级提供个人姓名、个人身份等信息的认证。个人数字证书是通过浏览器来申请获得的，CA 对申请者的电子邮箱地址、个人身份及信用卡号等进行核实后，就会发放个人数字证书，并将数字证书安置在用户所用的浏览器中或电子邮件的应用系统中，同时通知申请者。个人数字证书的使用方法集成在用户浏览器的相关功能中，只要在浏览器中进行相应的选择就可以了。

(2) 服务器证书

服务器证书主要为网上的某个 Web 服务器提供凭证，拥有 Web 服务器的企业可以用具有凭证的互联网站点进行安全的电子交易。拥有数字证书的服务器可以自动与客户进行加密通信，而具有数字证书的 Web 服务器会自动地将其与客户端的 Web 浏览器的通信加密。服务器拥有者有了证书，就可以安全地进行电子交易了。

服务器证书的发放比较复杂。因为服务器证书是一个企业在网上的形象，是企业在网络空间信任度的体现，所以一个权威的 CA 对每一个申请者都要进行信用调查，包括企业的基本情况、营业执照、纳税证明等。

读一读

广东省数字证书认证中心 GDCA

广东省数字证书认证中心 GDCA(http://www.gdca.com.cn)是经原广东省信息产业厅批准成立的第三方电子认证服务机构，是广东省数字证书认证中心暨广东省电子政务认证中心的企业化运作实体。《中华人民共和国电子签名法》颁布后，GDCA 于 2005 年 9 月 6 日依法通过了信息产业部的资质审查，成为全国首批八家获得《电子认证服务许可证》的电子认证服务机构之一。

个人证书或自然人申请 GDCA 数字证书的途径：

1) 申请者通过登录 GDCA 网站、传真、E-mail 或前往当地业务受理点领取等方式获取 GDCA 的证书申请表及申请责任书。

2) 填写申请表前须仔细阅读《GDCA 数字证书申请责任书》。

3) 同意后须签名认可并遵守责任书中的各项规定。

4) 按申请表所列的各项内容如实填写并签名，单位里的个人证书申请者须在申请表上加盖单位有效公章。

5) 填写完毕后，为确定申请者的真实身份，申请者须携带本人有效证件原件、申请表(一式 3 份)、责任书(一式 2 份)、有效证件的复印件(1 份)亲自前往 GDCA 任何的业务受理点，即可办理申请业务。

(3) 开发者证书

开发者证书通常为互联网中被下载的软件提供凭证。开发者证书又称为代码签名数字证书，借助这种数字证书，软件开发者可以为软件进行数字标示，在互联网上安全地进行传送。在用户从互联网上下载软件时，开发者证书与微软的 Authenticode(认证码)技术共同提供他们所需的软件信息和对该软件的信任。当客户从开发者网站上下载经过数字标示了的 ActiveX 控件、Java 程序、动态链接库、HTML 内容时，就能够确信该代码的确来自于开发者，而且没有被改变或破坏。开发者证书就好像是软件的外包装，如果它被篡改了，客户就知道代码实际已经不可信了。

在上述三类证书中，前两类是常用的证书，第三类则用于特殊场合。大部分 CA 都只提供前两类证书，能提供全部三类证书的 CA 并不多。

3. 数字签名

数字签名技术是不对称加密算法的典型应用。数字签名的应用过程：数据源发送方使用自己的私钥对数据校验或对其他与数据内容有关的变量进行加密处理，完成对数据的合法“签名”，数据接收方则利用对方的公钥来解读收到的“数字签名”，并将解读结果用于对数据完整性的检验，以确认签名的合法性。数字签名技术是在网络系统虚拟环境中确认身份的重要技术，完全可以代替现实过程中的“亲笔签字”，在技术和法律上有保证。数字签名的主要功能是保证信息传输的完整性、认证发送者的身份、防止交易中的抵赖发生。

读一读

GDCA 电子印章系统

GDCA 电子印章系统是电子印章和数字证书完美结合的应用软件系统。它可在 Word、Excel、HTML、PDF、WPS、FORM 表单、文件签名、CAD 图纸签章、TIF 传真签章、永中 Office 上实现手写电子签名和加盖电子印章，并可将签章和文件绑定在一起，通过密码验证、签名验证、数字证书确保文档安全。

GDCA 电子印章系统采用模块化、组件化设计思路，可与第三方软件(OA、电子政务、协同软件、档案软件、公文传输系统、MIS 系统、ERP、邮件等)无缝集成。

4. PKI 体系

PKI(Public Key Infrastructure，公钥基础设施)是一种遵循既定标准的密钥管理平台，它能够为所有网络应用提供加密和数字签名等密码服务及必需的密钥和证书管理体系。简单来说，PKI 就是利用公钥理论和技术建立的提供安全服务的基础设施。PKI 技术是信息安全技术的核心，也是电子商务的关键和基础技术。

PKI 的基础技术包括加密、数字签名、数据完整性机制、数字信封、双重数字签名等。

完整的 PKI 系统必须具有权威 CA、数字证书库、密钥备份及恢复系统、证书作废系统、应用接口等基本构成部分，构建 PKI 也将围绕着这五大系统。

1) CA：数字证书的申请及签发机关，必须具备权威性。

2) 数字证书库：用于存储已签发的数字证书及公钥，用户可由此获得所需的其他用户的证书及公钥。

3) 密钥备份及恢复系统：如果用户丢失了用于解密数据的密钥，数据将无法被解密，这将造成合法数据丢失。为避免这种情况，PKI 提供备份与恢复密钥的机制。但须注意，密钥的备份与恢复必须由可信的机构来完成。并且，密钥备份与恢复只能针对解密密钥，为确保签名私钥的唯一性而不能将其作为备份。

4) 证书作废系统：证书作废系统是 PKI 的一个必备的组件。与日常生活中的各种身份证件一样，证书在有效期以内也可能需要作废，原因可能是密钥介质丢失或用户身份变更等。为实现这一点，PKI 必须提供作废证书的一系列机制。

5) 应用接口：PKI 的价值在于使用户能够方便地使用加密、数字签名等安全服务，因此一个完整的 PKI 必须提供良好的应用接口系统，使得各种各样的应用能够以安全、一致、可信的方式与 PKI 交互，确保安全网络环境的完整性和易用性。

通常来说，CA 是证书的签发机构，它是 PKI 的核心。众所周知，构建密码服务系统的核心内容是如何实现密钥管理。公钥体制涉及一对密钥(即私钥和公钥)，私钥只由用户独立掌握，无须在网上传输，而公钥则是公开的，需要在网上传输，故公钥体制的密钥管理主要是针对公钥的管理问题，目前较好的解决方案是数字证书机制。

议一议

如何在 GDCA 申请数字证书？

典型案例

中国银行 USB Key 身份认证

中国银行是中国国际化和多元化程度最高的银行，在中国及 37 个国家为客户提供全面的金融服务。主要经营商业银行业务，包括公司金融业务、个人金融业务和金融市场业务，并通过全资附属机构中银国际控股集团开展投资银行业务，通过全资子公司中银集团保险有限公司及其附属和联营公司经营保险业务，通过控股中银基金管理有限公司从事基金管理业务，通过全资子公司中银集团投资有限公司从事直接投资和投资管理业务，通过中银航空租赁私人有限公司经营飞机租赁业务。按核心资本计算，2009 年中国银行在英国《银行家》杂志“世界 1000 家大银行”排名中位列第十一位。2011 年和 2012 年，中国银行连续两年成为新兴市场经济体中的唯一人选全球性系统重要银行的金融机构。2012 年年末，中国银行资产总额达到 12.68 万亿元。

为了适应激烈的市场竞争，近年来中国银行大力开展网上银行业务，其网站首页如图 1-7所示。在短短的几年中，中国银行完成了网上银行的整体框架构建，形成了以特色信用卡、全国通、外汇宝、基金买卖等功能为支撑的网上银行服务体系和以普通版、大众版、专业版为特征的对公网上银行服务体系，并实现了网上银行的功能完善和业务量的快速增长。然而，随着钓鱼网站、专业偷盗银行账号和密码的木马程序“网银大盗”的泛滥，人们对网上银行的安全性越来越表示怀疑。怎样才能加强系统应用的安全性，提升人们对网上银行的信任度，成为各家银行网上银行业务中亟待解决的问题。当然，中国银行也面临同样的问题。

通常国内网上银行都会分为大众版和企业版两个版本，它们的本质区别在于安全级别不同。用户只要凭借身份证号码、账号和密码就可以在网上自助开通大众版网上银行，操作简便，手续极为简单，但运行后安全保密性较差，唯一的防护措施就是客户在开通时自行设置的登录密码和付款密码。而申请专业版网上银行就要复杂得多，首先需要用户本人到银行网点进行业务申请，通过安装应用数字证书和 PKI 体系实现网上账户资金的交易和转移。

数字证书是网上银行业务中确认用户身份的唯一标志，具有不可复制性和不可替代性，所有网上交易必须要事先通过数字证书进行安全认证，它可以看做用户的网上身份证。既然是网上身份认证的唯一标志，确保其安全性就至关重要。普通个人用户常把数字证书存储在计算机硬盘中，这种做法的危险性不言而喻。对于资金交易量较大的企业用户，为了确保资金安全，中国银行强制要求其使用更加安全的存储介质以达到更加有效的资源访问控制。经过充分的测试和详细的比较后，中国银行选择 SafeNet iKey2032 作为其网上银行企业客户的身份验证工具。

图 1-7 中国银行网站首页

SafeNet iKey2032 之所以在这样一家大型银行竞标中胜出的原因主要是其产品特性较为突出，它是一款基于 USB 接口的可移动身份认证设备，专门针对银行业或其他数字证书用户。

思考题

中国银行采用的数字签名和 PKI 体系，可生成并储存私钥和数字证书，可以满足个人身份认证安全级别要求，那么这些技术是如何具体实现其客户身份认证的呢？

案例分析

中国银行 USB Key 身份认证应用技术分析

USB Key 身份认证指的是一种身份认证方式，是近几年发展起来的一种方便、安全的身份认证技术。它采用软硬件相结合、一次一密的强双因子认证模式，很好地解决了安全性与易用性之间的矛盾。USB Key 是一种 USB 接口的硬件设备，它内置单片机或智能卡芯片，可以存储用户的密钥或数字证书，利用 USB Key 内置的密码算法实现对用户身份的认证。USB Key 身份认证系统主要有两种应用模式：一是基于冲击/响应（挑战/应答）的认证模式；二是基于 PKI 体系的认证模式，目前主要运用在电子政务、网上银行中。

1. 用双因素认证方式替代不可靠的口令分析

SafeNet iKey2032 系列采用双因素认证机制，用户需要通过 iKey 硬件和相对应的 PIN 码两方面共同确认身份，其安全性、可靠性远远高于仅靠密码保护的传统口令认证方式。作为一种对智能卡技术的延伸，用户在使用 SafeNet iKey2032 产品时，无须购置昂贵的读卡器设备，只需要将它插入计算机USB接口即可进行用户身份确认。

2. 硬件实现加密算法确保系统安全性

SafeNet iKey2032系列支持公钥体系，可在iKey内部生成密钥对，存储密钥对和X.509数字证书，以及在iKey内部执行签名操作。iKey硬件内部生成密钥对，私钥从生成、管理到销毁始终在iKey硬件内部完成，消除了密钥外流的危险性。目前，SafeNet iKey2032系列通过了FIPS140-1、Level二级认证，该认证为美国最权威的安全产品认证。

3. 支持多个CA和PKI应用

通过与众多软硬件供应商建立战略合作关系，SafeNet iKey2032具备了广泛的安全解决方案支持能力。SafeNet iKey2032支持多种CA和微软、Entrust、Computer Associates、VeriSign等公司提供的众多PKI应用。另外，由于SafeNet iKey2032系列支持PKCS＃11和Microsoft CryptoAPI，可以方便地与其他多种客户端应用相互集成。

4. 应用简单且携带方便

SafeNet iKey2032外形小巧、携带方便，用户可以把SafeNet iKey2032挂在钥匙串上随身携带，因而极大地提高了使用的方便性和灵活性。另外，SafeNet iKey2032支持热插拔，当拔出SafeNet iKey2032后，系统对话自动关闭。为了更好地满足该银行对网上银行认证的需求，SafeNet专门定制设计了用户登录界面和产品外观。从2004年1月正式启用，各分行反映应用效果良好。

读一读

中国银行网上银行申请流程

中国银行个人网上银行分为查询版、理财版和贵宾版。查询版可以在线注册，也可在中国银行营业网点开通。为保障用户的账户资金安全，开通网上银行查询版后，用户仅可以使用网上银行的查询功能。如需使用网上银行的全部功能，用户须携带本人有效身份证件及借记卡/信用卡/存折等任意一种到中国银行营业网点申请开通网上银行理财版。用户也可进行在线预约申请开通中国银行借记卡、网上银行和手机银行，完成在线申请提交后，用户可携带相关身份证件及注册网上银行的银行卡/存折到银行柜台办理开通服务，省去柜台填写申请表的手续。

知识拓展

网上银行身份认证与交易的安全防范

与其他新生事物一样，网上银行在其发展道路上也不是一帆风顺的，各家商业银行的网上银行都出现过不同程度的问题。这些问题按其性质归纳起来有IT技术问题、银行管理问题及因网上银行客户的安全意识薄弱和操作不当等引起的黑客攻击和欺诈案件的发生等问题。防范网上银行支付安全应有两大保障。

1. 法律保障

目前，我国的法律包括了国家有关主管部门对网上银行、网上电子支付所制定的法律与规范。已颁布的《中华人民共和国电子签名法》于 2005 年 4 月 1 日开始施行，它确定电子签名与手工签名和印章具有同等法律效力。中国人民银行发布的《电子支付指引(第一号)》指明，在网上银行的支付中不使用数字证书的客户单笔交易金额不应超过 1000 元人民币；而银监会发布的《电子银行业务管理办法》规定了开通网上银行必须经过有效的评估和银监会的批准；此外，证书认证管理规范(CSP)规定了 CA 与其证书用户之间的责任和义务，是法律的补充，是 CA 管理运行的规范。但是，在数字化经济大发展、网上在线支付已成为电子商务发展瓶颈的今天，上述这些法律法规还远远不能满足客观的需求。

2. 技术保障

在技术保障方面，网络层安全防范具体措施规定了在网上银行的网络组成中，应在有关网段设置异构的多道防火墙，以防止外部的黑客攻击。不同的防火墙，具有不同安全阻断、过滤非授权攻击的防范机制，黑客即使攻破第一道防火墙，不一定能攻破第二道，不同的防火墙要合理地开放不同的接口，才能有效地防止黑客程序的攻击。设置安全路由器，以过滤辅助防火墙防止外部黑客程序的攻击。设置入侵检测装置 IDS，IDS 可以自动扫描系统的漏洞和来自网络外部的攻击，并能自动杀毒或阻断某些攻击，它还可以对某些黑客攻击程序提出报警，使用户可以及时断开系统或启动杀毒程序。现在，防止黑客攻击网站的程序已有很多，需要选择功能较强的防黑客软件系统，安置于网站服务器，它在一定程度上阻止了某些黑客程序的攻击和侵入。在网络层实施安全机制是网上银行安全防范的重点之一。

因此，各大银行纷纷推出网上银行大众版和普通版。在网上银行开办初期面向普通大众方便上网时，这种简单的登录方式是一种较好的方式。但是，黑客们很快就摸清了银行的这种简单认证机制，黑客的“假冒通知”、“网上钓鱼”、“木马程序”、“快乐的耳朵”等，其目标只有一个，即在网上窃取用户的口令，而且制造起来极为方便。为此，《金融时报》在 2005 年 4 月发表了题为《网上银行应取缔大众版》的文章，国家信息安全测评认证杂志 2005 年 5 月发表了《加强网上银行的安全防范——向“大众版”说不》的文章。其目的就是要提醒银行和客户，不要再推出和使用不安全的大众版网上银行。

基于安全考虑，多家银行都采取了动态口令，以保证网上银行的交易安全。动态口令与传统的静态口令相比具有以下优势：一是动态性，用户的动态口令随设定的时间或事件等变量自动变化，无须人工干预，某一时刻产生的动态口令不能在其他时刻使用；二是一次性，任一时刻产生的动态口令在其失效前只能被用户使用一次，否则，系统将视其为非法行为而报警；三是随机性，动态口令是随机生成、无规律的。即使本次口令被窃听成功，也难以由此猜出下次的口令；四是多重安全性，用户的电子令牌产生的动态口令与用户名、静态口令等多因素结合实现多重认证，即使电子令牌丢失，用户仍可在应急状态下利用用户名和静态口令进行用户身份认证，而其他非法持有者，单靠电子令牌无法实现登录及认证；五是通用性，用户操作的客户端无须增加任何软件，只需在提示输入动态口令时键入当时电子令牌上显示的口令。在认证服务器端，采用 PPP、RADIUS 等标准协议实现被访问对象与认证服务器之间的信息交换，可方便地在网络环境下实现身份认证；六是可管理性，统一的身份认证方式(刮刮卡除外)和动态口令生成方式，能大大减少在分发密码、支持服务、密码丢失、密码更改及身份管理等各个方面的开销和成本。基于以上静态口令的缺陷和动态口令的优势，银行在重要的网上银行系统的大众版应取消静态口令。

议一议

为保证网上银行的交易安全，银行采用的动态口令一般常用哪两种形式实现？

USB Key 近几年有很大的进步和发展，有人称 USB Key 是对 PKI 发展的有力支持，它已基本做到了“傻瓜型”。如果想成为某商业银行的客户，只要登录银行网站，就会自动将数字证书下载到客户的 USB Key 中。当客户使用网上银行业务时，只要将其插入 USB 接口，输入 PIN 码，通过操作证书后进行网上认证和签名即可。其优点在于：一是安全可靠，证书和私钥不可被拷贝，加密签名在 Key 中进行，不暴露在内存中，黑客无法窃取客户私钥；二是签名，《中华人民共和国电子签名法》规定，特别是对那些 B2B(Business to Business)大型企业的大额交易，必须使用 USB Key 证书介质，以确保网上交易的安全；三是 USB Key 的价格与 Token 令牌相比稍贵，但寿命周期长，物理电气性能稳定；四是可实现交易的数字签名，具有不可抵赖性和数据保密的作用。虽然数字证书是网上身份的证明，但并不能作为“文件证书”存放在 PC 的硬盘中，由此避免被黑客用木马程序窃取，应该即用即插，用完收存。

证书的存放介质在《信息安全技术 公钥基础设施 签名生成应用程序的安全要求》(GB/T 25065—2010)中有明确规定，证书只能存放在 USB Key、IC 卡及 PCMCIA 令牌中，以文件证书形式存放是不安全的，更不能存放在硬、软盘中。这种存放证书的方式，已引起多起涉及交易安全的欺诈事件。银行在推荐证书介质时，特别是对那些企业大客户和 VIP 客户，一定要推荐 USB Key 或 IC 卡，只有这样才能确保证书使用安全，才能符合《中华人民共和国电子签名法》的规定。那些交易量小、按银监会和中国人民银行规定的小额(每次不超过 1000 元人民币)用户，可以考虑使用或不使用文件证书，也可以使用如 OTP 令牌等一次性口令。

正确使用数字签名，确实能保障网上银行交易双方的安全，特别是对客户方的安全有较高的保证。数字签名的作用主要是提供在网络上传输、处理、交易实体的身份，保障数据的完整性、保密性和不可抵赖性。如果接收方数字签名验证成功，就符合国家《中华人民共和国电子签名法》中第十三条可靠电子签名的条件。规定中要求，制作电子签名时，签名私钥必须由电子签名人自己控制，不能被他人窃取并利用，签署后对电子签名的任何改动都能够被发现。也就是说，原文一旦做了签名，是不能做任何改动的。在网上银行的交易中，接收方一旦对交易数据和信息进行了签名，如果改动则是会被发现的。特别是针对 B2B 或 VIP 客户的大额交易，必须采用数字证书，以确保交易安全可靠。当然，此时的证书介质一定要安装在 USB Key 中，即插即用，以防“伪造”和“劫持”签名。在网上银行的认证和交易中只有保证可靠的数字签名，才能使电子签名具有与手写签名或者盖章同等的效力。

案例拓展

某省县级电力公司网络安全案例

某省电网作为中国最大的跨省联合电网——华东电网的重要组成部分，已发展成为以火发电为主、水力发电为辅、500kV 输电线路为骨干、220kV 线路为网架的分层分区结构完整的全省统一电网。与生产网络的发展相匹配，该公司已经组建了全省的调度网络和 OA 网络，并正在发展和银行之间的互联，开展业务往来，而且随着信息化的深入发展，各个公司也有接入 Internet 的需求，这就对电力内部的各种信息构成了威胁。为防范对电网和电厂计算机监控系统及调度数据网络的攻击侵害及由此引起的电力系统事故，保障电力系统的安全稳定运行，建立和完善电网和电厂计算机监控系统及调度数据网络的安全防护体系，中华人民共和国国家经济贸易委员会已依据全国人大常委会《关于维护网络安全和信息安全的决议》和《中华人民共和国计算机信息系统安全保护条例》及国家关于计算机信息与网络系统安全防护的有关规定，制定了《电网和电厂计算机监控系统及调度网络安全防护规定》。该省电力软件公司将严格按照此规定设计县级网络安全的解决方案。

该省县级电力公司对网络安全采取的主要措施有利用操作系统、数据库、电子邮件、应用系统本身的安全性，以及对用户进行权限控制。在连接地级的广域网接口处，通过 Cisco 2600 路由器的 IP 包过滤及访问控制列表(Access Control List，ACL)功能，做了一定的安全控制。实际上，仅靠以上几项安全措施，并不能达到该省县级电力公司网络安全的要求。

各县级电力局与地市局之间目前主要采用星型拓扑结构，利用专用线路作为传输通道，与地市局相连，主要有办公网和调度网。由于该省县级电力公司的管理信息网上的网络体系越来越复杂，应用系统越来越多，网络规模不断扩大，逐渐由 Intranet 发展到 Extranet，有的已经扩展到 Internet，网络用户也已经不单是该省县级电力公司的内部用户，由于内部网络直接与外部网络相连，对整个网络安全形成了巨大的威胁。

具体分析，对该省县级电力公司网络安全构成威胁的主要因素有以下方面。内部网络和外部网络之间的连接为直接连接，外部用户不但可以访问对外服务的服务器，同时也很容易访问内部的网络服务器，这样，由于内部和外部没有隔离措施，内部系统较容易遭到攻击。这种攻击包括来自内部网的病毒破坏和内部用户的恶意攻击、误操作，但由于目前发生的概率较小，本部分暂不做考虑。如果调度网与办公网相连，调度网的安全将受到来自办公网的威胁。来自外部网络的攻击具体有三条途径，即 Internet 连接的部分、与同级单位或不同级单位连接的部分和与银行连接的部分。

(资料来源：http://www.docin.com/p-88916518.html)

知识链接

网络安全与安全解决方案

网络安全是指网络系统的硬件、软件及其系统中的数据受到保护，不因偶然的或恶意的原因而遭受到破坏、更改、泄露，系统连续可靠正常地运行，网络服务不中断。网络安全解决方案是一套立体、整体、综合网络措施，包括数据的安全、企业数据资料权限分配、对病毒的防范和查杀、网络屏蔽和建立外网访问机制等。

参考网址：

1)百度百科之网络安全：http://baike. baidu. com/view/17495. htm。

2)百度百科之网络安全解决方案：http://baike. baidu. com/view/4730379. htm。

拓展思考

请根据所学的有关网络安全方案的相关知识，结合该电力公司的实际情况，为其设计电力网络安全问题的解决方案。

第三节　其他电子商务技术

知识要点

1. EDI技术

(1) EDI的概念

EDI(Electronic Data Interchange，电子数据交换)是一种在公司之间传输订单、发票等作业文件的电子化手段。

(2) EDI的分类

根据功能，EDI可分为以下四类。

1) 订货信息系统：这是最基本的，也是最知名的EDI系统。它又可称为贸易数据互换系统，用电子数据文件来传输订单、发货票和各类通知。

2) 电子金融汇兑系统：在银行和其他组织之间实行电子费用汇兑。

3) 交互式应答系统：可应用在旅行社或航空公司作为机票预订系统。

4) 带有图形资料自动传输的EDI：最常见的是计算机辅助设计，这种系统能够实现图形的自动传输。

(3) EDI的作用

1) 简化工作流程和环节。

2) 缩短业务处理周期。

3) 降低人事成本。

4) 减少单据差错遗漏造成的经济损失。

5）能够与企业的管理信息系统紧密衔接。

6）促进社会信息化的进程。

7）加强企业市场竞争的地位。

2. 移动电子商务技术

移动电子商务不仅具备电子商务的快速、灵活、方便等特点，更是以其接入互联网进行商务活动的随时性、可移动性，引发了其作为信息时代宠儿的“高温”效应。但是，由于电子商务本身存在的安全问题及移动设施引发的商务安全隐患，使其安全问题成为“高温”下的炸弹，直接关系到移动电子商务模式的发展前景。

（1）移动终端的安全性

移动电子商务虽然诞生于电子商务，但是其通过移动终端上网的特性决定了它存在和普通电子商务不同的安全性。在探讨移动安全的特性时，首先要考虑的是移动终端本身的安全性。只有当移动电子商务赖以依存的移动终端安全了，才可能进一步谈其他的移动安全问题。通常需要保障以下安全问题。

1）无线应用软件效能监控与系统效能管理。

2）审核和检测针对移动电子商务的存取是否合法或授权。

3）结合网页做到安全性认证的整合，以确保资料安全及人员存取合法与保密。

4）结合数字证书或加密管理，实现不可否认性与完整性。

5）管理无线局域网是否有入侵及数据包中是否隐藏病毒。

6）监控无线网络的效能及预测失败或错误预警事件。

7）确保 PDA 等设备在与计算机连接存取时的安全，包括 WAP（无线应用协议）等存取方式。

8）针对 Gateway 主机及所提供的服务加以监控。

9）在网络环境中加强防火墙、入侵检测和弱点扫描，使企业交易内部的主机得到完全的保护。

针对移动的特性，可通过 VPN（虚拟专用网）来解决移动上网中的安全问题，它在公用的 Internet 上通过隧道协议建立起安全的私有网络。

（2）VPN 的技术基础

1）IPSec、IEFT（互联网工程任务组）制定的 IP 安全标准。

2）通过 CA 发放数字证书和进行第三方认证，或使用“共享密钥认证”用于小规模的安全虚拟专用网。

3）隧道技术允许公司内部专用 IP 地址穿越 Internet。通过这些技术，再集成 PKI 就可以说是最完美、最严密的 VPN 解决方案了，它通过密钥管理、安全交换及隧道协议来实现上述移动设备的通信安全。

（3）移动电子商务技术的发展趋势

移动电子商务是与商务活动参与主体最贴近的一类电子商务模式，其商务活动中以应用移动通信技术、使用移动终端为特性。由于用户与移动终端的对应关系，通过与移动终端的通信可以在第一时间准确地与对象进行沟通，使用户脱离设备的束缚，最大限度地驰骋于自由的商务空间。

移动电子商务本质上属于电子商务和信息商务的类别，是随着技术发展与市场变化出现的新商务模式。由于移动电子商务与电信服务的关联性特征，因此它在业务模式、商业收益点等许多方面不同于有线商务。移动电子商务将随着移动通信的不断普及和发展成为未来五年中国电子商务增长的新领域和创富运动的新行业。在信息支撑技术、市场竞争和需求的共同作用下，移动通信技术的发展更是突飞猛进，呈现出以下几大趋势。

1）网络业务数据化、分组化。

2）网络技术宽带化。

3）网络技术智能化。

4）更有效利用频段频率。

读一读

移动电子商务无线商务交易

移动电子商务有一个显著的特征就是一般通过无线上网来进行商务交易。目前所用的无线上网技术主要有WAP、移动IP技术、蓝牙技术、802.11b协议。WAP是移动电子商务的核心技术之一，通过它，手机用户就可以随时随地接入互联网，真正做到不受时间和地域限制的移动电子商务。移动IP技术通过在网络层改变IP协议，从而实现Note-Book在网络中的无缝漫游，进行不间断的电子商务交易。蓝牙技术是一种取代线缆实现数字空间的无线互联的技术，它可以很方便地与周围的网络设备进行连接，建立一个基于个人空间的无线网络。802.11b协议是和蓝牙技术类似的一种技术，它实现的功能和蓝牙一样，但是其传输协议和传输距离都要强于蓝牙，它是基于企业的无线网络。

3. RFID技术

(1) RFID技术的概念

RFID(Radio Frequency Identification，无线射频识别)技术是一种非接触式的自动识别技术，它通过射频信号自动识别目标对象并获取相关数据，识别工作无须人工干预，可工作于各种恶劣环境。RFID技术可识别高速运动物体并可同时识别多个标签，操作快捷方便。

RFID是一种简单的无线系统，只有两个基本器件，该系统由一个询问器(或阅读器)和很多应答器(或标签)组成，用于控制、检测和跟踪物体。

(2) RFID技术的应用领域

RFID技术广泛应用在物流和供应管理、生产制造和装配、航空行李处理、邮件/快运包裹处理、文档追踪/图书馆管理、动物身份标示、运动计时、门禁控制/电子门票、道路自动收费等领域中。

(3) RFID技术让物物对话——物联网

采用RFID技术的电子标签给电子商务带来了一次革命性的变化。世界上的所有货物都可通过此技术联系在一起，而且彼此可以互相“对话”，组成了一个物联网。在这个网络中，物品能够彼此进行“交流”，而无须人的干预。其实质是利用 RFID 技术，通过互联网实现物品的自动识别和信息的互联与共享。

(4) RFID 技术在移动电子商务中的应用

RFID 技术的出现无疑给移动电子商务的推广应用带来了一次革命性的机遇。RFID 技术可以为每一件货品提供单独的识别身份，然后通过无线数据传输，让计算机网络随时掌握各式各样货品的详细信息。同时，物联网的出现也为移动电子商务的发展提供了良好的技术支持平台，在此基础上，这种全新的商务模式的优势才能得到充分的体现。

移动电子商务巨大的市场前景和手机支付的迅速发展为 RFID 手机的发展提供了广阔的市场空间而 RFID 技术及物联网的发展又为手机支付解决了技术上的难题，二者的良好结合必然会促进移动电子商务迅速取代传统的电子商务。

议一议

RFID 手机支付在移动电子商务中的应用前景如何？

典型案例

金融行业移动电子商务应用成功案例

1. 案例背景

目前，保险公司的客户服务主要通过直邮、呼叫中心等方式来进行。由于行业的特性，保险公司很难和投保客户直接进行沟通，而是被动地为客户提供如保单信息、险种介绍、保险合同变更等信息服务，很难提供主动、便捷、迅速、高效的服务。直邮和呼叫中心高昂的成本费用也在一定程度上限制了保险公司的主动客户服务。

这些服务方式都存在着改进的必要，并且保险行业在客户服务满意度方面尚需做出更多的努力。如何以最小的成本来完成保险公司与客户的服务沟通、如何提升客户服务质量等问题已成为保险公司无法回避的现实。保险公司应该挖掘新的服务方式为客户提供高质量的服务，以降低客户流失率，提高客户续保率。

保险公司必须适应客观形势的变化，在客户服务、险种设计、营销手段等众多方面进行创新，使客户更加便捷地获得保险保障及相关的服务。而保险公司也在寻找新的方式为它们的产品与服务增加价值，提高竞争力，提升客户忠诚度，同时吸引新的高价值客户。因此，短信作为一种新的服务方式被保险公司引入到现有的服务体系当中，以满足客户不断增长的服务需求。

2. 中国人寿保险公司成功应用移动电子商务技术

为了给客户提供高质量的服务，降低保险客户的流失率，赢得更多的客户和提高客户的忠诚度。2003 年年初，中国人寿保险公司(以下简称中国人寿)与知名的金融行业移动电子商务应用提供商北京东方般若科技发展有限公司(以下简称东方般若)达成了战略合作，建立覆盖全国的“移动 95519”短信客服系统，以短信作为主要客服手段，为全国数量庞大的保险客户提供各种保险服务。通过短信实现了中国人寿与客户之间最快捷、最直接、最主动的沟通，克服了传统客户服务方式运作过程中存在的一些弊端。作为原有客户服务方式的有力补充，“移动 95519”短信客服系统能够为客户提供快速、准确、个性化的服务。

东方般若根据中国人寿的客服流程、操作方式及个性化应用等因素有机地将短信客服系统和中国人寿现有的业务系统连接在一起，构成了“移动 95519”短信客服系统。该系统运行在中国人寿的内部专网中，通过安全的数据接入与中国人寿现有业务系统之间建立信息通信，从而可以快速、自动、准确地提供客户需要的服务信息。

“移动 95519”短信客服系统采用先进的软件体系结构设计，可高效地同中国人寿业务系统进行集成，将移动通信技术、网络技术和组件技术有效地结合在一起，构成功能全面、服务模式灵活的无线数据短信综合客户服务系统。短信客服系统遵循组件化的设计思想，整个系统的框架先进、灵活、稳定，提供服务管理、短信收发、应用服务、系统管理等多方面的丰富功能，为中国人寿的短信客服系统提供了一个高效的运营支撑平台。

思考题

中国人寿为什么进行系统改造？它应用了哪一类电子商务技术？它的作用及优势是什么？其实施效果如何？

案例分析

中国人寿成功应用移动电子商务技术分析

1. 系统改造的必要性

中国人寿基于市场分析，了解到保险公司在客户满意度、客户维系及客户忠诚度等方面高成本、低成效的弊端，因此，为提高市场竞争力，维系客户，必须创新服务。于是，中国人寿充分利用短信这一移动通信工具实现了低成本、快速、及时的客户服务，同时，基于客户的数据分析，更是提供了准确、个性化的服务，实现了客户关系管理，提高了客户的忠诚度和满意度。

2. 系统改造后的作用及优势

“移动 95519”短信客服系统不仅保证了业务和管理消息的及时、快速和主动传输，缩短了信息的流通时间，让中国人寿变成了一个能快速适应、应对外界变化的金融企业，在市场竞争中赢得了先机。在丰富中国人寿服务手段的同时也在很大程度上降低了服务成本，提高了服务效率和客户的满意度。

另外，“移动 95519”短信客服系统为中国人寿提供了一个创新的服务渠道和市场拓展渠道——短信营销。通过发挥短信客服系统的便捷、快速、个性化、主动服务等优势，吸引更多的潜在客户成为中国人寿的客户，实现了中国人寿保险客户的快速拓展和增长，从而带动各种保险业务的收入。

3. 实施效果

通过“移动 95519”短信客服系统，中国人寿的保险客户可享受到中国人寿提供的个性化、多样化的服务，大大提升了中国人寿的知名度；而便捷、高效的服务，准确高质的服务内容，个性化的服务更提升了中国人寿的美誉度，从而使客户逐渐依赖并留恋于持续的优质服务，成为中国人寿的忠实客户。而忠诚的客户群体也正是中国人寿持续发展的有力保障。

知识拓展

自动识别技术与电子商务

1. 条码技术

条码技术是在计算机的应用实践中产生和发展起来的自动识别技术，是为实现对信息的自动扫描识别而设计的数据采集的有效手段。条码技术的应用真正解决了数据录入和数据采集的瓶颈问题，为供应链的管理和电子商务最基础对象数字化提供了有利的技术保证。

由于条码技术具有输入速度快、信息量大、准确率高、成本低、可靠性强等特点，因而发展十分迅速，在四十多年的时间里被广泛应用于商业流通、邮电通信、物流仓储、交通运输和工业生产控制等各个领域。条码技术的出现不仅在国际范围内为商品提供了一整套完整可靠的物流条码标准体系，为产、供、销等生产及贸易活动提供了通用的数字化语言，而且为电子商务供应链及物流各环节提供了具有基础价值的语言符号，为商业流通数据的自动采集和电子数据交换奠定了基础，也为电子订购系统提供了一种可选的技术手段。

1）生产线上的产品跟踪。首先在生产任务单上粘贴条码标签，任务单跟随相应的产品进行流动。其次在每一个生产环节开始时，用生产线条码终端扫描任务单上的条码，更改数据库中的产品状态。最后在产品下线包装时，打印并粘贴产品的客户信息条码。从而实现了对各工序产品数据的采集和整个生产过程的跟踪。

2）产品标签管理。在产品下线时，产品标签由制造商打印并粘贴在产品包装的明显位置。产品标签将成为跟踪产品流转的重要标志。

3）产品入库管理。识读产品上的条码标签，同时录入产品的存放信息，将产品的特性信息及存放信息一同存入数据库。通过条码传递信息，有效地避免了人工录入的失误，实现了数据的无损传递和快速录入，将产品的管理推进到更深的层次——个体管理。

4）产品出库管理。产品出库时，要扫描产品上的条码，对出库产品的信息进行确认，同时更改其库存状态。

5）库存管理。一方面条码可用于存货盘点。通过手持无线终端扫描物品条码，收集盘点产品信息，然后将收集到的信息交由计算机进行集中处理，从而形成盘点报告。另一方面条码可用于出库备货。

6）货物配送。配送前将配送产品资料和客户订单资料下载到移动条码终端中，到达配送客户后，打开移动终端，调出客户相应的订单，然后根据订单情况挑选货物并验证其条码标签，确认配送完一个客户的货物后，移动条码终端会自动校验配送情况，并给出相应的提示。

可见，以条码这种标志语言为基础的自动识别技术，大大提高了数据采集和识别的准确性和速度，实现了物流的高效率运作。

条码技术在网上订购系统中的应用也显现出较强的社会价值，以维深科技企业所开发的便民型、便携式条码识读设备VT006为例可充分说明这一点。VT006是一套将商品的宣传印刷品、商品条码、网站和零售渠道真正联系起来的网上订购系统。据统计，日常生活中有70%以上的购物信息来源于商场或零售超市等商家发放的购物指南一类的宣传印刷品，消费者在闲暇时会仔细阅读，印刷彩页上印制有不同种类的商品并附有图片、价格、介绍性的描述，当然也可印有起标示作用的条码。如果消费者对其中的某种产品感兴趣，并具有购买意识时，可用VT006便携式扫描器扫描商品条码，当要求送货时，通过红外接口(或其他接口)与网上PC、PDA、手机等连接发送，这样不论在家中、路上或商店里都能够购买自己喜爱的商品。它操作简单，使用方便快捷，适合普通大众，使普通消费者受益于电子商务的价值。2001年AOL、GERMANY Catalog公司相继采用此技术。据统计，VT006技术的应用使AOL、GERMANY Catalog公司整个网上的销售收入提高了3%～5%。此技术的理念也可应用于销售统计调查、集团订购、交易清算等商家与消费者之间的有关信息识别处理环节。

这一完全实现了电子商务价值并集成了自动识别技术、掌上PC技术、移动计算技术和网络技术的产品，赋予了商品条码新的内涵，创造了条码应用的新视觉和新的应用意义。

议一议

我国采用的商品条码——EAN-13码是如何构成的?

2. 二维条码技术

一维条码出现后，在各个行业得到了广泛的应用，极大地提高了数据采集和信息处理的速度，提高了工作效率，改善了人们的生活和工作环境，为现代科学技术的发展做出了巨大的贡献。从信息技术的角度来讲，一维条码能够实现对商品的定量信息标示价值，但对商品的描述信息(如色彩、性能、轮廓等定性信息)无法实现表达，人们需要一种具有更大信息量且可以完成描述意义的条码来适应当今的信息化社会，于是出现了二维条码。二维条码继承了一维条码成本低、方便、容易生成的特点，且是一种在水平和垂直方向都能表示信息的高密度、高信息量的数据文件，它在1平方英寸内可记录高达2000个字符信息，是各种大容量、高可靠性信息实现存储、携带并自动识别的技术手段。在电子商务的过程中，可使用一维条码、二维条码及混合条码(一维、二维条码混合使用)。

知识链接

二维条码及其应用

一维条码虽然提高了资料收集与资料处理的速度，但由于受到资料容量的限制，一维条码仅能标示商品，而不能描述商品，因此出现了储存量较高的二维条码。由于二维条码具有高密度、大容量、耐磨损等特点，所以更拓宽了条码的应用领域。

参考网址：

1)百度百科之二维码：http://baike. baidu. com/view/886309. htm。

2)百度百科之手机二维码及其应用：http://baike. baidu. com/view/1215498. htm。

3. 智能卡识别技术

今天人们对智能卡已不再陌生，它已经完全深入到社会的各个角落，如就餐卡、消费卡、信誉卡、交通卡、GSM 卡等。智能卡上的芯片处理能力也正以每年 30%～50%的速度提高，日新月异的卡片加密技术可保证卡上的数据隐私。电子商务资金流的各支付环节也在采用智能卡这一支付手段。在由电子钱包(E-wallet)、电子通道、电子银行(E-bank)、认证机构所组成的网上支付系统中，智能卡可提供支付方案和在终端与网络上的可靠标志，对银行、电信公司和电子商务中的其他主体来说，智能卡将成为一种必然交割机制。

自动识别技术在国民经济的发展中扮演着越来越重要的角色，它推动着生产力的发展，推动着各行业数字化建设的步伐，也为电子商务的发展提供了重要的技术保证。其他自动识别技术(如 OCR 技术、磁卡技术、声音识别技术、指纹识别技术、视觉识别技术等)也对电子商务具有较强的意义和价值，同时也在不同的领域得到了广泛的应用。

案例拓展

农夫山泉移动电子商务应用案例

“农夫山泉有点甜”这一广告语在中国几乎家喻户晓。作为一家快速消费品企业的后起之秀，农夫山泉该如何与可口可乐、康师傅、娃哈哈等国内外大腕企业同台竞技。农夫山泉的产品线并没有可口可乐、康师傅那么全，它靠的是特色产品、强有力的渠道和终端控制，走的是高端市场和产品差异化路线，产品讲究的是品位。“这要求企业必须去控制终端。如果你不控制终端，那些资金资源、渠道资源更多的企业，就会控制终端。”农夫山泉 CIO 胡健对公司的发展历史似乎了如指掌。农夫山泉网站首页如图 1-8 所示。

为了达到控制终端的目的，农夫山泉采取了人海战术，公司在全国部署了 4000 多名业务代理，控制着中国(除中国台湾地区以外)所有的大中小型超市。业务代理每天必须在渠道里跑“线路”：公司规定每个业务代理每天跑 50 家门店，一周跑 300 家门店，来收集数据、沟通、理货。每人所对应的 300 家门店不同，每人负责一个区块。另外，业务代理还要了解每个店面有多少库存，是什么价格，并将掌握的数据层层上报，总部拿到这些数据之后可以看到终端店面有多少货，今天要进多少货，下一步进哪个品种，哪些品种需要加大生产力度，等等。

图 1-8　农夫山泉网站首页

如果按照手工方式层层收集、层层汇总，拿到的第一手资料往往会失真，并且时间会延后一周，这样的数据不但对决策失去了意义，而且很有可能会造成错误的决策。农夫山泉决定对人工跑店、手工登记、层层汇总这种模式进行信息化改造，以建立一种具有农夫山泉特色的、适合业务需要的管理方式。农夫山泉的短信平台由此而来。

从开始“收罗”需求到开发完毕，农夫山泉只用了短短三个月的时间，在杭州试点之后开始在全国实施。随后，全国四个区域全部上线。整个公司的业务代理每天都将短信订单发送到数据库里，然后自动打出报表进行分析决策，从而避免了时间的滞后和数据的失真，为公司提供了一个很好的决策工具。与此同时，农夫山泉取消了对业务员纸质报送数据的绩效考核，所有业务代理的考核指标都由短信平台上报的数据自动产生，与他们的工资挂钩。

其实，像娃哈哈等很多企业，也有着与农夫山泉类似的需求。实际上，农夫山泉的这套短信平台尤其适用于快速消费品行业，而对于一般的消费品行业，如家电、药品，还有一些政府部门，如警察、税务、工商等都适用，而这些行业和部门现在却没有像农夫山泉这样的平台。这也是农夫山泉这套短信平台之所以引人注意的原因所在。目前，农夫山泉的这一平台有 4000 多个业务代理在使用，每天短信量约 10 万条，每月大约 400 万条。这样的数据量对于移动和联通来说，显然是一个极好的市场，也是企业利用短信平台开展信息化的典型案例，而如此众多的“农夫山泉”们则为运营商的移动电子商务市场带来了巨大的商机。

拓展思考

农夫山泉是怎样进行信息改革的？取得了哪些显著的效果？

第二章　网站建设与维护案例

【导读】

电子商务一般是通过企业的网站来实现的。企业网站的建设和维护，对企业开展电子商务具有重要的意义，是电子商务系统开发人员必须掌握的内容。

本章将围绕企业网站建设的内容和网站维护的基本技术，通过对网站建设的流程和网站维护技术的分析，加强学生对网站建设与维护在电子商务建设中的重要性的理解，培养学生利用电子商务技术进行网站建设与维护及审美的能力和勇于创新的精神。

第一节　网站规划建设案例

知识要点

1. 网站建设的概念

网站建设是指网络程序员与设计师应用各种网络设计技术，为企事业单位、公司和个人在互联网上建立自己的站点。网站是企业展示自身形象、发布产品信息、联系网上客户的新平台、新天地，进而可以通过电子商务开拓新的市场，以极少的投入获得极大的收益和利润。

2. 网站建设的内容

网站建设包括网站策划、网页设计、网站推广、网站评估、网站运营、网站整体优化，网站建设的目的是通过网站开展网上营销，实现电子商务。

议一议

现在大部分企业都建设了自己的网站，一小部分中小企业仍未重视网站建设。请问如何说服一个中小企业进行网站建设?

3. 网站建设的方法

首先应由网络营销顾问提出低成本回报的网络营销策划方案，通过洞悉项目目标客户群的网络营销策略，引发、借力企业与网民，以达到网民与网民之间的互动，使企业以最小的营销投入，超越竞争对手，获得更高的市场回报。营销网站的规划及网站前期策划作为网络营销的起点，规划的严谨性、实用性将直接影响到企业网络营销目标的实现。网站建设商以客户需求和网络营销为导向，结合自身的专业策划经验，协助不同类型企业，在满足企业不同阶段的战略目标和战术要求的基础上，为企业设计阶段性的网站规划方案。

4. 建设企业网站所遵循的一般原则

(1) 系统性原则

设计实施单位应充分了解企业文化和企业机构及管理信息等基本情况，将营销目标、行业竞争状况、产品特征、用户需求行为及网站推广运营等基本问题要素融入网站建设方案中。

(2) 完整性原则

企业网站是企业在互联网上的经营场所，应该为用户提供完整的信息和服务；网站的基本要素要合理、完整；网站的内容要全面、有效；网站的服务和功能要适用、方便；网站建设要与网站运营维护衔接并提供支持。

(3) 友好性原则

网站的友好性包括三个方面：对用户友好——网站满足用户需求，获得用户信任；对网络环境友好——网站适合搜索引擎检索，便于积累网络营销资源；对经营者友好——网站便于管理维护，提高工作效率。

(4) 简单性原则

在保证网站基本要素完整的前提下，应尽可能减少不相关的内容、图片和多媒体文件等，使得用户以尽可能少的点击次数和尽可能短的时间获得需要的信息和服务。

(5) 适应性原则

企业网站的功能、内容、服务和表现形式等需要适应不断变化的网络营销环境，网站应具有连续性和可扩展性。

5. 企业网站建设的基本流程规范

(1) 企业网站建设基本流程

1) 设计网站规划方案，包括网站预期目标、行业竞争状况分析、网站栏目结构、用户行为分析及内容规划、网页模板设计、网站服务器技术选型、网站运营维护规范等基本内容。

2) 网站技术开发、网页设计。

3) 网站测试。

4) 网站内容发布。

5) 网站维护及管理。

(2) 企业网站域名及网站技术规范

1) 采用基于 XHTML 的 Web 国际标准(CSS+DIV)。

2) 网站首页为顶级域名而不是多级层次。

3) 网站首页及各栏目和内容页面均不采用网址跳转方式和网址重定向。

4) 合理应用静态网页与动态网页，网站栏目首页和其他重要页面采用静态网页。

5）网页内容页面层次不宜过多，最多不超过四个层次。

6）采用主流域名“. cn”、“. com. cn”、“. com”等。

7）一个网站对应一个主域名，如有多个域名须统一。

8）将网站链接错误率控制在一定范围之内，首页等重要页面不得有无效链接。

9）网站设计对不同浏览器具有兼容性。

（3）企业网站的基本功能和内容

1）与企业办公网实现无缝连接，具有信息发布、产品发布和管理功能。

2）产品推荐/广告管理功能。

3）详细的公司介绍和详细的联系方式。

4）合理的产品分类/汇总/列表，详细的产品介绍内容。

5）与销售及售后服务相关的联系和服务信息。

6）在线服务信息，持续更新的企业动态/产品信息。

7）相关网站链接管理功能。

8）规范的网站地图。

9）网站访问统计功能。

读一读

主流域名

类型	解释
. cn	中国域名，现已成为中国最大、全世界第四大域名
. com	国际通用域名，适用于商业性的机构或公司
. org	国际通用域名，适用于从事 Internet 相关服务的机构或公司
. net	国际通用域名，适用于非盈利的组织、团体
. com. cn	中国国际域名，适用于中国商业性机构或公司

（4）网站优化

网站优化包括对用户获取信息优化、搜索引擎优化、网站维护优化三个方面。

1）网站栏目结构合理，栏目设置不要过于复杂。

2）网站导航清晰且全站统一，通过任何一个网页可以逐级返回上一级栏目直到首页。

3）网页布局设计合理，网站设计符合用户浏览习惯。

4）重要文字信息尽可能出现在网页靠前位置。

5）字体清晰，ESS 风格协调一致。

6）最多三次点击可到达产品详细内容页面。

7）通过网站任何一个网页不超过三次点击可到达站内其他任何一个网页。

8）遵照搜索引擎为管理员提供的网站优化指南，通过网站结构和内容等基本要素的优化为搜索引擎检索信息提供方便，不采用任何被搜索引擎视为垃圾信息的方法和欺骗搜索引擎的方式(如堆积关键词、用户不可见文本、页面跳转、复制网页等)。

9）网站首页、栏目首页及产品内容页面均有一定的文字信息量。

10）每个网页有独立的、可概括说明该网页核心内容的网页标题(而不是全站或者一个栏目共用一个网页标题)。

除此之外，每个网页要有独立的、与该网页内容相关的 META 标签设计(包括 Description 和 Keywords)，要有独立的 URL，产品内容页面 URL 尽可能简短且体现出产品属性，产品/企业新闻详细内容页面是独立网页而不是弹出窗口，对于产品品种多的企业网站，要有合理的产品分页方式，网站内容保持适当的更新周期。

(5) 网页模板设计

1）重要信息尽可能出现在用户最关注的位置。

2）网页宽度定位适应当前主流屏幕分辨率模式。

3）保持网站 CSS 风格一致。

4）超级链接有下划线或颜色不同的明显指示。

5）整个网站中在新窗口打开网页或原窗口打开网页的规则一致。

6）网站首页字节数不宜过大。

7）多语言版本网站内容之间的切换方式设计合理。

(6) 企业网站可信度

1）网站具有必需的法定证书。

2）对企业基本状况的介绍真实可信。

3）公布顾客服务/售后服务承诺。

4）有必要的个人信息保护声明。

5）网站公布的联系方式有效，尤其是地址、固定电话和电子邮箱地址。

6）网站公布的电子邮箱地址与企业网站域名后缀一致而不是免费邮箱。

7）网站主域名与企业名称/品牌/核心产品一致或相关。

8）网站提供的信息及时有效。

9）网站有自己独立的风格。

10）网站各项功能和服务方便易用。

(7) 网站运营维护

1）建立网站内容发布审核机制，始终保持网站内容的合法性。

2）保持网站服务器正常工作，对网站访问速度等进行日常跟踪管理。

3）保持合理的网站内容更新频率。

4）网站内容制作符合网站优化所必须具备的规范。

5）重要信息(如数据库、访问日志等)的备份机制。

6）保持网站重要网页的持续可访问性，不受网站改版等原因的影响。

7）对网站访问统计信息定期进行跟踪分析。

(8) 其他要求

由于网络营销环境和用户行为在不断发展变化，企业网站需要增强适应性，可通过改版、重建等方式进行网站升级。在网站建设技术标准方面，遵照 Web 国际标准，不再使用过时的 HTML 4.01；在网站运营支持方面，融入目前居于领先地位的网站优化思想和方法，使得遵照规范建设的企业网站全面符合主流搜索引擎的优化指南，具有明显的搜索引擎优化优势。

6. 网站测试

网站发布前要进行细致周密的测试，以保证正常的浏览和使用。主要测试内容：文字、图片是否有错误；程序及数据库测试；链接是否有错误。

7. 费用预算

企业建站费用的初步预算一般根据企业的规模、建站的目的、上级的批准而定。专业建站公司提供详细的功能描述及报价，企业可进行性价比研究。建站的价格从几千元到十几万元不等，如果排除模板式自助建站和牟取暴利的因素，建站的费用一般与功能要求是成正比的。

读一读

建立一个网站的费用预算

建立一个网站的费用大概分为四部分：域名使用费、空间使用费、制作费、推广维护费。

费用一：域名使用费。“.cn”、“.com”、“.org”等常见后缀的域名费用在 60～100 元/年。

费用二：空间使用费。根据网站的内容，有多少页面、图片、数据库、下载资源容量等估算。

空间使用费差距很大，不同的空间运营商，价格有天壤之别。一般来说，对于比较知名的空间，200MB 的空间为 300 元/年左右。对于一些很小的运营商，有可能 1GB 的空间为100～200 元/年。

费用三：制作费。网站上有一些网站程序，可以自行下载修改。如果是请网站建设公司制作一个网站，根据设计和实现的功能不同，收费也不同，少则几百元，多则几千、几万元。

费用四：推广维护费。企业网站建设完成开通后，后期的管理和维护是让网站产生效果的最主要的步骤。如果只是建立了网站，而不去管理和经营，那么网站就成为了摆设。网站推广和维护牵涉的范围很广，因此没有一个确切的答案。

典型案例

阿里巴巴网站规划设计

阿里巴巴是全球著名的企业间电子商务服务公司，管理运营着全球领先的网上贸易市场和商人社区——阿里巴巴网站。阿里巴巴网站为来自 220 多个国家和地区的 1200 多万企业和商人提供网上商务服务，是全球首家拥有百万商人的商务网站。在全球网站浏览量排名中，稳居国际商务及贸易类网站第一，遥遥领先于第二名。这里主要从网站自身的角度来谈阿里巴巴。

阿里巴巴公司主要由四大业务群组成：阿里巴巴(B2B)、淘宝(C2C)、雅虎(搜索引擎)和支付宝(电子支付)。

阿里巴巴网站由三个子网站组成：中国站(http://www.1688.com)，主要为国内市场服务；国际站(http://www.alibaba.com)，面向全球商人提供专业服务；日文站(http://www.alibaba.com.jp)，主要为日本当地市场服务。

淘宝网的在线商品数量、注册会员数、成交额等，遥遥领先于中国个人电子商务市场。截至2008年年底，淘宝网注册会员超过8000万人。2008年一季度，淘宝网交易额突破188亿元，2007年全年成交额突破433亿元。根据2007年第三方权威机构调研，淘宝网占据中国网购市场70%以上的市场份额，占据C2C市场80%以上的市场份额。

雅虎是全球第一门户搜索网站，业务遍及24个国家和地区，为全球超过5亿的独立用户提供多元化的网络服务。1999年9月，雅虎中国网站开通。2005年8月，雅虎中国由阿里巴巴集团全资收购。2007年5月15日，雅虎中国宣布从即日起正式更名为中国雅虎。同时，中国雅虎全新的业务体系也调整完毕，形成了“三驾马车”式的事业部制架构。中国雅虎开创性地将全球领先的互联网技术与中国本地运营相结合，成为中国互联网界位居前列的搜索引擎社区与资讯服务提供商。中国雅虎一直致力于以创新、人性、全面的网络应用，为亿万中文用户带来最大价值的生活体验，成为中国互联网的“生活引擎”。

2003年10月，阿里巴巴建立独立的第三方支付平台——支付宝，正式进军电子支付领域，并于2003年10月18日在淘宝网推出，为网络交易用户提供优质的安全支付服务。目前，支付宝已经和国内的工商银行、建设银行、农业银行和招商银行，国际的VISA国际组织等各大金融机构建立了战略合作关系，共同打造了一个独立的第三方支付平台。不到一年时间，支付宝迅速成为淘宝会员网上交易不可缺少的支付方式，深受淘宝会员喜爱。

阿里巴巴在中国香港地区成立国际总部，在中国杭州成立中国总部，并在海外设立了多家分支机构和合资企业，在中国北京、上海、浙江、山东、江苏、福建、广东等地区也设立了多家分公司和办事处。

对于B2B电子商务来说，阿里巴巴在这方面已经做得很出色了。就网页设计布局来说，不论从整体结构、页面的相互关系、页面分割、页面对比、页面和谐哪一个角度去分析，阿里巴巴的网页设计都是专业的，也是深入的。

2006年8月，阿里巴巴中国站被Google收录的中文网页数量为5320000，不仅被收录的网页数量要远远高于同类网站的平均水平，更重要的是，阿里巴巴的网页质量比较高，潜在用户更容易通过搜索引擎检索发现发布在阿里巴巴网站的商业信息，从而为用户带来更多的商业机会，阿里巴巴也因此获得了更大的网站访问量和更多的用户。

议一议

在阿里巴巴网站，寻找“澳毛”的产品有几种方法？

思考题

阿里巴巴是如何进行网站设计布局的？它的网站结构是什么样的？

案例分析

阿里巴巴网站规划设计

1. 阿里巴巴的网页设计布局分析

(1) 从整体结构看

设计作品的整体效果是至关重要的，在设计中切勿将各组成部分孤立分散，那样会使画面呈现出一种枝蔓纷杂的凌乱效果。打开阿里巴巴网站(图 2-1)，访问者可以很快地查找到自己所要寻找的信息和内容，它的每个页面都有独立的标题，并且网页标题中含有有效的关键词，每个网页还有专门设计的 META 标签，而且图形和文本层叠有序，框架结构明显。从整体上看，网站上的图片不是很多，因为网站设计者知道搜索引擎是读不出图片的信息和内容的。

图 2-1 阿里巴巴网站首页

（2）从页面的相互关系看

阿里巴巴的各组成部分在内容上的内在联系和表现形式上的相互呼应很明确，注意到了整个页面设计风格的一致性，并且在搜索引擎搜索信息的情况下，阿里巴巴将它的主要业务放在了整个框架的最左边，也就是搜索引擎最关注的地方。它抓住了搜索引擎搜索信息的特点，实现了视觉上和心理上的连贯，将整个页面各个部分设计得极为融洽。

（3）从页面分割的角度看

分割是指将页面分成若干小块，小块之间有视觉上的不同，这样可以使浏览者一目了然。阿里巴巴在这方面做得很出色。它在信息量很多时，将关键词列出来，并对画面进行了有效的分割，使关注者更清楚地知道关键词的背后就是他所要的信息。所以网页设计中有效的分割可以被视为对页面内容的一种分类归纳。

（4）从页面对比的角度看

对比就是通过矛盾和冲突，使设计更加富有生气。对比手法很多，如多与少、曲与直、强与弱、长与短、粗与细、疏与密、虚与实、主与次、黑与白、动与静、美与丑、聚与散等。阿里巴巴在网页设计中无论是颜色、文本信息、文字的大小、格式等都无可非议。因为它给人的感觉很协调，很舒服。

（5）从页面和谐的角度看

和谐是指整个页面符合美的法则，浑然一体。如果一件设计作品仅仅是色彩、形状、线条等的随意混合，那么作品不但没有生命感，而且也根本无法实现视觉设计的传达功能。和谐不仅要看结构形式，而且要看作品所形成的视觉效果能否与人的视觉感受形成一种沟通，产生心灵的共鸣，这是设计能否成功的关键。阿里巴巴的网页一开始给人一种单一的感觉，因为它的色彩不是很鲜明，但是从整体角度再看，就会发现它的颜色和线条搭配的视觉效果与网页沟通得很好，尤其是它框架两边的空白部分，从美学角度可以说明两点：一是显示阿里巴巴企业的卓越；二是显示网页品味的优越感。所以从整体上体现出了网页的格调。

阿里巴巴之所以能够取得今天这样的成就，与它在每个方面的专业化和深入程度是分不开的。

2. 阿里巴巴的网站结构

（1）网站结构

以B2B为中心的阿里巴巴网站主要分为两大部分：市场和资讯行情。市场又分为按行业划分的阿里巴巴行业市场和面向企业的阿里巴巴市场。资讯行情中包含行业资讯、价格行情和以商会友三个部分。此外，还有网站指南和免费信箱服务。

（2）内容及功能

进入阿里巴巴网站，可以查询商业机会，发布信息，查看每日最新商机、商情特快；在公司库中，有中文公司网站大全，可以按行业类别查询各类公司资讯；可以在“公司介绍”中免费创建公司网页，并加入阿里巴巴公司库；产品展示区按类陈列展示阿里巴巴会员的各类图文并茂的产品信息；会员可创建产品目录，建立和编辑自己的私人产品目录；免费邮箱是阿里巴巴为会员提供的免费信箱服务；在以商会友区，会员之间可以交流行业见解，或轻松地交流经验；行业资讯是每日更新的行业新闻报道，帮助用户了解变幻莫测的行业动态。

(3) 可视化设计

阿里巴巴网页一般分为上、中、下三部分。上面是网站的主导航条，方便访问者在不同的分区穿梭浏览；中间是最主要的信息内容、分类目录或其他信息，一般还配有查询栏；下面是关于网站和公司信息的导航栏。

知识拓展

网页设计的功能与美化

1. 网页设计的功能与美化

网页设计伴随着网络的迅速发展而快速兴起，作为上网的主要依托，由于人们使用网络的频繁而变得非常重要。网页讲究的是排版布局，其功能主要是给每个上网者提供一种形式，让他们能够了解网站提供的信息。

从网络的发展来看，网页设计从无到有，从低级到高级，是基于技术的原因而受到客观限制的。因为受传输带宽的限制，最早的网页是纯字母和数字的，没有图片和声音更别说是动画了，只能用占用空间很小的数字和字母来进行传输。由此看来，网页最初就是在功能性的基础上发展起来的。

到今天，上网同样也离不开使用网页的功能，所以网页的审美首先就要考虑其功能的要素。那么从功能出发来看待网页设计，就必须考虑使用者如何从网页中得到功能，如何更好地得到功能。这就需要站在使用者的角度来看待网页设计，才能使网页受欢迎，从而达到基本的目的。

谈到美，网页这种特殊环境下的美与传统艺术上的审美有着明显的区别，因为一般的艺术上的美是海阔天空、无所顾忌的，只要符合人们的欣赏习惯，能够在欣赏者的心里产生共鸣就是美的；而网页布局上的审美却要受到很多的限制，当然它也有优于传统艺术的地方，最明显的就是它的交互性和更新速度的快捷，纯艺术很大程度上是作者的自我宣泄。但是网页设计直接面对的是大量用户，随时都会反馈回来对网页的批评建议等，可以根据实际情况进行修改，同样不损坏整体效果，却可以使用户用起来更加方便。这个过程可以在很短的时间里完成。同时网页能融文字、图片、声音、动画于一体，这是传统艺术所达不到的。

2. 网络环境下的审美

首先，要考虑上网者的环境。通常可见的情况是，上网者眼睛盯着一个冷冰冰的计算机屏幕，手移动鼠标，保持一定的姿势，而且一般持续很长的时间。在这种情况下，假如链接的网页做得很差，不考虑排版布局形式美的要素，一味地以刻板的文字或图片来充斥这个页面，那么使用者看久了就会厌倦，甚至讨厌。同样在网络世界里，信息五花八门，涉及各方面的内容，使用者通常打开很多的窗口，在一种纷繁复杂的情况下接受信息。假如他们浏览的网页设计得特别花哨，图片、文字、动画等堆砌得极为杂乱，那就会加剧这种心理上的厌烦感，这种网页就不能算是美的。

其次，考虑使用对象本身也是网页审美的一个重要方面。网页设计都是为每个具体的网站做宣传，不考虑对象就如同闭门造车，这样会造成其根本功能的损失，使用户浏览起来很困难。例如，一个儿童网站设计得如同一些新闻专题的网页一样，纯粹是文字，就会使儿童在浏览该网站的时候毫无兴趣，阻碍了网站基本目的的实现，因为该网站的目的就是要使更多的儿童来光临这个网站，从而扩大网站的影响。从这个功能层面上来理解，设计的美是同使用对象分不开的。

再次，网页设计的美其实是一个满足使用者需求的过程，能够使他们使用起来方便快捷，排除他们使用中的问题，这就是美的，这就是纯粹从功能上的要求出发的。最根本的功能被满足就是最根本的美。假如使用者想上一个体育的网站了解一下当天的足球战报，那么其上网的目的性就是非常明确的，直接看足球的结果。该使用者的上网过程就是先键入网址，进入主页，然后尽快地找到足球的栏目，再找到比分的链接。设计师如果考虑到上这个网站的很多人都非常想知道足球的比分，那么在主页上放一个流动性临时更新的比分框，就可以使使用者直接在主页上看到想要看的东西，这实质上是一个网页设计的成功之处，这种网页就是美的；反之，假如把网页设计得非常“漂亮”，但是把该链接放到了不容易找到的地方，或者是为了满足“漂亮”的要求，加大了链接的级数，从而增加了使用者的不便，这种网站就是不美的，因为它没有为使用对象考虑。

最后，还有一个美的因素就是网站本身。网站的功能要通过使用者的使用来得到体现，要通过自己的设计使网站的形象得到提升，并在每个使用者的心目中扎根。有些网页做得很有味道，不管是用色还是布局的编排，都非常讲究，但是却没有注意到网站本身的东西。例如，网站的名称或网址没有得到强化，尽管使用后觉得好，但是第二次使用时却记不起是什么网站了。因为上网通常要看很多的网站，每一个都记录下来是非常不方便的，很多网友也不愿意这样做，而且收藏夹里内容太多找起来也不方便，还要进行整理，也很麻烦。所以假如网页设计时注意了这个网站的名称和网址的因素，就会避免这一系列的问题出现，从这个功能上来说是设计成功之处，也是网页设计美的一个观念的异化。在把握住网站功能实现的基础上才能谈得上设计的美。

由以上描述可以得出网页美的标准如下。

1）简洁实用。这是非常重要的，网络特殊环境下，尽量以最高效率的方式将使用者想得到的信息传送给使用者就是最好的，所以要去掉所有冗余的东西。

2）使用方便。同1)是相一致的，满足使用者的要求，网页做得越适合使用，就越显示出其功能美。

3）整体性好。一个网站强调的就是一个整体，只有围绕一个统一的目标所做的设计才是成功的。

4）网站形象突出。一个符合美的标准的网页能够使网站形象得到最大限度地提升。

5）布局完美。布局有条理，充分利用美的形式，使网页富有可欣赏性，提高档次。

6）交互式强。发挥网络的优势，使每个使用者都参与其中，这样的设计才能算成功的设计，这样的网页才能算真正的美的设计。

读一读

网页设计尺寸

显示器分辨率	网页设计建议尺寸
800×600	网页宽度保持在 778 以内，就不会出现水平滚动条，高度则视版面和内容决定
1024×768	网页宽度保持在 1002 以内，如果满框显示的高度是 612～615，就不会出现水平滚动条和垂直滚动条

注：一个网页的颜色最好不要超过三种。

案例拓展

伊利乳业公司网站的设计与策划

1. 伊利网站设计与策划

伊利网站首页如图 2-2 所示，伊利网站的设计主要考虑了以下几个方面。

1）页面主要采用蓝色、红色、绿色三种颜色，以蓝色为主，给人一种自然清新的感觉，体现伊利的稳健与大智的姿态，并与伊利的 CI(Corporate Identity，企业识别)保持一致，整个网站的视觉协调统一，加上动感的背景音乐，充分显示伊利的活力。

2）形象页从整体构架看上去好像一面旗帜，体现伊利在食品行业的领导地位，突出伊利在本行业的实力，上半部分的飘带象征着蓝天，下半部分的飘带象征着绿地，充分给访客一种天然的想象空间。

3）主要频道的按钮采用奥运五环的五种颜色，充分体现伊利与奥运紧密携手，发扬奥运精神，伊利是符合奥运标准的企业。

4）正面背景采用五环，紧密地与奥运集合在一起，元素的精巧搭配使整个界面给人以简洁、大气、有实力的感觉。简洁的风格突出了企业的形象与品牌，是大型集团企业网站设计风格的理想选择。

5）一体化的外围设计配以别具一格、错落有致的页面布局，既达到清新淡雅的设计目标，又给人以内涵丰富的感性认识，给人以亲切感。

6）在网站中部显示的是直观的新产品图片，也是访客最需要看到的产品信息，随时发布新产品动向，提升在客户心中的可信度。

7）上部导航条是围绕着公司、品牌、产品、开放工厂、企业公民五个菜单，体现为访客着想的伊利服务理念。

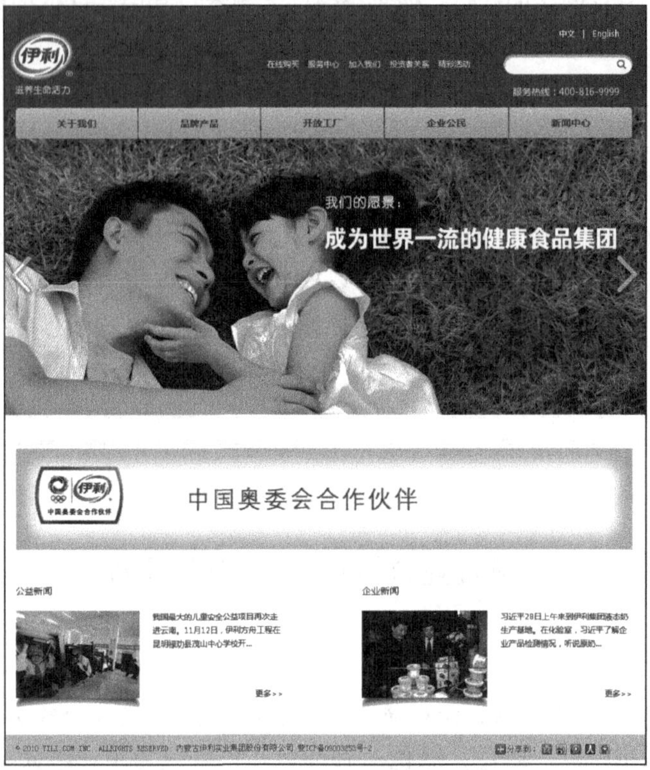

图 2-2　伊利网站首页

2. *伊利网站的互动*

为了加强会员与伊利网站的互动，建立了伊利会员在线互动社区，名称暂定为伊利地带，从伊利网站首页可以访问，这个强大的会员中心是具有年轻活力、时尚魅力，注重趣味性、知识性的会员俱乐部。该频道分为以下五个方面。

1）会员活动，如活动预告、同城聚会等。

2）健康产品，如 LGG 酸奶、优酸乳、老人补钙、时尚饮品等。

3）美丽在线，如真情告白、游戏天地、桌面墙纸、电子贺卡、电视广告、屏幕保护、动画欣赏、网站寻宝。

4）无线互动，如趣图下载、趣图收藏、下载铃声。

5）食品安全，如关注健康、倡导运动。

3. *会员积分*

这种虚拟生存的社区能吸引用户经常登录伊利网站，用户可以挑战自己，在网站学习一定的营养知识，熟悉了解伊利的新品，同时获得实惠。社区对会员进行终身积分，根据积分点数可以兑换折扣或直接换取不同等级的纪念品、礼品、伊利产品，尤其是伊利推出的奥运礼品。会员的积分可以兑换，也可以在会员之间转让，建立友好氛围的社区积分可以采用以下方式。

1）会员可操作简单的网络游戏比赛赢取积分。
2）根据会员登录伊利网站的在线时间统计进行积分。
3）根据会员的在线购物金额进行积分。
4）根据会员被伊利采纳的有效建议的条数进行积分。
5）根据会员提供的原创文章或者 Flash 动画(分享与伊利产品的故事)的数量进行积分。
6）建立幸运大转盘，当积分累积到一定的点数时，可以抽取礼品、大奖或优惠折扣。
7）让会员收集伊利每期的产品标志，根据标志的数量及完整性进行积分。
8）会员可在线浏览或下载伊利网站的广告，根据阅读的次数进行积分。
9）参与问卷调查的会员可获赠积分。

4. 伊利与奥运

1）奥运介绍：介绍奥运的起源与发展和奥运精神。
2）伊利与奥运：主要介绍奥运文化、奥运历史、中国奥运、伊利与奥运携手等信息。
3）奥运大事记：介绍奥运的大事，尤其是中国人与奥运的大事，介绍中外奥运明星。
4）伊利与奥运同行：介绍伊利与奥运携手、伊利参与奥运的相关活动。
5）在线互动：设置奥运答题、奥运游戏、屏保下载、壁纸下载、Flash 动画下载。
6）奥运相关活动：报道介绍最新与奥运相关的活动新闻。

5. 电子优惠券

1）会员可以在网上下载最新的电子优惠券，打印出来后可以享受购物优惠。
2）会员也可以通过手机，将网上的优惠券发送到手机上享受购物优惠。

6. 信息订阅

1）会员或非会员可以输入邮件地址订阅伊利最新的产品活动或新闻信息。
2）会员或非会员也可以通过手机订阅伊利的短信。

拓展思考

从网站的搭建、构架、设计、功能等几个角度分析伊利网站。

第二节　网站维护案例

知识要点

1. 网站维护的概念

随着网络应用的深入和网络营销的普及，越来越多的企业意识到网站并非一次性投资建立那么简单，更重要的工作在于网站建成后的长期更新、维护及推广。

网站维护是指网络营销体系中一切与网站后期运作有关的维护工作。与其他媒体一样，网站也是一个媒体，需要经常性地更新维护才会起到既定的商业效果。因此网站运营维护的好坏在很大程度上会直接影响到顾客能否对企业产生良好的印象。

议一议

经常在报纸网站上看到“网站更新维护”，请问网站更新就等于网站维护吗？

2. 网站维护的目的

网站维护的目的是让网站能够长期稳定地运行在Internet上，及时调整和更新网站内容，在瞬息万变的信息社会中抓住更多的网络商机。

3. 网站维护的内容

网站维护的内容比较多。小的方面就是一些资料的修改及录入；大的方面就涉及日常访问管理、网站更新、网站流量分析/对策、对交互式的内容进行回复及处理、网页安全及网页设计测试等。

网站维护主要内容是对网站内容的编辑添加，是针对网站关键词进行的原创内容的编辑，主要是为了配合网站进行内部优化，从而让网站在搜索引擎中有一个好的排名表现，还要进行网站的外部链接建设，当然也是为了优化网站排名。这些工作都是为了让自己的网站在同行网站里脱颖而出。

网站维护还有一个主要的内容就是安全维护。互联网随时都存在着隐患，互联网在发展的同时，黑客也在发展。现在的黑客出于很多的商业目的，攻击网站是常事，网站经常需要备份数据，及时恢复网站访问就变得越来越重要。所以网站维护是非常有必要的。

4. 网站维护的方案

维护网站的第一种方案就是直接委托给网络公司维护，也就是委托给制作该网站的公司维护。这里就要考虑维护的价格问题，因为网络服务没有标准，所以要看制作该网站的公司的维护标准是不是可以接受。如果不能接受，那就采取第二种方案。

维护网站的第二种方案就是用户聘请一个网站运营专家自己维护。这个主要考虑到了网站运营专家要比网页设计师的技术更全面，网站运营专家注重的包括网站建设、网站推广、网络营销策划，这些都是比较全面的，而网页设计师追求的只是一个网站的美工漂亮而已。有了自己的维护人员，用户可以根据自己的要求修改页面的结构，网站有什么活动都可以随时美化自己的网站，而且有了网站运营人员就代表网站有了在线客服，这样的网站才有活力。

读一读

某网站的维护服务

有关事项	具体内容
资料准备	可以通过电子邮件、传真等方式将相关资料发送给我们
附加服务	① 非电子文本资料录入，50 元/千字； ② 免费图片处理(扫描或排版)； ③ 为您拍照并在网页配图(如产品或办公大楼)。 注：我们有专业的设计师及高级技术人员随时协助完成这方面的工作，以确保您的页面质量
响应时间	一个工作日内
维护流程	① 拿到资料； ② 当天与您核对需求； ③ 当天判断工作量后，与您商定完成的时间； ④ 当天签发网站维护任务单； ⑤ 工作开展； ⑥ 验收人员验收后上传或发送电子邮件给客户； ⑦ 在规定时间内，电话通知您验收

典型案例

通用电气公司中国网站维护

1. 企业介绍

作为全球最佳电子商务企业的通用电气公司(General Electric Company，以下简称 GE)在中国的分支，GE(中国)从 2001 年开始，将其中文门户网站(http://www.ge.com.cn)的日常维护工作全权委托给了专业的网络应用技术服务商——上海火速网络信息有限公司(http://www.hotsales.net)来办理，目的是为了能使这家多元化企业的各业务集团的电子商务服务能更快、更好地延伸到中国的客户和供应商。

GE 中国网站(图 2-3)首建于 1999 年 8 月，是 GE 在全球的第一个当地语言的门户网站。网站将 GE 能为中国客户提供的各种服务和产品的类别都直接放置在首页。作为扁平化设计结构的结果，从主页进入任何 GE 在中国的有关部门和各类企业及其产品的页面都只需要一到两次的点击。GE 中国董事长兼 CEO 王建民先生说："互联网不仅是 GE 的第一个工作重点，而且是第二、第三和第四个工作重点。作为 GE 在中国的门户，GE 中国网站连接 GE 各集团的电子商务网站和它们在中国现有和潜在的客户。更重要的是，访问者在通过这里登录不同的电子商务网站时，可以感受到 GE 作为一个著名品牌的影响力。"

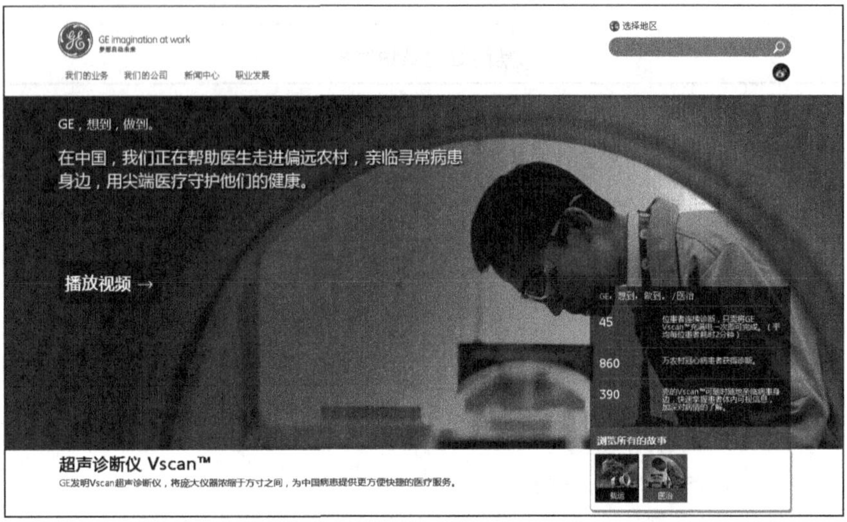

图 2-3　GE 中国网站首页

2. 需求分析

GE 中国网站是展现 GE 形象的一个重要窗口，GE 十分重视其日常的维护工作，在服务商的选择上，公司相关部门做了大量的工作。而在互联网技术服务竞争日益激烈的今天，能为 GE 这样全球知名的企业服务，无疑是众多服务商梦寐以求的事情。

GE(中国)相关人士表示："GE 中国网站作为通用在中国的门户网站，具有很多功能，而要让所有的功能都得到充分的显现，其日常的维护工作无疑非常重要和繁重，因此我们决定选择一家专业的网络服务商来进行维护。"

3. 建立合作经过

在获知 GE 的这一需求后，上海乃至华东地区很多知名的大公司都投入到竞标的行列中。在众多实力超群的网络应用技术服务商中，上海火速网络信息有限公司凭借一流的技术实力和快速周到的服务响应，最终脱颖而出，受托完成这一大型网站的日常维护工程。

上海火速网络信息有限公司的总经理刘小光先生坦然地表示："客户的成功便是我们最大的骄傲，如何让客户利用我们的服务开展电子商务并获得最大的效益，一直以来都是我们的追求。在多年的服务中，除了不断完善自己的技术实力外，把快速的服务响应和客户的满意程度作为公司建设的重要方面来抓，目前我们的努力已得到广大的客户的认可。作为一支年轻的团队，这次有幸受到 GE(中国)的青睐，这是我们的骄傲，也是对我们的挑战，我们一定会倍加珍惜这来之不易的机会，精心安排和部署，给客户一个满意的答复。"

至于为何选择上海火速网络信息有限公司，GE(中国)相关人士表示："公司是从技术实力、响应速度、服务质量等多方面对多家服务商进行比较后作出的决定，信息网与 GE 有过多方面成功的合作，此次维护工程，两家再次携手，我们对此充满信心。"

4. 案例效果反映

GE 中国网站本身不是交易性的，但它提供网站的链接，方便客户在网上进行买卖交易。

GE 不同部门的供应商都可以通过同一个采购中心登录，这里不仅有中文界面带来的亲切，供应商更有机会看看是否可以同时也为 GE 其他业务集团供货。GE 中国网站还包括一个完全网络版的招聘系统，求职者可以直接将简历和申请放入 GE 人才数据库。通过这个系统，在中国各地 GE 各部门的人事部都可通过网络完成全部招聘过程，从最初用人部门在线提出申请到人事部门对外公布职位空缺，从在线应聘到面试日程安排，一直到最后的录用通知，全部在网上完成。目前，该系统每天都要处理数百份申请，人才数据库也不断扩大。

作为公司网站，GE 中国网站也担负着树立品牌形象的任务，提供公司介绍、实时股价，甚至包括公司的广告片。作为网站管理者的 GE 公共关系部专门为国内媒体建立了一个在线的新闻中心，以便以最快和最有效的方式传播公司的新闻和背景材料。在网上，GE 新闻随时更新。媒体可以一天 24 小时提供从新闻中心得到的新闻发布稿、新闻发布会的答记者问、新闻照片，以及在线的《GE 在中国》期刊。

目前 GE 网站的日常维护工程正在如期进行，各项工作进展十分顺利，公司技术人员的努力已受到 GE 的高度评价。

（资料来源：http://telecom.chinabyte.com/302/1775802.shtml）

思考题

GE 是从哪些方面来进行网站维护的？它带给网站的好处是什么？

案例分析

GE 中国网站维护案例分析

互联网发展到今天，已经成为一个真正的商业工具，企业要学会成功地运用这个现代化工具。必要的网站维护可以保证企业网络的易用性和安全性。上海火速网络信息有限公司作为互联网应用服务商，为中小型企业提供内部网络维护服务，旨在真正帮助企业应用好互联网这个工具，真正做到成为企业的电子商务部、网络技术部的角色。

一个好的企业网站，不仅仅是一次性制作完美就可以了，由于企业的情况在不断地变化，网站的内容也需要随之调整，给人常新的感觉，公司网站才会更加吸引访问者，给访问者留下很好的印象。这就要求我们对站点进行长期的、不间断的维护和更新。特别是在企业推出了新产品，或者有了新的服务内容，有了大的动作或变更的时候，都应该把企业的现有状况及时地在网站上反映出来，以便让客户和合作伙伴及时地了解企业详细的状况，企业也可以及时得到相应的反馈信息，以便做出合理的处理结果。

1. 网站改版

GE 是世界上最大的多元化服务性公司，其网站结构庞大，栏目众多，所以网站栏目的规划及框架排布就显得极其重要。

GE原有网站在设计上比较粗糙，网站结构布局、色彩搭配都不尽如人意，这样不仅不能很好地展示企业的品牌形象、推广企业的产品及服务，而且还有可能产生负面影响。

GE新网站重新创意了网站的设计风格，以充分体现GE的整体形象；重新规划了网站的功能，使供应商登录、诚信投诉、新闻查找更加快捷方便，这样企业各业务集团的电子商务服务就能更快、更好地延伸到中国的客户和供应商；此外，还重新设计了网站的导航，使内容规划简洁有序，重点突出，让浏览者能够迅速地找到相关资料。

2. 硬件维护

维护是指对网站运行状况进行监控，发现运行问题后及时解决，并对网站运行的相关情况进行统计，向客户进行汇报。

GE中国网站数据多，访问量大，每天都有众多客户和代理商、经销商通过GE中国网站获取GE(中国)最新资讯，因而网站的数据服务显得特别重要。上海火速网络信息技术有限公司对GE中国网站进行了全程托管服务，GE中国网站服务器位于上海各项条件最好的机房，以确保数据安全、服务器环境和访问出口带宽。

GE中国网站原来构建在Linux平台下，接入带宽为10Mb/s，为保证网站安全、稳定地运行，上海火速网络信息技术有限公司为GE中国网站制订了服务器更换平台计划，实现零间断的无缝转移，服务器接入将由10Mb/s升级到100Mb/s，并且将以前在Linux平台下开发的部分程序在Windows平台下重新开发了一遍。GE中国网站硬件升级之后，网站访问性能显著提高，能够更加有效地为网站访问提供服务。

此外，对于网络硬件维护还做出了联络通信保证、电力的持续供应保证、紧急情况报告保证、技术支持保证、技术操作保证、投诉保证、机房开放保证等七项服务承诺，以保证GE中国网站能够安全、稳定、高效地运行。

3. 网站维护更新

网站维护包括网页内容的更新，通过软件进行网页内容的上传、目录的管理、计数器文件的管理，网站的定期推广服务等。更新是指在不改变网站结构和页面形式的情况下，为网站的固定栏目增加或修改内容。

域名作为现代企业的网上商标，在互联网时代具有十分重要的地位。但域名是有时效性的，即到期不续费会被域名主管机构注销，这无疑给众多的域名投机者提供了可乘之机。

GE中国网站的维护更新服务从做好域名管理服务开始，上海火速网络信息技术有限公司对GE中国网站的所有域名进行了整理，在每个域名到期前的一个月，提醒对域名进行续费，避免GE在忙于经营时，忽视了公司域名跟踪续费工作，由此带来诸如网站不能访问、空间被停乃至域名被人抢注等众多麻烦。

读一读

网站排名优化

网站排名优化是指针对NNT流量网站在搜索引擎中的排名而做的优化，这种网站优化技术包括网站的内部优化和网站的外部优化。内部优化主要是网站的内容和关键词设置，而网站的外部优化即网站是否有好的网站外部链接。如果这两个方面都做得很好的话，网站就能在搜索引擎中有很好的排名。

维护更新工作为GE中国网站的有效运行提供了保证。上海火速网络信息技术有限公司从明确GE网站规范(网站CSS、目录结构等)开始，到将每周WWA报告(网站访问统计报告)发送给GE中国网站、制作GE中国的新闻页面并同步发布到互联网上、定期发送网站维护工作报告等，事无巨细，均为GE中国网站进行周到服务，确保网站维护更新的及时性和有效性。

为保障GE中国网站安全、有效地运行，上海火速网络信息技术有限公司建立了网站维护快速反应机制，同GE(中国)的工作人员保持密切的联系，规范化操作各类网站维护工作，将责任具体落实到每一个人身上，取得了理想的效果，整个网站维护工作受到GE(中国)的高度评价。有一次因为在GE总部网站修改了GE股价显示的CGI接口，致使GE中国网站首页的股价显示出现问题，专职维护发现后，立即报告给公司和GE相关人员，并同总部网站进行联系，获取最新的股价CGI接口，在很短的时间内解决了股价不能正常显示的问题。

GE中国网站的推广也是上海火速网络信息技术有限公司的维护更新工作内容之一。在开始进行GE中国网站维护工作前，通过搜索引擎搜索“通用电气”关键词，GE中国网站并没有排在第一，而是排在第六七位的位置，搜索“GE开关”、“金融服务”、“照明工程”等关键词，GE中国网站相关网页更是排得很靠后，甚至在第一页都没有。GE中国网站每天大约有500人来访，有大量的访问者是通过搜索引擎过来的，所以必须高度重视登录搜索引擎的工作。上海火速网络信息技术有限公司为GE中国网站重新登录了各大搜索引擎，并且每6个月登录一次搜索引擎，对GE的11个集团公司的各个页面都单独登录搜索引擎，使用户可以很方便地通过搜索引擎找到GE各个业务部门的相关信息，从而达到“GE在中国的信息门户”网站定位。

4. 网站新增栏目或系统功能规划

GE中国网站在正常运营中，根据实际工作需要要求开发一些新的网站栏目或系统功能，上海火速网络信息技术有限公司在获知信息后，及时地同GE(中国)进行沟通，明确需求，快速进行了这些新增项目的规划，在双方确认后，组织项目组，立即进行了新增栏目或系统功能的开发制作。像GE中国网站中的供应商的表单管理、期刊订阅的管理等，均为对GE中国网站进行规划后新增的内容。

对于GE中国网站的新增栏目或系统功能开发，是严格按照项目开发的流程来操作的。整个过程运作高效，使GE中国网站在短时间内就成功增加了工作上十分需要的新栏目和功能，为网站维护工作记下了浓厚的一笔。

GE 中国网站供应商档案系统是上海火速网络信息有限公司为 GE 中国网站规划开发的新增内容之一，其主要作用在于记录供应商在线登记的信息，方便管理人员查找、联系供应商。供应商在 GE 中国网站上点击“供应商登录”，就可以进入供应商在线登记页，填写公司名称、地址、联系人、联系人职位、电话、传真、电子信箱、企业性质、年销售额、产品应用领域等基本信息。为了让 GE 更全面地了解信息，供应商还可填写能提供的每项产品的信息，包括产品名、年产量、可供货量、备注等。系统将供应商的基本信息和产品信息都记录在数据库中，并且可以直接从后台管理中进行查找、修改、删除等操作。

新闻中心是 GE 中国网站内容中最吸引人、更新最频繁的栏目，为了让访问者能够便利地找到需要的新闻材料，在网站维护的工作中，根据实际需要，上海火速网络信息有限公司主动为 GE 中国网站提供了新闻搜索引擎系统。新闻搜索引擎系统对新闻稿、公司动态、媒体素材、公司简要、公司大事记、公司排名、GE 字典、演讲稿、访谈录、深度报道等内容提供了关键词搜索功能，访问者可按照新闻内容的发生时间、发生地点、内容关键词来查询，极大地方便了访客在 GE 中国网站对信息进行查询、浏览。

（资料来源：http：//telecom. chinabyte. com/302/1775802. shtml）

知识链接

网站规划与网站架构

网站规划是指在网站建设前对市场进行分析，确定网站的目的和功能，并根据需要对网站建设中的技术、内容、费用、测试、维护等做出规划。网站规划对网站建设起到计划和指导的作用，对网站的内容和维护起到定位作用。

参考网址：

1）百度百科之网站规划：http://baike. baidu. com/view/1135230. htm。

2）百度百科之网站架构：http://baike. baidu. com/view/1417314. htm。

知识拓展

网站维护需要掌握的基本技术

1. 静态网页制作

关于网页制作的软件有网页制作“三剑客”(Dreamweaver、Flash、Fireworks)和 FrontPage。其中，Dreamweaver 和 FrontPage 是网页制作工具，Flash 是动漫制作工具，Fireworks 是图片处理工具。Dreamweaver 是现在世界上制作网页最流行的软件，它比 FrontPage 强大很多，它有 CSS、JS 可视化功能，而且与之配套的软件有 Flash、Fireworks，而 FrontPage 却没有这样的功能。学会对以上软件的应用，就可以做出一个不错的静态网页来。

2. 动态网页制作

学习动态网页制作需要了解一些编程语言，如 Java、PHP、VBScript 等，它们对应的框架是 ASP-VBScript 或 JavaScript 语言、JSP-Java 语言、PHP 语言、C 语言或 VB 语言等。

学会以上任何一种语言，就可以做出一个动态的网页来，至于网页的功能大小，视制作者的编程水平而定。

读一读

Dreamweaver 的网站文件检查与整理

用 Dreamweaver 制作自己的网站，目的是放到互联网上，也就是最终发布自己的网站，那么在发布之前我们必须要认真地检查一下有没有错误。

在发布网站之前先使用 Dreamweaver 站点管理器对网站文件进行检查和整理，这一步很必要，可以找出断掉的链接、错误的代码和未使用的孤立文件等，以便进行纠正和处理。

在编辑视图中单击菜单栏上的“站点”按钮，选择“检查站点范围的链接”选项，弹出“结果”对话框，再对其进行操作。其中，链接检查器能够检查出本网站与外部网站的链接的全部信息，对于外部链接，检查器不能判断正确与否，需要自行核对。

如果不想删除这些文件，可以将检查报告保存为文件，作为一个检查结果列表，参照此表进行处理。

3. 网站维护

如果学会了网页制作，那么网站维护就没什么问题了，主要是为网站宣称、添加一些资料，并进行网站数据库的管理和防止病毒对网站破坏的管理等。

案例拓展

可口可乐公司网站

1. 建站背景

可口可乐公司作为拥有诸多全球知名品牌的企业，其企业知名度之高是不言而喻的。为顺应网络信息时代的需求，其宣传媒介的侧重点也由原先的传统媒体逐渐转移至网上媒体，希望借助网络优势准确、实时地提供公司动态信息，进一步提升企业的竞争力，可口可乐公司网站首页(http://www.cokecce.com)，如图 2-4 所示。

2. 网站策划主旨

可口可乐公司网站策划旨在体现企业历史文化、开拓企业网上商机、建立企业全新形象、提升企业整体实力四个方面。

(1) 产品设计目标

从受众群的定位角度出发，可以利用计算机网络多媒体化和互动性的特征来吸引网上用户访问，通过寓教于乐的网上漫游过程，利用网络的时效性和便捷性，使受众足不出户就可全面了解企业的产品与文化。

图 2-4　可口可乐公司网站首页

(2) 定位与目标

基于产品自身的定位、产品的资源优势，以及相关的市场调研结果，可口可乐公司网站设计以企业的 CI 形象标准为基点，以低年龄段的上网群体作为受众群为主，以可口可乐公司的相关客户为辅进行网站构架与风格设定。具体特征：具有会员登录、网上交友、聊天室、公告栏等社区服务功能；具有包括网上游戏的与动画、音效等相关的多媒体服务；具有一定的搜寻服务功能。

(3) 网页形式风格设定

在强调产品形象和标志符号的前提下，可口可乐公司网站的设计者利用首页的三维效果图和导航栏上的金属效果充分体现了数码时代、网络时代下品牌的新形象，同时也符合了现今青年的欣赏口味，将企业的标志与产品的形象有机地结合起来。而每个页面下方的线框形式的插图既显轻松活泼，又使诸多页面相互统一，通过图形符号和文字的链接，实现各功能之间的导航浏览，并与首页上的符号形成了呼应之势。

(4) 网站内容构架

基于受众群的品位与爱好，可口可乐公司网站对普通上网者提供了以时尚、电影、流行音乐、体育、旅游、漫画、教育等为主题的分类网页，以及网上游戏下载的服务，增强了访问者的上网兴趣。而从企业自身的角度而言，可口可乐本部的重点设置不仅提供了客户与访问者对于可口可乐公司最新动态的全面了解，还通过典藏海报的欣赏与企业历史的简介等单元的内容安排，适应了不同群体的需求，利用网上生动的界面将企业文化与历史推广开来。这样的内容设置也真正体现了公司对于网站策划过程中全局规划、细节实施的解决方法。

（5）主题服务

可口可乐公司网站利用互动世界的会员登录方式不仅简化了网络访问者的网上进程，拉近了访问者与网站的距离，营造了真实的社区感受。更为重要的是，企业通过对会员资料的收集与整理，能了解到网站受众的构成，从而预测产品的未来走向、消费者的动向、潜在的消费群体趋向，抢占网上市场的份额，为网上互动的在线营销奠定了基础。

3. 网站技术概况

可口可乐公司网站作为一个集 Web 技术、数据库和多媒体制作技术于一体的综合性 Web 站点，在界面的技术应用上，设计人员利用 Flash 动画、Java Applet 所制作的特殊效果，使用户在网站上得到了全新的互动体验。而对于系统管理而言，在会员统计、网页内容的更新与维护的基础上，网站将定期进行系统运行状况检查、数据备份及出错时原始数据恢复等工作，以及进行服务器紧急状态处理，确保整个网站一直处于良好的运作状态下。

拓展思考

分析可口可乐公司网站的建设目的及其维护的重点对象。

第三章　Internet 商务案例

【导读】

Internet 上的电子商务有多种不同的商务模式，企业要开展电子商务活动，必须了解电子商务模式的分类及不同模式在电子商务发展中的地位，根据企业的具体情况选择开展不同模式的电子商务。

本章将通过对 B2C、B2B、C2C 电子商务模式案例的分析，使学习者了解不同模式电子商务的盈利来源、成功关键点，培养学习者对电子商务不同模式的理解能力、分析比较能力及主动学习、积极探索的精神。

第一节　B2C 电子商务网站

知识要点

1. B2C 电子商务模式的类型

B2C(Business to Customer，企业对客户)电子商务是以 Internet 为主要手段，由商家或企业通过网站向消费者提供商品和服务的一种商务模式。目前，在 Internet 上遍布了各种类型的 B2C 网站，提供了从鲜花、书籍到计算机、汽车等各种消费品和服务。从长远来看，B2C 电子商务将取得快速发展，并将最终在电子商务领域占据重要地位。

我们可以从不同角度对 B2C 电子商务模式进行分类。

1) 从企业和消费者买卖关系的角度来看，B2C 电子商务模式主要分为卖方企业-买方个人的电子商务及买方企业-卖方个人的电子商务两种模式。

① 卖方企业-买方个人模式。这是商家出售商品和服务给消费者个人的电子商务模式。在这种模式中，商家首先在网站上开设网上商店，公布商品的品种、规格、价格、性能等，或者提供服务种类、价格和方式，由消费者个人选购，下订单，在线或离线付款，商家负责送货上门。这种网上购物方式可以使消费者获得更多的商品信息，虽足不出户却可货比千家，买到价格较低的商品，节省购物的时间。当然这种电子商务模式的发展需要高效率和低成本的物流体系的配合。这种方式中比较典型的代表就是全球知名的亚马逊网上书店。

② 买方企业-卖方个人的电子商务。这是企业在网上向个人求购商品或服务的一种电子商务模式。这种模式应用最多的就是企业在网上招聘人才，如许多企业在深圳人才市场网招聘各类人才。在这种模式中，企业首先在网上发布需求信息，然后由个人上网洽谈。这种方式在当今人才流动量大的社会中极为流行，因为它建立起了企业与个人之间的联系平台，使得人力资源得以充分利用。

读一读

51job 季报：转型在线招聘线下营收仅占 3%

近年来，51job 前程无忧业务不断向线上转型，网络招聘业务所在比重不断提升，从 2005 年第一季度占比仅为 22%一路提升到如今的 67%。另一方面，前程无忧线下业务不断萎缩，从当初业务占比超过 60%降低到如今的 3%。

2）根据交易的客体，可把 B2C 电子商务分为无形商品和服务的电子商务模式、有形商品和服务的电子商务模式及综合模式。

① 无形商品和服务的电子商务模式。网络本身具有信息传递的功能，又有信息处理的功能。因此，无形商品和服务，如信息、计算机软件、视听娱乐产品等，往往就可以通过网络直接向消费者提供。无形商品和服务的电子商务模式主要有网上订阅模式、付费浏览模式、广告支持模式和网上赠予模式四种。

② 有形商品和服务的电子商务模式。有形商品指的是传统的实物商品，这种商品和服务的交付不是通过计算机的信息载体，而仍然是通过传统的方式来实现。网上有形商品销售的特点主要是网上在线销售的市场扩大了。与传统的店铺市场销售相比，网上销售可以将业务伸展到世界各个角落。除此之外，虚拟商店需要较少的雇员而且在仓库就可以销售。有些情况下虚拟商店可以直接从经销商处订货，省去了商品储存的环节。这种电子商务模式也叫在线销售。企业实现在线销售目前有两种形式：一种是在网上设立独立的虚拟店铺；一种是参与并成为网上在线购物中心的一部分。通常，互联网服务商可以帮助企业设计网页，创立独立的虚拟商店，为用户提供接入服务。

③ 综合模式。实际上，多数企业网上销售并不是仅仅采用一种电子商务模式，而往往采用综合模式，即将各种模式结合起来实施电子商务。GolfWeb 是一家有上千页有关高尔夫球信息的网站，这家网站采用的就是综合模式。其中 40%的收入来自于订阅费和服务费，35%的收入来自于广告，还有 25%的收入是该网站专业零售点的销售收入。该网站已经吸引了许多大公司的广告，如美洲银行、美国电报电话公司等，专业零售点开始两个月的收入就高达 10 万美元。

议一议

由于线上销售可以大幅降低成本，目前大部分品牌都实现了 B2C 电子商务模式销售，你知道的有哪些品牌呢？

2. B2C 电子商务的缺陷

（1）业务流程的局限性

虽然一些企业利用电子商务技术可以更有效地改进商务中的业务流程，但在很多情况下，一些业务流程使用传统的商务活动可以更好地完成，这些业务流程无法通过实施新技术得到改进。那些消费者愿意亲手触摸、仔细检查的产品就很难通过电子商务来销售。例如，如果不能亲眼看到或触摸时装、易腐食品(肉或其他农产品)等，尤其是汽车、古玩，消费者是不愿购买的。

在创造良好的商店购物环境促使顾客购买方面，零售商已经积累了多年的工作经验。店面设计、布局和商品的摆放称为销售规划。零售人员也掌握了很多销售技巧，可以发现顾客的需要并找到产品或服务来满足这些需要。这些销售规划和人员的推销技术是很难通过电子商务来实现的。

一般来说，对于那些需要个人销售技巧的商品(如房地产销售)或个人建议对估价影响很大的商品(如高档时装、古董或易变质的食物)，更适合通过传统商业渠道来销售。也就是说，在现有的技术条件下，有些商务中的业务流程是不能完全使用电子商务的。

(2) 网上购物的体验感不强

消费者基于传统消费习惯更倾向于可见到实物的，体验式的消费、对于虚拟网络购物仍心存疑虑。因为在B2C电子商务网站购物时，消费者往往会有一些不良体验，如交互界面的技术性太强、需要长时间才能找到需要的商品、提供的图像和文字信息并不能促使消费者下决心购物。再者，在实体世界中，通过各种展示方式，卖方可以塑造出商品的个性，在网上虽然能做到但是虚拟性太强。实体世界的优点会激发消费者冲动性购物的欲望，从而促使消费者买下商品。此外，消费者也不可能在虚拟商店里体验到任何购物氛围。

(3) 互动性与个性化的客户服务较弱

目前，从B2C电子商务网站的服务功能上来看，尤其是在客户服务方面，创新精神尤为缺乏。大多数B2C电子商务网站提供相似的服务功能，由于这样的网站在服务功能上缺少新意，其服务质量对顾客来说都是千篇一律，无非是在BBS上留言、发送电子电子邮件咨询、发送电话咨询等。所以导致顾客越来越看重商品的价格，从而造成B2C电子商务网站经常靠打价格战的方式吸引人气，这样一来，顾客对这样的B2C电子商务网站关注度自然不高。

(4) 传统企业对B2C电子商务的利用率比较低

在中国从事B2C电子商务的购物网站中，近2/3是传统零售业务，这一情况正好与国外相反。例如，欧洲在线商店有2/3为纯粹的网上商店，仅有1/3为传统零售业务。这表明中国的传统零售业对于利用互联网开拓业务不甚积极，导致纯粹的B2C电子商务网站与传统零售商相比在商品价格上无明显竞争优势。

(5) B2C电子商务企业面临的困境

1) 商品交易数量少。有一些网站一个月下来甚至才接到十几份订单，交易额还不够给员工发工资。很多电子商务网站一开始就期望做到亚马逊那样的规模，但由于大而全的商品目录相当庞大，加上支付和安全认证上的客观技术原因，导致用户完成电子商务交易变得相当复杂，大部分用户还没等交易完成就已经吓跑了。另外，由于配送和B2C电子商务网站习惯性的缺货、无标准标价、信誉度低等多方面的服务质量原因，网上购物目前还仅仅是一个时髦的试验，用户根本不放心把自己的生活采购完全交给B2C电子商务。

2) 无传统资源的支撑，导致整个交易成本的上升。电子商务本质上是用“鼠标”改造或整合“水泥”，它是建立在现有传统资源之上的上层建筑，而现在的众多B2C电子商务网站是先做好“鼠标”然后才考虑“水泥”问题。电子商务不仅要建立电子平台，而且还要重建库存、配送系统，还得承担高额的人力资源成本，还必须因为订货量过少而承担相当高的向企业订货的价格，事实上，它已经是再建一个传统商务环境，然后在这个传统商务环境里面加上电子平台，自然成本要超过传统的商务交易。

3）高成本运作及资金枯竭。由于绝大多数B2C电子商务网站都是由风险投资支撑起来的，等到终于把电子商务网站运营环境建立起来时，账户上的钱仅仅只能支付三个月员工的薪水了。而风险投资商马上要求拿出一份明确的盈利报告，看不到盈利希望的风险投资不可能继续投入，这往往是使整个电子商务行业继续恶化的原因，导致这些已经投入的资源就这样白白浪费了。

3. B2C电子商务发展的建议

（1）针对B2C电子商务存在的缺陷

为了达到在网上成功销售的目的，B2C电子商务网站必须能够将销售规划技能移植到网站上。有些商品由于其销售规划技能更适宜网络，就更容易在网上销售，如图书和光盘等品牌商品就可以很容易地通过B2C电子商务的方式进行销售。因为同一版本的每本图书都是一样的，顾客也不关心图书的尺寸、新鲜程度和其他特征，所以顾客在购买前不必亲自查看图书，只要按书名订购就可以了。B2C电子商务网站可以向顾客提供远远多于普通书店的图书，这是电子商务的一个优势，而传统书店的优势在于顾客可以自由翻阅图书。此外，诸如索尼CD播放器等知名品牌的商品比起不知名的商品更容易在网上销售，因为品牌的信誉降低了购买者在不能亲见商品就下单购买时对商品质量的担心。另一种适合电子商务业务流程的商品是销量不大而目标市场所处的地域又非常分散的商品，因为这些商品通常在实体商店不易找到。

B2C电子商务网站需要注意商品网上促销的顺序，已逐步培养消费者对商品虚拟展示的信任度，因此有必要先推广廉价和传统的商品，这些商品常见且风险小。另外，B2C电子商务网站还可以使消费者感到在虚拟商店购物的方便性与在实际商店中购物的舒适感觉。对男士而言，希望尽快找到自己希望购买的商品，然后离开；对女士而言，希望通过精挑细选掌握流行趋势，通过货比三家买到实惠的商品。因此，B2C电子商务网站需要提供快速查找技术及同类商品对比技术，让消费者很舒服地得到商品信息。再者，B2C电子商务网站所发布的产品信息一定要真实可靠，同时尽可能详尽，并从顾客的需求角度出发，设身处地为顾客着想，若能同时配合一些图片介绍，效果更好，毕竟图文并茂会给人一种真实、真诚的感觉。对B2C电子商务网站而言，可以大量借助3D网络游戏、BBS、专题新闻、流行音乐等表现手法营造购物氛围，进一步提升人气。

（2）针对B2C电子商务的制约因素方面

中国发展B2C电子商务的瓶颈也是所有电子商务企业面临的问题，而且凡是电子商务发展的瓶颈其实也是商务本身发展的瓶颈。中国发展市场经济起步晚，商业环境、信誉体系、物流体系等不够成熟，市场规模小。另外，中国当前群体中信用及偿还贷款能力较弱，同时企业大都中型偏小等问题，在发展B2C电子商务的过程中都表现了出来。

1）建立完善的信用机制。信用是一个多视角、多范畴的概念，既然它是一个法学概念，就应该在理论和立法上不断完善它，因此完全有必要加强信用法制的建设，积极倡导以德治国，以法为绳。国家立法机关和行政主管部门应加强有关电子商务立法方面的制度建设，通过制定具有前瞻性的网络经济政策法规，确立新型电子商务市场规则。对电子商务和互联网产业的发展给予政策上的优惠，鼓励电子商务在中西部地区和传统产业上的发展等。建议国家立法机关和相关行政主管部门抓紧组织制定电子交易、电子资金划拨、信息资源管理、电子商务中的消费者权益保护等方面的法律法规。建议充分考虑电子商务的特点，为电子商务发展创造良好的法制环境并留有发展的空间。

2）推进支付体系建设。加强制定在线支付业务规范和技术标准，研究风险防范措施，加强业务监督和风险控制；积极研究第三方支付服务的相关法规，引导商业银行、中国银联等机构建设安全、快捷、方便的在线支付平台，大力推广使用银行卡、网上银行等在线支付工具；进一步完善在线资金清算体系，推动在线支付业务规范化、标准化并与国际接轨。同时最好统一企业、个人及信任第三方所使用的 VISA 卡，这样可以节约成本及时间，减少误差率。

3）发展物流体系。物流问题是制约电子商务发展的重要环节，是能否真正体现电子商务优势的关键因素，从单纯的运输发展为完善的物流系统也是当务之急。在我国，电子商务物流方面还几乎处于空白状态，要在短时间内全面解决电子商务的物流问题是不现实的。但是，电子商务物流在我国具有巨大的发展空间，发展态势很好。应该加强现代电子商务和物流理论的研究，吸收国外的先进思想、理论和技术，向电子商务物流发达的国家学习，鼓励理论界研究电子商务物流中的难题，少走弯路，尽量走捷径，才能加快我国电子商务物流发展的步伐。再者，积极发展网络化、社会化的物流服务体系。从全球经济发展的趋势和为客户提供更完善服务的角度看，对物流服务的网络化、社会化要求越来越强烈。只要结合我国国情，制定可行措施和有力对策，即可加快我国电子商务物流的发展，缩小与发达国家物流业之间的差距。

读一读

B2C 网络销售违约成消费者权益保护委员会投诉主角

1 元钱便可以去绍兴来 1 次赏花游，某网上商城曾推出的旅游产品团购引发了万余人抢购，订购进程很顺利，消费者成功付款且收到了确认短信，但当他们致电旅行社要求安排预订时，却被旅行社告知并未组织过此活动。该商城方面称信息误发，强行将消费者订单更改成“自愿申请退款”状态。

上海市消费者权益保护委员会(以下简称消保委)通报某月热门投诉情况时指出，在全市各级消保委共受理的 10567 件消费者投诉中，有关网络购物的投诉达 1519 件，占比 14.37%，主要以 B2C 网络销售企业单方面违约的投诉为主。市消保委指出，此类网站收取消费者相干费用后却迟迟不发货的单方面违约行动，涉及人数常常很广，加上互联网特性，极易引发群体性事件。

4. B2C 电子商务的盈利模式

经营 B2C 电子商务网站的企业，其盈利模式是不同的，一般有三种盈利模式，即收取服务费、会员制和扩大销售量。

(1) 收取服务费

网上购物的消费者，除了要按商品价格付费外，还要向网上商店付一定的服务费。例如，Peapod 网上商店(http://www.peapod.com)对每个网上购物的消费者除了收取实际所买商品的费用外，要另外收取订货费 5 美元和订货总金额 5%的服务费。尽管顾客要交纳服务费，但他们仍愿意在该网站上购买商品。

(2) 会员制

网络交易服务公司一般采用会员制，按不同的方式、服务的范围收取会员的会费。

收取会费一般有两种方式，一种是按时间(如按年、月、季)收取固定的会费，一种是根据会员的实际销售规模按比例收取会费。目前大多数网站都是会员制。

(3) 扩大销售量

网上销售商提供低价格的商品或服务为的是扩大销售量，提高企业的形象。当当网网上书店是目前全球最大的中文书店，面向全世界中文读者，提供超过 20 万种中文图书，占国内图书市场品种的 90%。当当网网上书店以打价格战为其营销战略，在网络上获取了最大的市场。它提供的所有商品，其价格平均低于市价，最高可享受 20%的折扣。

读一读

中国 2013 年上半年 B2C 家电网购规模达 530 亿，手机占 6 成

2013 年 8 月 12 日下午，由中华人民共和国工业和信息化部(以下简称工信部)指导，中国电子报社承办的“中国家电网购高峰论坛”在京举行，会议期间发布了《2013 年上半年家电网购分析报告》。中国电子报社副社长王建中向搜狐家电表示，数据来源包括工信部、京东商城、中怡康和艾瑞，数据显示，我国上半年 B2C 家电网购市场规模达到 530 亿元，其中手机市场的规模达到 300 亿元。

据介绍，2013 年上半年中国国内手机市场销售数量约为 1.8 亿部，其中通过网络市场销售出去的手机约为 2500 万部。王建中表示，这是国内手机在线销售比例首次超过一成，未来网购的比例会越来越大。分析认为，今年全年通过电商渠道销售手机的数量将超过 5000 万部。

典型案例

当当网网上商城

当当网网上商城(http://www.dangdang.com)是全球最大的中文网上书店，如图 3-1 所示。它于 1999 年 11 月正式开通，目前面向全世界网上购物人群提供近百万种商品的在线销售，包括图书、音像、家居、化妆品、数码、饰品等数十个精品门类，每天为成千上万的消费者提供安全、方便、快捷的服务，给网上购物者带来了极大的方便和实惠。当当网的使命是坚持“更多选择、更多低价”，让越来越多的网上购物者享购互联网。

图 3-1　当当网网上商城首页

1. 当当网相比传统书店：网上卖书的光明前景

对于选择图书这个行业，曾任当当网联合总裁的俞渝做了深入的分析。

1）中国书业市场的发展空间太大了。在美国，传统的图书零售网十分发达，大型连锁店有极高的覆盖率。而中国，像北京西单图书大厦这样的书店太少，到了一般的城镇，很难买到真正的好书。

2）传统的书店首先需要铺面，还要讲究地段，而且总要有上下班。网上书店却没有这些限制，哪里能上网，店就能开到哪里，而且 24 小时“不关门”。在这个虚拟的大超市里，顾客面前的书店是一模一样的。

3）书是一种特别适合网络消费的东西，只要看到一些基本信息，就能判断买或不买，不像买衣服，必须先试试才能决定是否购买。

4）中国的好书常断档，读者买不着，出版社却积压。书的平均寿命在美国有 10 年，在中国只有 2～3 年。这是由于信息不通畅，一般的书店不了解读者的购买或阅读目标，所以不可能有太多库存。而网络却能将这个问题解决，供应商自然乐于供货。

2. 当当网相比亚马逊：在模仿中重建规则

网上卖书，当当网并不是全球首创。它最大限度地借鉴了美国亚马逊的商业模式和支撑业务发展的图书目录等后台要素，同时又结合中国国内特有的消费、支付、政策法规、信息化、物流配送等实际情况进行了创新。

当当网在模仿亚马逊的过程中，根据现实的商业环境，进行了以下四点创新。

1）收款模式的创新。中国是现金交易大国，网上信用卡支付还未普及，因此，货到付款，并且最终由递送员将款项传送给公司，再汇至当当网的账户上，成为适应现实的良性运转模式。

2）配送环节的创新。中国没有像UPS、FedEx这样覆盖全国乃至全球的物流企业，当当网现在的做法是航空、铁路、城际快递、当地快递公司多管齐上。尽管管理和协调的难度会增加，但却解决了最短时间内送货上门的问题。

3）交货速度的创新。在亚马逊，网上购物后通常在七个工作日后交货。但是，经过研究比较发现，亚洲特别是中国消费者的耐心非常有限，于是在交货速度上，当当网力求快速。

4）服务的创新。中国消费者没有像美国消费者那样经历过邮购的商业模式。让他们最大限度地放心，不仅需要政策、制度的保证，同时也需要多种服务手段的支持。当当网摒弃了美国网上购物顾客沟通模式的单一化，而采用了电话、电子邮件、QQ、BBS等多种手段，消除了中国消费者对网上购物的陌生感，降低了尝试风险的门槛。

3. 在互联网上开卖场

当当网在一定程度上更像一个经营图书、百货和时尚产品的零售公司，与电子商务关联的地方是它通过在线的虚拟平台进行物品买卖。所以，在大卖场、便利店业态中，广告、价格战、品类管理等屡试不爽的办法，对当当网同样适用。

货比三家是购物的基本原则。在实体书店里，顾客因为地理距离的存在，为节省一点钱逛几家书店的做法是受限制的，何况如今的人们工作十分繁忙，很少有时间真正跑遍商家，认真比较所要购买商品的价格。但是互联网上电子商务把价格变得透明，顾客只要在网上点击几下，就能找到最低的价格。因此，价格因素在当当网的市场运营中占有十分重要的地位。2004年6月，当当网推出了智能比价系统。利用智能比价系统可以实时查询所有在网上销售的图书、音像商品的信息，一旦发现有其他网站的商品价格低于当当网价格，当当网将自动调低同类商品的价格，保持比竞争对手至少低10%的价格优势。同时，与传统的超市业态类似，当当网也对经营的产品进行品类管理。实行智能比价后，当当网有40%的产品“伤筋动骨”，几乎无利可图，因为这些是当当网与其他网站重合的品种。

在人才配备上，当当网也极力从书店和卖场招贤纳士。俞渝透露，当当网的财务、采购、市场人员都是有商场运作经验的，即使是促销员，也是从北京各大卖场业绩最好的促销员中挑选出来的。

虽然做的是电子商务，但和在第一次互联网浪潮与网络泡沫中消亡的企业不同，俞渝从没有把当当网看成是一个真正的电子商务企业，而只是把店开在了网上，管理还得依靠传统卖场的经验。

4. 当当网的信息化系统

网络的最大优势在于信息的快速传递，在网上开店，必须在这方面发掘更大的潜力。不同于传统企业的运行方式，网上交易的前端主要是消费者，所以，对他们的管理便成了一切工作的源头。这也正是当当网信息化的重点，即CRM(Customer Relationship Management，客户关系管理)系统。CRM是一个不断加强与顾客交流，不断了解顾客需求，并不断对产品和服务进行改进和提高，以满足顾客需求的循环过程。当当网开始做CRM系统时，并没有找到数据和架构完全适合自己的软件，所以全靠自主开发。现在，当当网可以对每一个上网购物的客户进行金额、频次、级别等方面的统计和消费行为分析。

前端信息管理的成熟给当当网的供应畅通提出了更高的要求，作为当当网的后端，规模不一的供应商给当当网带来了不少阻力。当当网要根据不同商品的不同周期，进行产品库存、订货和退货操作，同时，还要把供应链系统开放给供应商，指导他们补货、退货和换货。对某些成熟的供应商，当当网也可以完全借助他们的经验，完成产品的补货工作。

当当网也有自己的生产系统，它不生产产品，而是负责后端供应和前端服务的衔接。当当网的生产系统从客户端做起，首先面对的问题就是订单处理。对商品的管理通常按照类别进行，当当网有不同的产品组，如图书音像、家居、电子类消费等，这都由同一个信息系统来支撑。然而，各类产品需要的数据不同，在生产系统的管理上，体现也有所不同，也就是说，需要提供给顾客的信息是不一样的。例如，图书需要提供的是图书编号、出版社等信息，音像制品则是演员、歌手、作曲家、乐队等。所以，生产系统需要通过 IDC(Internet Data Center，互联网数据中心)同步支持后端信息实施和前端供应，而其中最大的任务就是要自己制作大量的信息。有很多内容可以从供应商那里获得，但也有大量的信息需要自己去做。可以说，生产系统是当当网信息化最重要的部分。各部门的运作方式会有所不同，但要实现的目标是，能够让系统做的就不让人去做。俞渝希望，能把信息化做得再细一些，每个系统都可以再打开。例如，当当网可能提供的是某种商品在当年的销售情况，但或许对方关心的只是昨天销售了多少。再如，当当网现在所能做到的还只限于告诉供应商昨天卖了多少件东西，但产品的具体流向，还并不能提供。

信息化是当当网发展的基石。它构建了当当网的商场，铺建了销售渠道，同时，它又是连接供应商、客户、配送服务的纽带。对于 B2C 商业模式，俞渝表示，当当网会毫不犹豫地坚持下去。在俞渝看来，当当网的核心竞争力不仅是单纯通过信息知道顾客的需要。更重要的是，理解销售和采购的交接点，尽可能充分地利用信息化实现收入。

思考题

当当网属于哪一种 B2C 电子商务模式？当当网 B2C 电子商务模式成功的关键何在？当当网还存在哪些问题？

案例分析

当当网网上商城电子商务模式

从企业和消费者买卖关系的角度，当当网网上商城的 B2C 电子商务模式主要是卖方企业-买方个人的电子商务，即企业对消费者开展网络业务。

1. 当当网的商业模式

(1) 战略目标

当当网成立以来，其销售额连年迅猛递增。当当网的使命是以世界上最全的中文图书使所有中文读者获得启迪、得到教育、享受娱乐。当当网携手银联，给中国互联网打上了一针强心剂。

(2) 目标客户群

当当网的商品种类繁多，并把商品根据客户的年龄、性别、职业等进行了分类，消费者直接点击就可以很快找到自己想要的商品。除此以外，消费者还可以通过查询商品的种类迅速找到目标商品。

在顾客进行购物时，当当网能为顾客作引导，哪些商品适合送给朋友，哪些商品适合送给爱人，哪些商品适合送给长辈等，当当网都会一一为顾客推荐，并给出推荐该商品的理由来说服顾客购买。

2. 当当网的经营模式

在消费者享受"鼠标轻轻一点，好书尽在眼前"的背后，是当当网耗时近六年修建的"水泥"支持——庞大的物流体系，近两万平方米的仓库分布在北京、华东和华南，员工使用当当网自行开发的基于网络架构和无线技术的物流、客户管理、财务等各种软件支持，每天把大量货物通过空运、铁路、公路等不同运输手段发往全国和世界各地。

其主要的支付方式有以下几种。

1) 货到付款。快递公司把商品送至指定地点，由收货人当即交付货款和运费。

2) 银行汇款。用户可以通过银行汇款、转账的方式汇款至当当网。

3) 邮局汇款。全国邮政服务范围所能覆盖的国内省、市、自治区、直辖市的客户均可以选择此方式支付。

4) 信用卡支付。用户使用几种指定的信用卡付款。

当当网还设立了专门的论坛。不论顾客对商品、服务、还是网站有任何的不满，或者对当当网有什么建议，都可以在论坛上发表自己的观点。这样不但有利于其他客户增加对该商品的了解，也有助于网站的设计或管理人员及时修补网站的漏洞，使网站的功能更强大，更快更好地满足顾客的个性化需求。

3. 当当网的管理模式

当当网的核心领导层包括图书业、投资业和IT业的资深人士，当当网的管理者把所有的人都当成顾客来对待，从不试图去改变消费者的行为。在对待快递公司方面，为了保证送货人不会携款潜逃，快递公司要获得当当网的生意，首先必须提供金额大约是三天的收入的保证金，数目为6000～12000元，如果他们少收一笔费用，就从中扣减，保证了物流的正常运转。

4. 当当网的资本模式

当当网的资本主要来源于风险投资。2004年2月当当网获得第二轮风险投资——著名风险投资机构老虎基金投资当当网1100万美元。当当网及其竞争力吸引了海外投资者越来越浓厚的兴趣。2006年8月，当当网宣布完成了第三轮融资，获得了以美国风险投资企业Doll Capital Management为首的四家投资机构注入的2700万美元，作为交换，当当网出让了少数股份。

当当网成功的关键

1. 商品种类较多

当当网网上书店经营20万种以上的图书（占中国内地可供书总量的90%），上万种的CD、VCD、DVD音像商品及众多的游戏、软件、上网卡等商品，它是目前国内经营商品种类最多的网上零售店之一。

2. 购物较方便

当当网网上书店采用较先进的商品分类法，设置智能查询，并有直观的网络导航和简洁的购物流程，甚至还可以为初次购物者进行购物演示。这使消费者有了一个较为轻松、愉悦的购物环境，在一定程度上提高了成交量。

3. 配送系统较完善

当当网网上书店在诸如北京、上海、广州、深圳、福州、杭州等12个大中型城市开通了送货上门服务，并可采取货到付款、现金交易的支付方式，较好地体现了以顾客为中心的原则，从而能够更好地满足顾客的需求。

4. 促销措施多样

促销措施包括：设立团购业务，对一次性购物1万元以上或订购同一品种图书100册以上的顾客按团购方式实行优惠措施；所有图书均采取折扣策略，并标明原价、售价及优惠率等，让人一目了然；设特卖场，有针对性地将部分图书按2～6折不等进行特卖，提高销售量；对购书满30元者免运费，购音像满30元者返回5元等。

5. 注重社会关系与交流

当当网网上书店设“媒体看当当”、“我要评论”等互动性较强的栏目，通过与媒介的合作、与用户的交流来达到扩大影响的目的。

当当网存在的主要问题

当当网存在的主要问题有以下几个方面。

1）各大出版社对当当网低折扣销售图书的行为不满，供货减少。当当网经常促销的目的是为与同类B2C网站相竞争，价格一般降至半折或者更低至3折。现在还处于亏损状态下的当当网，一波又一波的大幅降价及优惠促销在杀伤对手的同时也在自杀。这种促销行为让与当当网联盟的各大出版社极为不满，出版社提供给其他书店的书失去了价格竞争优势，紧接着各大出版社为了维护自己的利益，销售给当当网的货源自然而然就会减少。

2）在和对手的竞争中低价销售图书，亏损严重。当当网在和对手的竞争中，每天亏16

万也要拼低价，在降价优惠促销的同时，其服务质量也在恶性下降，看起来热闹，其实正在孕育危机——用户大量流失。实际上，即便是设置了 38 元起送运费门槛，当当网同样也在亏损，目前的情况是卖得越多赔得越多，但是这样的低价并不能赢得更多忠实的用户。

3）网上订货迟迟送不到，物流配送速度慢。物流环节一直是各大 B2C 电子商务企业最为重视，也被消费者诟病最为突出的一个环节。在目前几家 B2C 电子商务网站中，当当网的物流和配送环节受到的影响最为明显。据消费者反映，在当当网下订单后，配送公司迟迟不送货，多次投诉均石沉大海。不仅 10 天没有收到货物，且一直到最后确定货物丢失，当当网客服方面竟然"一言不发"。由此可见，当当网在供应链管理方面后劲不足。

4）库存管理不当，入库特别慢。许多供货商表示，在入库的时候，当当网在库房管理方面也存在许多问题，最为突出的问题就是入库特别慢。供货商最头疼的并不是这一点，而是当当网的管理。据称，供货商如果不能令当当网采购部的工作人员满意，很有可能会出现下单后收货速度慢的问题，在这种情况下供货商们都面临着入库难的问题。除此之外，还有供货商反应，由于当当网的库管人员更迭过快，不同的库管人员上任之后都会采取不同的管理方法，造成许多环节的改变，从而导致入库产品管理混乱的问题。

知识链接

B2C 的含义

B2C 是英文 Business-to-Customer（商家对顾客）的缩写，而其中文简称为"商对客"。"商对客"是电子商务的一种模式，也就是通常说的商业零售，直接面向消费者销售产品和服务。

参考网址：

1）百度百科之 B2C：http://baike.baidu.com/view/16398.htm。

2）2010 年中国 B2C 垂直商品网络购物用户行为报告：http://www.cnnic.cn/hlwfzyj/hlwfzzx/qwfb/201106/t20110616_31146.htm。

知识拓展

B2C 盈利的四个重要条件

1. 解决成本控制问题

B2C 赔钱的原因有两个：一是交易量太小，形成不了规模效益；二是企业自身经营上的主观原因和外在传统商务服务不完善的客观原因而导致运营成本过高，归纳起来还是成本控制问题。

因此，B2C 要盈利的首要条件是解决成本控制问题。事实上，B2C 本质上是一种零售业，零售业相当程度上代表低利润。B2C 电子商务企业成本控制主要需要在人力资源、广告宣传、商品库存物流等几个方面下工夫。作为一个简单的网上零售业，在人力资源上应该调配相当多低层次的服务人员而不是大量的管理人员，而在国内这些企业正好相反，以

8848为例，其有11名高层管理人员是从跨国公司挖来的职业经理人，这一笔人力资本就够8848负担的。广告宣传的资金应该控制在20%以下，事实上大多数传统的零售业没有相当大的宣传广告，如果广告宣传资金过高而超出商品本身所能带来利润的范围，那企业只能在亏损下生存。商品从库存到配送的一系列流程都应该是尽量建立在现有资源的基础之上，如果一手包揽将付出相当大的代价以至超过了商品买卖的差价。

2. 实现电子商务应用快速、服务方便的优势

目前网上购物在服务上的缺陷主要体现在以下两个方面。一是基础设施，如物流配送体系等的不健全、不完善，是困扰我国B2C电子商务的一大难题。我国各地的经济发展不平衡，各地传统服务水平和基础设施参差不齐。目前我国电子商务主要集中在少数大型的、发展程度较高的地区，更广阔的小城市却成为B2C商务盲区，这对其长远发展极为不利。二是退换货不方便。虽然现实中购物退货也需要很复杂的程序，甚至对产品要有保护的要求，但面对面的沟通效率与虚拟的网上沟通相比，却更容易解决问题。网上退货操作是基于网络的虚拟行为，其操作难度相对较大，商家与顾客不见面，提出百般无理要求拒绝退货和推卸责任是网购者经常遇到的事情。

3. 传统服务业的成熟

在国内由于经济发展的不平衡，各地区传统服务业参差不齐，这是国内B2C为之头痛的因素。总体来说，在北京、上海、广州等传统服务发展已经成熟的大城市，电子商务营业额占了全国的绝大部分。

4. 网络支付安全性和诚信问题

网络支付属于虚拟的支付过程。由于对互联网监管力度不够，不法分子常常采取多种非法手段盗取银行账户信息，给网购者带来了巨大的经济损失，它的安全性与传统支付方式相比有很大差距。

网上商城是一个鱼龙混杂的市场交易平台，参与经营的商家素质参差不齐。某些商家为了追求短期利益，经常采用一些不正当的手段欺骗消费者，结果使消费者身心疲惫，对网络购物产生恐惧。只有从消费者和商家双方利益考虑，注重网站诚信建设，才能给广大企业、消费者打造一个良好的交易环境。

案例拓展

京东商城

自2004年年初正式涉足电子商务领域以来，京东商城一直保持高速成长，连续六年增长率均超过200%。京东商城始终坚持以纯电子商务模式运营，缩减中间环节，为消费者在第一时间提供优质的产品及满意的服务。

京东商城目前拥有遍及全国各地2500万注册用户，近6000家供应商，在线销售家电、数码通信、电脑、家居百货、服装服饰、母婴、图书、食品等11大类数万个品牌百万种优质商品，日订单处理量超过30万单，网站日均点击超过5000万。2010年，京东商城跃升为中国首家规模超过百亿的网络零售企业，销售规模占据国内网购零售份额的32.5%。

京东商城无论在访问量、点击率、销售量及行业影响力上，均在国内B2C网购平台中首屈一指，飞速发展和广阔前景赢得了国际著名风险投资基金的青睐。2007年，京东商城获得了来自今日资本千万美元的融资。2008年年底，今日资本、雄牛资本及亚洲著名投资银行家梁伯韬先生私人公司共计2100万美元的联合注资，为京东商城的高速发展提供了资金保障。2011年年初，京东商城获得俄罗斯投资者数字天空技术(DST)、老虎基金等共6家基金和社会知名人士融资共计15亿美元。这是中国互联网市场迄今为止单笔金额最大的融资，说明投资者对京东商业模式和出色经营业绩的认可，对于正在发展的京东商城乃至中国电子商务行业具有非常积极的意义。

京东商城提供了灵活多样的商品展示空间，消费者查询、购物都将不受时间和地域的限制。依托多年打造的庞大物流体系，消费者充分享受了“足不出户，坐享其成”的便捷。2009年年初，京东商城斥资成立物流公司，布局全国物流体系，使京东商城分布在华北、华东、华南、西南、华中的五大物流中心覆盖了全国各大城市，并在沈阳、西安、杭州等城市设立了二级库房，仓储总面积达到50万平方米。

自2009年开始，京东商城陆续在天津、苏州、杭州、南京、深圳、宁波、无锡、济南、武汉、厦门等超过130座重点城市建立了城市配送站，为用户提供物流配送、货到付款、移动POS刷卡、上门取换件等服务。2010年，京东商城在北京等城市率先推出“211限时达”配送服务，在全国实现“售后100分”服务承诺，随后又推出“全国上门取件”、“先行赔付”、“7×24小时客服电话”等专业服务。2011年年初，京东商城推出GIS包裹实时跟踪系统；同年3月，京东商城获得Acer(宏碁)电脑产品售后服务授权，同期发布“心服务体系”，京东商城开创了电子商务行业全新的整体服务标准。

京东商城在为消费者提供正品行货、机打发票、售后服务的同时，还推出了“价格保护”、“延保服务”等举措，通过不断优化的服务引领网络零售市场，率先为中国电子商务行业树立了诚信经营的标杆。

拓展思考

分析京东商城运营模式、盈利模式，其目前发展存在哪些优势和劣势?

第二节 B2B电子商务网站

知识要点

1. B2B电子商务模式与类型

B2B电子商务是指企业与企业之间通过互联网进行产品、服务及信息的交换。传统的企业间的交易往往要耗费企业的大量资源和时间，无论是销售和分销还是采购都要占用产品成本。通过B2B的交易方式，买卖双方能够在网上完成整个业务流程，从建立最初印象到货比三家，再到讨价还价、签单和交货，最后到客户服务。B2B使企业之间的交易减少了许多事务性的工作流程和管理费用，降低了企业经营成本。网络的便利及延伸性使企业扩大了活动范围，跨地区、跨国界发展更方便，成本更低廉。

B2B不仅是建立一个网上的买卖者群体，它也为企业之间的战略合作提供了基础。任何一家企业，不论它具有多强的技术实力或多好的经营战略，要想单独实现B2B完全是不可能的。单打独斗的时代已经过去，企业间建立合作联盟逐渐成为发展趋势。网络使得信息通行无阻，企业之间可以通过网络在市场、产品或经营等方面建立互补互惠的合作，形成水平或垂直形式的业务整合，以更大的规模、更强的实力、更经济的运作真正达到全球运筹管理的模式。

目前企业采用的B2B可以分为以下两种模式。

1）面向制造业或面向商业的垂直B2B。垂直B2B可以分为两个方向，即上游和下游。生产商或商业零售商可以与上游的供应商之间形成供货关系，如戴尔(Dell)电脑公司与上游的芯片和主板制造商就是通过这种方式进行合作的。生产商与下游的经销商可以形成销货关系，如Cisco与其分销商之间进行的交易。

2）面向中间交易市场的B2B。这种交易模式是水平B2B，它是将各个行业中相近的交易过程集中到一个场所，为企业的采购方和供应方提供一个交易的机会，如阿里巴巴、环球资源网等。B2B只是企业实现电子商务的一个开始，它的应用将会得到不断地发展和完善，并适应所有行业的企业的需要。

目前企业要实现完善的B2B需要许多系统共同的支持。例如，制造企业需要有财务系统、ERP、SCM(Supply Chain Management，供应链管理)系统、CRM系统等，并且这些系统能有机地整合在一起实现信息共享、业务流程的完全自动化。

议一议

B2B和B2C有何本质上的区别？企业能同时进行B2B和B2C两种电子商务模式吗？

2. B2B电子商务模式的盈利来源

(1) 水平B2B网站的利润流

水平网站可以产生很多的利润流。通常情况下，如果水平网站将眼光放在广告上，那么就可以有一个很好的盈利机会。另外，水平网站通常会举办网上拍卖会，这时，网站可以向成交的卖方收取一定比例的交易费。水平网站还可以靠出售网上店面来赚钱。除此之外，水平网站还可以自己开展电子商务，从商务活动中直接赚钱。表3-1显示了水平B2B网站的利润来源。

表3-1 水平B2B网站的利润来源一览表

利润来源	概述
交易费用	很多拥有B2B电子交易市场的公司都对在其网站上达成的交易收取一定额度的交易费用，通常是交易额的一个百分比。无论是取自买方还是卖方，都是网站的一个主要的收入来源

续表

利润来源	概述
拍卖佣金	有买方主导和卖方主导两种拍卖形式，网站向卖方抽取提成。该模式对买方的好处在于，如果拍卖佣金交易不成，则无须付费
软件许可费	大部分 B2B 平台软件商的主要利润来源
广告费	目前是许多电子商务公司的一个主要收费项目。由于商务公司可以对网上显示出来的一切有关商品、商家的信息进行收费，一些网上拍卖市场会对参加拍卖商品的信息展示进行收费。即使一些电子商务公司并不把信息展示费看得很重，但其可以利用对商品征收展示费来保证所列商品的质量。这是因为一般厂家不会花钱将别人不会要的劣等品展示出来，这样可以防止网上商品泛滥，将优质品淹没
出售“内容”	收集整理厂商目录、客户信息、业界动态等
节省成本的回报	电子市场为买卖双方带来了可观的成本缩减，在此模式中，网站从商品差价中提成。好处在于将采用新交易模式的投资报酬纳入盈利渠道，如果成本不减反增，则无须付费
其他服务费用	专门提供 B2B 所必需的资金流、物流或应用软件等方面的服务，分享利润，如信用卡公司提供的信用认证

(2) 垂直 B2B 网站的利润流

由于垂直网站的专业性强，因此其面临的客户很多都是本行业的，潜在购买力比较强，其广告的效用也会比较大。也正因为如此，垂直网站的广告费比水平网站要高。一般来说，其广告的千人印象成本是 200 美元，即广告条每被浏览 1000 次便会向客户收取 200 美元。除了旗标广告外，垂直网站还可以通过产品列表及网上商店门面收费。

同水平网站一样，垂直网站也可以举办一些拍卖会，并向交易成功的卖方收取一定比例的交易费。此外还可以收取客户的信息费，即数据库使用费。

读一读

小米手机 2013 年上半年营收 132.7 亿元

2013 年 7 月 16 日，在小米科技公司内部举行的员工大会上，公司 CEO 雷军透露了 2013 年上半年业绩达 132.7 亿元，共售出 703 万台手机，上半年营收超过去年全年 126 亿元。

小米手机只通过官方网站销售，电子商务的模式使销售渠道成本很低，而渠道成本对于其他手机品牌来说，却是过不去的坎，正因为这样，在售价相同的情况下，如果其他品牌手机有利润，小米的利润一定已经相当可观了。

小米一直推动硬件＋软件＋互联网的“铁人三项”，在硬件出货大幅增长之外，产业生态系统中的用户活跃度也在迅速提升。

3. B2B 电子商务模式成功的关键

(1) 水平网站成功的关键因素

① 业务处理流程的标准化程度。

② 业务及作业流程自动化处理专业知识。

③ 提供内容深层次自动化处理的水平。

④ 根据行业差异制定业务处理流程的能力。

(2) 垂直网站成功的关键因素

垂直网站成功的最重要的因素是专业技能。一个垂直网站面对的是一个特定的行业、特定的专业领域，因此，网站本身应该对这个领域相当熟悉。典型垂直网站的创始人往往对专业技能非常熟悉，他们通常是采购经理、技术部门负责人或顾问。他们能够洞察全行业的内外需求，能一针见血地指出各家“进场入市”企业的需要，并向他们提供各种灵活有效的解决方案。一旦将他们的想法付诸实施，便会吸引很多传统行业里的年轻人加入进来。

垂直网站成功的另一个因素是传统行业的低效率。传统行业的中间环节越多，环节链接效率越低，该行业的垂直网站就越有机会整合其中间环节，因此也就越容易成功。

垂直网站吸引着更合格、更狭窄且经过预选的参与者，这种市场一旦形成就具有极大的竞争优势。所以，垂直网站更有聚集性、定向性，他们较喜欢收留团体会员，易于建立起忠实的用户群体，吸引固定的回头客。结果，垂直网站形成了一个集约化市场，且客户也多是有效客户。因此这类电子市场是有价值的市场，他们拥有真正有效的购买者。

4. 两种 B2B 模式网站的困境

(1) 水平网站的困境

水平网站由于可以为许多行业的厂家提供服务，因此，网站要不停地更新多种信息，提供许多互不相关的服务。水平网站追求“全”，即行业全，服务全，这样才有竞争力，但恰恰是这个“全”，使得水平网站要冒每一个行业都抵挡不住的风险。

既“全”又“好”当然是最佳的结果，但这不是轻而易举就能做到的。目前很多网站没有能力做到这一点。以现有的能力基础，如何在“全”和“好”之间找到一个平衡点，是水平网站目前面临的一个需要解决的难题。

(2) 垂直网站面临的困境

运作垂直网站需要较深的专业技能。专业化程度越高的网站，越需要投入昂贵的人力资本来处理很狭窄的、专性的业务，才能发挥该虚拟市场的商业潜能。

垂直网站市场面临的最大挑战是很难转向多元化经营或向其他领域渗透，这是由其具备鲜明行业特征的专业知识和客户关系所决定的。

垂直门户或行业门户 B2B 网站其实可以理解为综合型 B2B 网站的一个特例，也就是定位于某个行业内企业间电子商务的网站，与综合型的 B2B 网站相比，其特点是专业性强，并通常拥有该行业资源的背景，更容易集中行业资源，吸引行业生态系统内多数成员的参与，同时也容易引起国际采购商和大宗买主的关注。因此，近一段时期以来，垂直 B2B 网站成了企业间电子商务中备受推崇的发展模式，但因其涉及面窄，客户数量的扩展受到了一定限制。

典型案例

阿里巴巴 B2B 电子商务模式

1. 基本情况

阿里巴巴是全球 B2B 电子商务的著名品牌，是目前全球最大的商务交流社区和网上交易市场。它曾两次被哈佛大学商学院选为 MBA 案例，在美国学术界掀起研究热潮，两次被美国权威财经杂志《福布斯》选为全球最佳 B2B 站点之一，多次被相关机构评为全球最受欢迎的 B2B 网站、中国商务类优秀网站、中国百家优秀网站、中国最佳贸易网，被国内外媒体、硅谷和国外风险投资家誉为与雅虎、亚马逊、eBay、AOL 齐名的五大互联网商务流派代表之一。

“倾听客户的声音，满足客户的需求”是阿里巴巴生存与发展的根基。调查显示，阿里巴巴的网上会员近五成是通过口碑相传得知阿里巴巴并使用阿里巴巴的，通过阿里巴巴商务平台，双方达成合作的各行业会员占总会员的比率近五成。

由于良好的定位、稳固的结构、优秀的服务，阿里巴巴成为全球首家拥有 210 万商人的电子商务网站，成为全球商人网络推广的首选网站，被商人们评为“最受欢迎的 B2B 网站”，杰出的成绩使阿里巴巴受到各界人士的关注。WTO 首任总干事萨瑟兰出任阿里巴巴顾问，美国商务部、日本经济产业省、欧洲中小企业联合会等政府和民间机构均向本地企业推荐过阿里巴巴。

在产品与服务方面，阿里巴巴为中国优秀的出口型生产企业提供在全球市场的“中国供应商”专业推广服务。“中国供应商”是依托世界级的网上贸易社区，顺应国际采购商网上商务运作的趋势，推荐中国优秀的出口商品供应商，获取更多更有价值的国际订单。阿里巴巴积极倡导诚信电子商务，与邓白氏、ACP、华夏、新华信等国际、国内著名的企业资信调查机构合作推出了电子商务信用服务，帮助企业建立网上诚信档案，通过认证、评价、记录、检索、反馈等信用体系，提高网上交易的效率和成功的机会。

2. 阿里巴巴公司的营运模式

阿里巴巴的营运模式遵循一个循序渐进的过程。首先抓住基础，然后在实施过程中不断捕捉新出现的收入机会。从最基础的替企业架设站点，到随之而来的网站推广、对在线贸易资信的辅助服务、交易本身的订单管理等，阿里巴巴的运营模式不断延伸，其出色的盈利模式符合盈利的强有力、可持续、可拓展的特点。

(1) 架设企业站点

很少有企业把架设企业站点理解为一项重要的业务，理由在于这是一个高度离散的行业。企业可以很从容地获得一个或几个制作企业站点的机会，但不等于能够获得很多，这里存在收入收集上的困难。有一些公司主营这项业务，它们往往将业务定位在高端客户。阿里巴巴是一个很大的商业社区站点，也就是说，它有与许多潜在顾客频繁接触的机会，更重要的是它能顺利地把潜在的机会转化为现实的收入。阿里巴巴的目标受众每年都要参加许多类似广交会之类的展销会议，这时候阿里巴巴的工作人员将进行一些低成本的推广活动。线上与线下的营业推广相结合，实践证明这样能有效地收集商业机会。中小企业存在很大的伸缩性，业务流程和业务规模都在迅速地发生变化。有时候临时设计的企业主页在当时可能已经足够了，但是很快企业就有了更高的需求，这就不是临时设计能满足的了。阿里巴巴则有能力提供从低端到高端所有的站点解决方案，它能在企业的成长过程中获得全部收益，更大的优势在于制作商品交易市场型的站点。阿里巴巴只是替商品交易市场做一个外观主页，然后将其链接在自己的分类目录下。交易市场有了一个站点，实际上这和阿里巴巴的站点是同一个站点，这就提高了被检索的机会。其实网站设计和开发应用程序没有什么不同，也存在国际转包的内在需求。国际转包的实现除了需要品牌，还要有对应的机构设置。无疑，阿里巴巴一直是往这一方向走。

（2）站点推广

对于大多数企业来说，网站的媒体定位一直十分模糊，通常可分为广播式和特定用户检索式两种。网站实际上也是一种媒体，广告收入对大多数网站都很重要。广播式的模式容易让人理解，但是逻辑上人们更倾向于检索式。原因很简单，网站首页的空间是有限的，换句话说，注意力本身是一种稀缺资源。一些站点的合适位置已经充满了形式各异的广告，那么增长的潜力在哪里？如果定义为检索式的，这同时就表明了有几乎无限可供销售的广告位置。这好像就是最初网站在股市受到追捧的原因。跟大多数人的认识相反，中小企业存在很强烈的营销愿望。但这一愿望转化为现实的难度很大，首先营销的费用通常超过了中小企业可承受的范围，其次以前也不存在很好的方式。在阿里巴巴今天的收入中，站点推广的收入占了一半还多，如“中国供应商”和“网上有名”。

“中国供应商”面对的是出口型的企业，“网上有名”则针对内销或工厂的出口，主要以买断形式进行。其中的价格依据是：如果某家企业愿意以 4 万元人民币的价格租赁两周广交会的展销摊位，那么它似乎也会愿意以同样的价格购置一年的在线展销时段。对于一个新生事物，某种意义上阿里巴巴要证明其服务的有效性。阿里巴巴有一个系统服务的思维，除了网站上的页面设置，还可以通过“商情快递”邮件杂志、检索上的优先排序来证明付费的客户要比免费的客户有更多的机会。

（3）诚信通

网络可能是虚拟的，但贸易本身必须是真实的。信用分析是企业的日常工作。这很好解释，网友们在拍卖网站上的交易并不是每一次都那么如意。易趣的统计表明，在同通过身份认证但只有少数交易经历的所谓一星级顾客的交易中，有 6%的企业最终受到了投诉。企业间交易也存在相似的压力，所不同的是企业对此有更高的敏感性。在线贸易一方面体现了采购行为更充分的竞争性，另一方面企业对网络信息本身充满了质疑。诚信通（图 3-2）作为一项服务不难理解。可以在诚信通上出示第三方对企业的评估，企业在阿里巴巴的交易记录也有据可循。问题是这项服务本身是否会非常成功。阿里巴巴显然是希望所有的注册会员都使用这项付费的服务，最起码新注册的用户是如此。如果这一预想成为现实，大多数的企业都购买了诚信通，那么意味着剩下的少数也会购买，即便不购买也不再重要。每个诚信通的价格都很便宜，但对网站而言几乎不存在成本。这就是说，阿里巴巴的运营业绩将会非常成功。

图 3-2 阿里巴巴诚信通首页

(4) 阿里旺旺

阿里旺旺(图 3-3)的功能主要有：和百万商人安全、可靠地进行即时在线沟通、互动；结识、管理自己的商业伙伴，开展一对一的在线营销；强大的商务搜索引擎；“服务热线”为诚信通会员即时解答网络贸易疑问，方便享受高质量的在线客户服务。阿里旺旺的界面有点类似于常用的即时通信工具 QQ，非常友好且使用简单。不过，有关阿里旺旺的收费一直没有行动起来，但这却是最初的也是最重要的愿望。阿里巴巴是从企业的每一次日常交易中抽取佣金，这在前期被舆论认为是不可能的，原因在于 B2B 贸易存在重复交易，企业通常不会一次就更换一家供应商，这样企业很容易绕开任何中介。但事实并非如此，阿里旺旺可以理解为是一种订单管理软件，很多 IT 评论人都忽略了阿里巴巴的这一项服务，实际上它对阿里巴巴未来的潜在影响最大，绝对不能看成电子邮件的豪华版。这里有一个观念上的不同，产品重要的是需求，而不是技术表述。阿里旺旺则解决了所有的问题，而且操作中存在很强的可行性，可以通过短消息捆绑按次计费。这一服务所面临的价格敏感性很小，而且存在一个很大的数量。阿里旺旺则延伸了企业软件托管的思路。

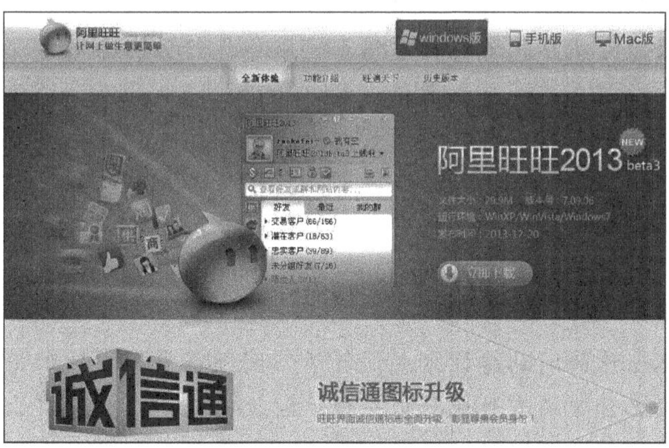

图 3-3 阿里旺旺首页

思考题

阿里巴巴属于哪一种 B2B 电子商务模式？阿里巴巴 B2B 电子商务模式成功的关键何在？阿里巴巴靠什么盈利？

案例分析

阿里巴巴 B2B 电子商务模式

阿里巴巴集团的独资子公司阿里巴巴公司是全球和中国国内贸易领域领先的 B2B 电子商务网上交易市场。阿里巴巴公司的成员遍及 200 多个国家和地区，它是众多企业寻找世界各地批量买家和供应商的首选之地。阿里巴巴网站的目标是建立全球最大、最活跃的网上贸易市场，让天下没有难做的生意。它从创建伊始就有明确的商业模式和市场定位，在发展初期绕开物流，专做信息流，前瞻性地观望资金流，并在恰当的时候介入支付环节。

阿里巴巴 B2B 电子商务模式属于面向中间交易市场的水平 B2B，也可以称之为第三方 B2B 电子商务模式。它是专为各企业提供信息交换的平台，并为交易的完成提供一些增值服务的电子商务模式，它的盈利来源主要是提供信息平台服务和增值服务，B2B 中介型网站的本质是创建一个电子交易市场，制定进入市场的所有企业都应遵守的规则，以保证能够吸引更多的企业参与。它本身并不介入具体交易，这种中立的身份，有利于为买卖双方提供公正、中立的信用服务。

阿里巴巴商业模式成功的原因分析

阿里巴巴从纯粹的商业模式出发，与大量的风险资本和商业合作伙伴相关联，构成网上贸易市场，其运营模式取得成功主要有以下几个原因。

1. 专做信息流，汇聚大量的市场供求信息

阿里巴巴在充分调研企业需求的基础上，将企业登录汇聚的信息整合分类，形成网站独具特色的栏目，使企业用户获得有效的信息和服务。阿里巴巴主要信息服务栏目包括商业机会、产品展示、公司全库、行业资讯、价格行情、以商会友、商业服务。这些栏目为用户提供了充满现代商业气息、丰富实用的信息，构成了网上交易市场的主体。另外，阿里巴巴还分类开设了阿里巴巴化工网、服装网、电子网、商务服务网来进一步地细分客户群体，实现面向性的精确定位，确保电子商务贸易执行的便捷和效率的提高。

2. 采用本土化的网站建设方式

阿里巴巴采用本土化的网站建设方式，针对不同国家采用当地的语言，简易可读，这种便利性与亲和力将各国市场有机地融为一体。阿里巴巴的三个子网站已经建立运作了四个版本的本地化网站：英文的国际网站面向全球商人提供专业服务；简体中文的中国网站主要为中国内地市场服务；全球性的繁体中文网站特别为中国台湾地区、中国香港地区、

东南亚及遍及全球的华商服务；日文网站针对日文用户服务。这些本地化网站相互链接，内容相互交融，汇集全球众多国家(地区)的商业信息和个性化的商人社区，为会员提供了整合一体的国际贸易平台。

3. 在起步阶段放低会员准入门槛

阿里巴巴在起步阶段，放低会员准入门槛，以免费会员制吸引企业登录平台注册用户。阿里巴巴会员多数为中小企业，免费会员制是吸引中小企业的最主要因素。大大小小的企业活跃于网上市场，反过来为阿里巴巴带来了各类供需，壮大了网上交易平台。

4. 通过增值服务为会员提供优越的节场服务

尽管阿里巴巴不向会员收费，但阿里巴巴网站仍然是盈利的。阿里巴巴的盈利栏目主要是中国供应商、委托设计公司网站、网上推广项目和诚信通。中国供应商是通过阿里巴巴的交易信息平台，给中国的商家提供来自各国买家的特别询盘。客户可以委托阿里巴巴做一次性的投资建设公司网站，这个项目主要是阿里巴巴帮助企业建立拥有独立域名的网站，并且与阿里巴巴链接。网上推广项目是由邮件广告、旗帜广告、文字链接和模块广告组成。邮件广告由网站每天向商人发送最新的商情特快邮件插播商家的广告，文字链接将广告置于文字链接中。诚信通项目则能帮助用户了解潜在客户的资信状况，找到真正的网上贸易伙伴；进行权威资信机构的认证，确认会员公司的合法性和联络人的业务身份；展现公司的证书和荣誉，而业务伙伴的好评成为公司实力的最好证明。

5. 适度但比较成功的市场运作

适度但比较成功的市场运作，如福布斯评选，提升了阿里巴巴的品牌价值和融资能力。通过各类成功的宣传运作，阿里巴巴多次被选为全球最佳B2B站点之一。阿里巴巴凭借其可行的、具有说服力的商业模式在快速增长的电子商务市场中处于领先地位，成功地缔造了被誉为经典的网上交易市场。

阿里巴巴的主要盈利点

1. 诚信通会员服务

诚信通是阿里巴巴在2002年3月推出的一项重要的收费会员服务。诚信通针对的是国内贸易，通过向注册会员出示第三方对其的评估，以及在阿里巴巴的交易诚信记录，帮助诚信通会员获得采购方的信任。诚信通的个人会员费是2300元/年，企业会员费是2800元/年。

2. 中国供应商会员服务

中国供应商会员服务主要面对出口型的企业，依托网上贸易社区，向国际上通过电子商务进行采购的客商，推荐中国的出口供应商，从而帮助出口供应商获得国际订单。其服务包括独立的中国供应商账号和密码，建立英文网址，让全球 220 个国家逾 42 万专业买家在线浏览企业。目前，中国供应商的会员费是 6 万～8 万元/年。

3. 网销宝

网销宝(图 3-4)是诚信通会员专享的搜索排名服务。买家在阿里巴巴搜索供应信息时，竞价企业的信息将排在搜索结果的前五位，买家第一时间就能找到。阿里巴巴竞价排名不按点击收费，在竞价时才知道费用。关键词起拍价为 500 元，具体的费用金额由会员通过竞价产生。

4. 库存拍卖服务

库存拍卖服务是阿里巴巴为诚信通会员提供的一项网上交易增值服务。卖家发布库存产品信息，对拍卖产品及交易规则进行详细描述，并设定拍卖条件(拍卖的方式、底价、加价幅度等)，买家通过在线平台参与拍卖，通过竞价，出价最高者与卖家成交，成交后通过阿里巴巴提供的支付宝结算。

图 3-4 阿里巴巴网销宝首页

知识链接

B2B 的含义

B2B 是互联网市场领域的一种，是企业对企业之间的营销关系。它将企业内部网通过 B2B 网站与客户紧密结合起来，通过网络的快速反应，为客户提供更好的服务，从而促进企业的业务发展。近年来 B2B 发展势头迅猛，趋于成熟。

参考网址：

1）百度百科之 B2B：http://baike.baidu.com/view/672.htm。

2）百度百科之阿里巴巴：http://baike.baidu.com/subview/2296/4818544.htm。

3）百度百科之戴尔公司：http://baike.baidu.com/view/790320.htm。

知识拓展

国内 B2B 电子商务网站经营模式比较与分析

国内 B2B 类电子商务网站代表有阿里巴巴(传统型)、慧聪(传统型)、金银岛(纯电子商务模式)。

1. 阿里巴巴

阿里巴巴是传统电子商务的创始者和领头羊(前面已专门讨论，在此不赘述)。

2. 慧聪网

慧聪网(http://www.hc360.com)正式成立于 1999 年，它整合了慧聪国际资讯近十年积累的信息服务资源和产品，突破了服务的地域限制，让更多的客户能够随时随地享用慧聪的资源，慧聪网首页如图 3-5 所示。慧聪区别于其他网站的地方在于，慧聪进入互联网是一种应客户和市场所需的必然，不同于没有任何资源的其他网站。有了互联网的优势后，慧聪的影响更大了，原来纸媒体所发行不到的区域客户，都有可能成为慧聪的客户。行业上，慧聪扩展了十多个新的行业领域，如安防、消防、教育、工程机械、水工业、包装印刷等。慧聪互联网平台的推出，给客户在信息服务上带来了质的转变。

作为一个 B2B 网站，慧聪商务网通过企业上网解决方案、网络营销、商务服务及专业市场四大部分的功能提供了全面、完整、多选择的服务，以此获取利润。

慧聪的电子商务经营模式与阿里巴巴类似，主要靠提供基于供求信息的资讯服务，通过海量国内外用户在平台上发布信息寻找商机，以求能够在线下达成交易。与阿里巴巴唯一的不同之处是，慧聪是靠资讯起家，资讯一直是其强项，慧聪在这一方面的确胜人一筹。慧聪网 CEO 郭凡生曾在接受媒体访问时表示，做中立的信息服务商，既不追求出名速度，也不追求上市速度，而是追求盈利速度，这是慧聪网盈利的重要因素。从这也能看出，资讯方面的优势始终是慧聪保持行业地位的法宝。

图 3-5　慧聪网首页

3. 金银岛

金银岛(http://www.315.com.cn)是目前“最安全的电子商务平台”的代表，是中国电子商务协会“科学电子商务模式”试点单位，其所特有的“硬信用”模式获国家“十五”重大科技攻关成果奖，是中国电子商务发展的里程碑，它为广大的电子商务交易双方提供了一套最为安全可靠的“硬信用”运营模式，金银岛首页如图 3-6 所示。

图 3-6　金银岛首页

金银岛联合了中国银行、中国工商银行、广发银行等金融机构，中国国际经济贸易仲裁委员会，中铁快运、招商局物流、中外运物流等知名物流公司，以及 60 多家涉及石油、化工、机械等实力型行业企业，共同打造了服务于行业企业的“硬信用”全程电子商务交易平台。“硬信用”全程电子商务模式采用款到发货和货到结款的双向保全机制，彻底解决了制约网上交易的主要瓶颈——信用缺失和交易安全等关键课题，真正做到了“我敢发货，你敢付款”。

金银岛采用多种交易模式，提供全方位的电子商务解决方案，金银岛精心打造了包括匿名竞价交易、行业综合市场、硬信用交易机制的现货交易平台、仓单交易平台及专业内参资讯。

金银岛专业于石油、化工、橡塑、能用机械、行业机械、五金等六大行业，为交易会员提供安全、便利的交易流程，在“硬信用”模式下，当买卖双方交易时，货款自动冻结，买方确认收到，货款才能解冻。交易货款由中国银行等金融机构监管，交易纠纷由中国国际经济贸易仲裁委员会仲裁，开创了“金银岛—金融机构—仲裁机构”三方共同缔造的“金三角”新商业模式。

“硬信用”交易模式是金银岛区别于其他电子商务网站的显著特征，它已实现了从传统电子商务向纯电子商务过渡的目标，符合未来电子商务发展的方向。金银岛模式的出现，使得多年来制约我国电子商务发展的三大瓶颈问题(专业化的电子商务物流体系、专业化的电子商务支付体系、专业化的电子商务信用机制)逐步得到解决。

据了解，通过金银岛买卖双方无须进行线下接触，仅通过网络就可以完成洽谈和安全地进行网上支付，买卖双方线下的工作只是通过第三方物流发货、收货，坐在电脑边上就可放心地做成买卖。以“硬信用”机制为依托的金银岛将国内 B2B 电子商务提升到了一个更高的水平，国内电子商务将进入一个崭新的发展阶段。

金银岛虽然首破行业坚冰，进入了真正意义上的电子商务时代，但其在业内的名气却远远不及阿里巴巴等巨头，这或许与金银岛成立时间较短(成立于 2004 年)、宣传不力等有关，也可能与目前的行业发展环境和客户的认知程度相关。至于金银岛能否全面引领中国电子商务上一个台阶，带领行业进入真正意义上的电子商务时代还需时间来检验。

案例拓展

义乌小商品 B2B 电子商务

不少人抱怨目前电子商务只能在大城市、大企业、高技术企业开展，实际上电子商务的春风已经吹遍全国，在市场经济发达的地方最先吐绿。浙江省义乌市电信局宣布开通的“中华商埠”电子商务平台足以给业界人士一些惊喜、一些信心。

义乌小商品批发市场闻名全国。尽管称为义乌小商品批发市场，但这里买卖的却是全国的货物。这个全国最大，并具有国际影响的小商品批发市场。“中华商埠”就是依托浙江义乌小商品城建设的。小商品批发上网，各种优势不言而喻，如降低运输仓储成本、24 小时下单、减少差旅开支、税收管理、货款结算等。

“中华商埠”由义乌市电信局经营，其经营策略包括以下几项。

1）会员制服务。制造商、摊主、货运商、批发商和普通用户都可以登记成为“中华商埠”的会员。

2）为厂家、商家提供广告服务。

3）主机托管。为名牌商品厂家和商家提供“网络专卖店”，为他们处理订单，通知相关单位进行备货、上货、发货和运货，以及订单处理状态跟踪和备份。

4）中介或经纪人服务。提供“在线讨价还价”功能，在讨价还价过程中供需双方不直接“见面”，而是通过经纪人进行。

“中华商埠”电子商务平台由普天信息产业集团下属的中讯通信发展公司承建，软硬件订单大部分被 IBM 夺得。

拓展思考

义乌小商品市场是如何利用“中华商埠”B2B 电子商务平台的？其采取了哪些经营策略来促使网上贸易的成功？其盈利模式如何？还存在哪些问题需要改进？

第三节　C2C 电子商务网站

知识要点

1. C2C 电子商务模式的价值

C2C(Customer to Customer，顾客对顾客)电子商务指消费者和消费者之间发生的电子交易活动。它是伴随因特网的普及而发展起来的与 B2B、B2C 并存的一种电子商务模式，通常以拍卖、竞价的方式开展商务活动。卖方借助互联网展示目标商品的详细信息，需求方则通过网络了解商品状况并在线报价，卖方再根据所有参与竞价的需求者提交的报价和有关资料决定生意是否成交。另外，也有通过电子邮件、聊天室等成交的。目前该模式的交易主要集中在物品、收藏品、二手货市场。

C2C 商务平台通过为个人买卖双方提供一个在线交易平台，使卖方可以主动提供商品上网拍卖，而买方可以自行选择商品进行竞价。C2C 模式最能够体现互联网的精神和优势，数量巨大、地域不同、时间不一的买方和同样规模的卖方通过一个平台找到合适的对家进行交易，在传统领域要实现这么大规模的工程几乎是不可想象的。同传统的二手市场相比，它不再受时间和空间限制，节约了大量的市场交易成本，其价值是显而易见的。

C2C 电子商务不同于传统的消费交易方式。过去，卖方往往具有决定商品价格的绝对权力，而消费者的议价空间非常有限。拍卖网站的出现，则使得消费者也有决定产品价格的权力，并且可以通过消费者相互之间的竞价结果，让价格更有弹性。因此，通过这种网上竞拍，消费者在掌握了议价的主动权之后，其获得的实惠自然不用说，打折永远是吸引消费者的制胜良方。

由于拍卖网站上经常有商品打折，对于注重实惠的中国消费者来说，这种网站无疑能引起消费者的关注。对于有明确目标的消费者，他们会受利益的驱动而频繁光顾 C2C；而那些没有明确目标的消费者，则会为了享受购物过程中的乐趣而流连于 C2C。如今 C2C 网站上已经存在不少这样的用户，他们并没有什么明确的消费目标，他们花大量时间在 C2C 网站上游荡只是为了看看有什么新奇的商品，什么商品特别有价值，对于他们而言，这是一种很特别的休闲方式。因此，从吸引注意力的能力来说，C2C 的确是一种能吸引眼球的商务模式。

议一议

C2C 是电子商务中与消费者关系最密切的一种模式，你尝试过 C2C 交易吗？

2. C2C 电子商务模式存在的主要问题

C2C 电子商务模式虽然具有很大的发展潜力，但是它仍然面临着许多问题，如果这些问题不能得到妥善的解决，将可能影响和制约 C2C 电子商务的发展。特别是中国电子商务处在起步阶段，从制度、技术、信用体系等方面来看都存在很多不完善的地方，我们必须更加重视并积极解决这些问题。总体来说，国内目前电子商务水平并不高，而且由于法律环境、经济实力、消费习惯等的影响，C2C 电子商务模式的发展并非一帆风顺。但是，由于 C2C 电子商务模式具有足够的盈利潜力，能够为买卖双方和电子交易平台提供商带来实实在在的实惠和利润，因此可以说，C2C 电子商务模式在国内将有非常广阔的发展前景。

议一议

在网络上跟一个互不谋面的人进行交易，你觉得安全吗？消费者又该如何建立相互信任？

典型案例

淘宝网 VS 易趣网

1. 淘宝网的发展历史

淘宝网(http://www.taobao.com)由 B2B 公司阿里巴巴(中国)网络技术有限公司投资 4.5 亿元创办，于 2003 年 9 月 4 日通过注册审核，属浙江淘宝网络有限公司所有，淘宝网首页如图 3-7 所示。淘宝网络有限公司虽由阿里巴巴投资，但却是独立运作。淘宝网建立之初仅有十几名年轻的员工。成立之后，阿里巴巴在资金、人力、物力等各方面为淘宝提供了强大的支持，淘宝员工人数迅速增长。

淘宝自成立以来就一直坚持免费的政策。免费的政策为淘宝积聚了人气，并帮助淘宝取得了飞速的发展。2004 年 5 月，上海艾瑞公司发布的网民覆盖率市场调查报告中，淘宝网首次超越国内外同行，跃居第一；2004 年 6 月 28 日，互联网实验室发布的电子商务 CISI 人气榜排行，淘宝荣登榜首，继续领跑国内个人交易网站。与此同时，淘宝网在个人网上交易的多项重要指标都占据了国内第一的位置。截至 2004 年 6 月，淘宝网的有效在线商品数量达到近

200 万件，淘宝网的交易成功率的增长速度是 2004 年年初的 3.57 倍，远高于其他同类网站。在 2004 年 9 月公布的在 C2C 网站具有关键性意义的交易额、成交率、日新增商品数、注册用户数和网页浏览量等五项指标中，淘宝占据了四项行业第一。同期淘宝网公布的交易数据和成交量显示，其 2004 年 9 月全月的交易额达到 1.6 亿元人民币，且 2004 年 10 月份最高日成交金额突破千万元，成为国内首家单天成交商品量超过千万元的 C2C 网站。2005 年前三个季度淘宝成交金额分别为 10.2 亿元、16.5 亿元和 23.4 亿元。易观国际《2005 年第三季度 C2C 市场数据监测》显示，淘宝占据国内 C2C 市场 57.1%的市场份额，高出第二名 23%。截至 2013 年第二季度，淘宝网注册会员超过 4 亿人，覆盖了中国绝大部分网购人群。

图 3-7　淘宝网首页

2. 淘宝网的商业模式

淘宝网的建立为商家与个人、个人与个人之间搭建了一个平台，该平台提供现有个人交易的所有方式，包括拍卖、一口价、讨价还价和张贴海报等。

在线拍卖虽被认为是一种 C2C 模式，但大量的交易仍然通过商户对个人来实现，实际上是 B2C。淘宝网的淘宝社区中设有“淘宝商盟”版块，包括东北、广州和珠宝配饰等各类联盟形式。商盟由会员自发组织并结成社会团体，将同一地点或同类商品的买家、卖家聚在一起。盟主由资深会员自愿担任，并通过信用星级指数和发帖数来选择加入商盟的会员。商盟主要针对卖家，以线上活动为主，组织相关培训，分享网上交易经验。上海、北京的商盟还组织商盟的线下销售，降低了销售费用。所以，淘宝网和 eBay 的 C2C 模式有很大的不同，它实际上执行的是 B2B2C。

3. 会员服务

“会员第一”是淘宝的宗旨，因此淘宝非常重视对会员的服务。淘宝网站上专门开设了培训新手的“淘宝大学”，包括买家篇、卖家篇和综合篇，提供了诸如开通网上银行、选择合适物流方式及如何选购数码相机等信息。淘宝还设有会员论坛，在线解答疑问。淘宝网服务中心首页如图 3-8 所示。此外，淘宝还特别为会员量身定做了个人交易沟通软件——淘宝旺旺。会员使用淘宝旺旺能够在线即时交流，询问商品的价格和质量，还能参加各种会员活动。淘宝在为会员打造安全高效的商品交易平台的同时，也全心营造和倡导互帮互助、轻松活泼的家庭式文化氛围。淘宝在全国主要城市定期组织会员见面会，拉近会员间的距离，还经常推出抽奖活动，奖励网上成功交易的会员们。同时淘宝在设置频道方面不断完善，不仅设有数码通信、游戏等传统频道，还成为第一个开设男人、女人频道的 C2C 网站。

图 3-8 淘宝网服务中心首页

4. 技术合作

面对商品种类与用户群体飞速增长的形势，为了进一步确保服务、业务和数据安全，淘宝网引进戴尔的“SAN＋ORAC”方案对原有的核心数据库系统进行升级。2004 年 7 月，应用戴尔服务器与存储设施、以“SAN＋ORAC”方式构建的电子商务交易中枢在淘宝网全面投入运营。

戴尔的“SAN＋ORAC”是一个面向任务关键型数据库的一体化解决方案。该方案能在提升数据资产安全性与管理效率的同时，最大限度地发挥整个系统的数据处理能力，提高设备的稳定性与系统的可用性，满足各类任务关键型系统的应用需求。

淘宝网共引进了三个完整的“SAN＋ORAC”系统，分别服务于其最核心的商品信息、会员信息和公用信息数据库。上述三大数据库各自以 Dell/EMC 光纤盘阵为中心构建了独立的 SAN。在每个 SAN 之中，承担数据库服务使命的均为由戴尔 PE6650 组成的双机 ORAC 群集，它们以 CPU 共享的方式实现了处理性能的合二为一。每个 ORAC 群集还拥有一套完全相同的备份群集以确保系统在任何情况下都能正常运行。

5. 诚信建设

淘宝网自创立初始就意识到网上交易的关键在于诚信建设，因而围绕该问题的解决积极地开展了大量工作。

首先，淘宝网建立了诚信认证系统，通过这一系统，淘宝网的买卖双方在交易前可以仔细查看对方的信用记录，也可以通过其他买家的评价来判断是否进行交易。

> 读一读
>
> **支付宝，知托付**
>
> 支付宝是全球领先的独立第三方支付平台，致力于为广大用户提供安全快速的电子支付、网上支付、安全支付、手机支付体验，以及转账收款、水电煤缴费、信用卡还款、AA 收款等生活服务应用。

其次，在买卖交易中和交易结束后，淘宝网则通过支付宝这一工具对买卖双方的诚信进行监督。支付宝是淘宝网上买卖双方的中介，买家看好货物后，先将钱支付给淘宝，淘宝确认后再通知卖家发货。卖家在向淘宝发出收货确认后，淘宝会将钱款打入卖家的账号。这样，在交易前、交易中和交易后，淘宝网都能够在一定程度上实现对诚信问题的监管。支付宝在很大程度上给予了交易双方安全性保障，降低了双方的成交风险。

此外，在对买卖双方诚信认证系统监管机制的建设中，淘宝网为确保网上交易的安全可靠，一方面加强与权威部门的合作，通过先进的技术手段避免不诚信和欺诈行为的发生，另一方面对于已经发生的欺诈事件，则加强与警方的合作力度，坚决将违法分子绳之以法。从手段上来说，对诚信问题的解决只是一种强制性的行为，淘宝希望在会员中传播诚信精神，打造诚信的企业文化和经营氛围。

6. 主要竞争者——易趣网

易趣网(http://www.eachnet.com)是由两位哈佛 MBA 毕业生邵亦波和谭海音创建的国内最早的 C2C 电子商务网站之一，于 1999 年 8 月 18 日正式开始运营，易趣网首页如图 3-9 所示。2000 年，随着“.com”泡沫的破灭，数百家电子商务企业中只有易趣存活了下来。随着网络经济逐渐趋于理性，易趣得到了迅速发展，逐渐成为中国拍卖网站的霸主，被称为“中国的 eBay”。2002 年 3 月，eBay 以 3000 万美元的价格取得了易趣 33%的股权，又于 2003 年 6 月以 1.5 亿美元的现金购买了易趣网的剩余股份，正式进军中国网上拍卖市场。易趣成为 eBay 在中国的分公司，更名为 eBay 易趣(以下统称易趣)，并于 2004 年 7 月与 eBay 实行全球对接，整合网站平台。易趣的几百万用户和 eBay 全球 27 个国家和地区的一亿多用户，不需要重新注册就可以直接在全球范围内进行网上交易。

图 3-9　易趣网首页

(1) 交易方式

易趣网目前已开展了三种交易方式，即个人物品竞标、网上直销和商家专卖。目前，易趣网以 C2C 的个人物品免费竞标方式为主，以 B2C 的网上直销和商家专卖两种方式为辅。

C2C 个人竞标采用卖方登录物品信息、买方出价竞价的交易形式，即买卖双方在易趣网上注册，卖方在易趣网上陈列欲出售的物品，买方在网上各自出价，最后卖方选择买方，与其联系完成交易。值得注意的是，易趣网采用“网上竞拍，网下成交”的交易形式，即网上交换买卖信息，网下银货两讫，这就轻松绕开了始终困扰中国电子商务从业者的两大难题——网上支付和货物配送。于是，大到汽车、房产，小到手机、邮票，都可以借助易趣网这一虚拟交易平台轻松实现交易。随着新品的激增，原有单一的拍卖式交易方式显然已不能满足需要，于是，易趣适时推出了一系列全新的交易方式，包括无底价竞标、有底价竞标、定价出售、一口价成交等交易方式。

易趣网的 B2C 网上直销目前主要集中于电脑及其配件、外设，移动电脑及附件等电子类产品。商家专卖是易趣网改版后新开设的购物频道，是众多品牌卓越、服务上佳的商家专卖店的集合。商家专卖区采用定价购物和竞价购物两种方式。前者价格固定，不能讲价；后者价格由竞价得来，商品经常采用“一元底价”竞标，并由易趣提供送货保障。商家也可以在此开展促销等主题活动，让网民了解商家的最新货物情况、网上报价、公司品牌形象等。

(2) 服务设计

网上拍卖与传统拍卖不同，买卖双方不是面对面地交易，而是互不相识，在不同时段、不同地点进行交易。针对这一情况，网站需要开展有效的服务，维护拍卖的正常进行，帮助竞标双方顺利实现交易。

人性化的交易流程设计让用户在网上出价和商品登录更加便捷；完善的功能设计让用户能轻松管理自己的网上交易；网上店铺给每个卖家一个展示自己个性和发展网上业务的空间；强大的客户服务队伍热心周到地解答用户的各类咨询，帮助用户学会使用易趣各项功能，并顺利完成网上交易；定期组织网友见面会，开展活动，聆听建议，加强易趣和会员之间及会员与会员之间的沟通，培养网站与网友之间的感情，为网下成交提供便利。

（3）信用管理

当前网上拍卖的实践表明，拍卖过程中可能存在恶意竞拍、串通竞价等问题，网上交易完成后能否正常交割等也是网上拍卖要面对的难题。这就迫切要求拍卖网站重视拍卖过程中的信用管理，以维护每一位参加拍卖的网民的切身利益，保证网上拍卖的正常开展。

为此，易趣采取了诸多的措施，如建立专门的信用评价系统、免费会员认证、设立了交易安全基金、组建专职的信用工作小组等。注册用户只有成为会员以后，才能充分享受会员专区中的各种优惠活动，而会员认证需要提供实名等真实信息。会员制能在很大程度上杜绝网上胡乱竞价、冲动出价行为，提高网上竞标的信用度。

另外，易趣网还启动了会员的自发性监督系统——“克克伯调查局”，对网上拍卖进行监督，专门用来“检举”在线竞标交易中的不平等事件，这是国内第一个由网民自发成立的消费者权益保护组织。

（4）物流与支付

2000年6月15日，易趣宣布在其“诚信月”中针对C2C交易推出物流配送服务。该举动首次把一般只为B2C服务的物流推向普通消费者，为消费者（无论是买方还是卖方）节省了流通费用。

读一读

马云千亿物流梦

马云于2013年5月10日卸任阿里巴巴集团CEO后不久，马上宣布要投资一个前所未有的智能物流骨干网络(CSN)，让全国任何一个地区做到24小时内送货必达。

此项目投资规模将达1000亿，由阿里巴巴集团牵头，马云拟担任董事长，银泰集团董事长沈国军拟出任CEO。

在信息流、资金流、物流三流之中，物流最复杂、最艰难，马云自2011年开始布局物流业。阿里巴巴公关部负责人表示：以前是方向制定阶段，“项目”立项则表明实施的方法已定，进入实操阶段。

易趣网先在北京和上海两地推出此项服务。经过精心挑选，上海的贝塔斯曼和北京的阳光网达两家专业物流公司成为了易趣的首批合作伙伴。凡在网上成交的个人用户都可选择物流公司，通过电话与其直接取得联系，由物流公司完成取货、送货、收款、付款的全过程。用户足不出户就可完成交易，真正实现不用见面的网络交易。此外，送货上门的同时，用户还可享受会员认证上门服务连带立即生效的物流费用优惠折扣。

2000 年 10 月 18 日，易趣推出全新的网上个人交易配套服务——易付通，它是中国最早推出的保障交易安全的产品，为用户提供无风险的个人网络交易体验，真正实现了全面基于网络平台的交易方式。2004 年 11 月，易趣联合中国工商银行、中国建设银行、招商银行和银联电子支付服务有限公司，全力推出了以银行为资金流平台的安付通服务。据统计，从安付通推出开始，使用安付通的用户数就以每周 10%的速度增长。

思考题

淘宝网和易趣网属于哪一种电子商务模式？这种电子商务模式成功的关键何在？其盈利模式是什么？

案例分析

淘宝网 VS 易趣网的交易模式

2004 年的中国网上拍卖市场随着新浪和雅虎的强势介入，逐步形成了阿里巴巴＋淘宝、eBay＋易趣、雅虎＋新浪三方竞争的格局。中国网上拍卖市场正在走向规范化，然而真正的竞争才刚刚开始。在过去的几年时间里，淘宝网取得了惊人的成绩，如何保持飞速的发展势头，如何在信用体系、支付手段和物流体系等方面保持领先的地位，是淘宝人一直在考虑的问题。

2005 年，国内 C2C 市场的格局更是发生了巨大的变化。2005 年 8 月，阿里巴巴(中国)网络技术有限公司宣布收购雅虎中国全部资产，其中包括雅虎的在线拍卖业务——一拍网。如何对一拍网进行有效的整合才能更好地发挥其优势是摆在淘宝面前需要解决的一大问题。同时，在 2005 年 10 月，淘宝网宣布继续免费三年，并要在未来的三年内创造 100 万个就业机会。然而免费只是一种竞争的手段而已，如何在此基础上通过其他服务来谋求自身的利益、什么是适合淘宝的盈利模式等都是等待着淘宝去思考的问题。

淘宝和易趣的成功要素

我国的 C2C 电子商务交易尚未形成一套完整规范、成熟高效的交易体系，C2C 交易平台良莠不齐，缺乏交易标准与行业规范，在支付安全与信用保障、政策法规、消费习惯、物流配送体系和行业标准等方面困境重重。淘宝和易趣的成功主要归功于以下几个方面。

1. 以消费者和“网商”为中心且各具特色

淘宝和易趣深知消费者需要什么就卖什么，抓住了消费者的心理需求，而且产品新颖，价格适合，有一定的售后服务。

从首页来看，易趣的首页简洁素雅，给人的感觉是权威、酷，是大型网站等，色彩的基调偏中性，适合的人群面较广。淘宝的首页则采取了非常 Q 的方式来讨好人心，且多处运用了暖系色彩，虽然总体布局上两者相差不是很大，但淘宝给人的感觉是亲切、贴心。

从给予用户的便利来看，总体来说，在商品的分类、搜索、交易等方面，双方的表现基本一致。值得一提的是双方的附带产品，淘宝提供给用户的附带品是淘宝旺旺，易趣提供的是易趣助理。很显然这两款软件是截然不同的，易趣助理的功能是为卖家提供更方便的上货服务，而淘宝旺旺则将其功能放在了即时交流的平台上，这对买卖双方来说，都是互利的。同时从产品形态、市场扩展及服务扩展上淘宝也有其独到之处。目前淘宝平台的销售产品类型已经从手机、笔记本、化妆品逐步扩展到了话费充值卡、衣服、食品、宠物食品等日常生活用品上。淘宝在2007年年初开始了话费充值服务，再加上机票等旅行产品销售平台的搭建，不仅有效整合了很多线上线下的分散资源，同时抓住了消费者的需求，给予了消费者更多便捷的选择。在市场拓展上，淘宝网加强了与知名企业的联合，仅2007年上半年就有7827家品牌企业申请在淘宝网上开设自己的旗舰店。

2. 信用保障和支付安全

支付安全是C2C电子商务发展面临的首要问题。截至2008年6月，我国网络购物使用率为25%。这与中国人在传统上习惯使用现金交易的消费习惯有关，理解并接受网络虚拟空间的商品交易及相应的现金流尚需时日，根深蒂固的消费心理和消费习惯的改变并非一蹴而就。对于网购，网民最大的担忧是交易安全得不到保障。

目前，各C2C网站大都推出了自己的网上支付工具，如淘宝网推出的支付宝、易趣推出的安付通等，它们提供的是以中立身份的第三方支付工具担当信用中介的安全付款增值服务。

3. 建设完善健全的物流配送体系

建设完善健全的物流配送体系一直是中国电子商务发展的瓶颈问题之一。由于缺乏独立完善的专用物流配送系统，很难控制物流质量，这使得C2C网站无法监管部分售后服务流程，给网络诈骗提供了可乘之机。目前的C2C交易以小商品为主，配送商主要依靠传统的邮政、货运及零散的快递企业完成货物运输。当前市场上的快递公司大都规模偏小，从业人员素质良莠不齐，业务范围有限。绝大多数快递公司各自为战，缺乏统一的价格标准和行业规范，人员流动率高，服务品质无法提升。

C2C电子商务交易平台的未来应该是构建资信度高、独立核算的大型物流联盟，既体现网上购物的零距离优势，提供售后服务，从物流环节中盈利，又可有效地减少网络欺诈和客户流失，更重要的是通过对物流资源的合理、高效整合来占据和控制C2C市场。淘宝网与圆通速递、亚风快递、宅急送等物流公司采取的合作配送等方式，都是C2C网站力图解决物流配送困境的尝试。易趣则与5291.com、快马速递、齐讯速递等物流企业合作提供了用户物流解决方案。当然因成本、服务品质等方面的问题，这些方式还有待完善。

淘宝和易趣的盈利模式

1. 淘宝的盈利模式

目前，淘宝网的主要收入来源于广告。淘宝曾推出过的“招财进宝”服务是一项沿袭搜索竞价排名模式的有偿增值服务，只要向网站支付一定的“推荐费”，该店主的商品就将在同类商品的页面上排在靠前或醒目的位置，推荐费的上限为 100 元。然而，早已习惯了“免费蛋糕”的终端商家对此服务带来的影响无法接受，因为如果不支付推荐费，排名会到百位之后，甚至可能无法被浏览到。在用户公投高票反对下，淘宝最终不得不宣布放弃该项服务。淘宝“招财进宝”的失败说明，在国内个人用户已经习惯了免费的情况下，提供合理的增值服务将是唯一的获利途径。在未来，C2C 的商业模式将遵循“愿意付费的人付费，不愿意付费的人可以永远免费”的道路，新模式的突破将有可能打破国内 C2C 电子商务的免费坚冰。随着用户数量和电子商务的进一步完善和发展，相信手续费将成为淘宝实现盈利的一个重要渠道。

目前，支付宝的盛行也形成了淘宝网实现盈利的一个新亮点。支付宝和淘宝的结合形成了淘宝的一个融资机构，基本类似银行，但比银行的操作模式简单了许多。用户在淘宝上将钱汇到支付宝，支付宝把用户的资金收集起来进行投资盈利。因为支付宝进行的是信用交易，这当中就涉及一个流量和常量的专业词语，简单点解释，就是银行只需保留一定比例的现金作为准备金，以备小额的取款，其余的多余资金就可以操作了。支付宝也一样，因为用户在不断交易的过程中，有一个汇进快、汇出慢的时间差，同时还有付款和收到货物再支付的时间差，这当中就有了一大笔资金和时间可以进行操作。而且淘宝的交易量是相对稳定的，如果交易量少，可以通过淘宝的优惠提高交易量，以保证资金的常量，那么这笔常量资金就可以进行投资生利了。

当然，要实现盈利仅仅依靠这些传统的模式也是不够的。2007 年 12 月 26 日，淘宝网宣布正式进军 B2C 市场。实际上淘宝网的管理人士也意识到，要突破盈利瓶颈，就必须寻求新的增长方式。淘宝依靠自己建立起来的品牌优势，及时进军 B2C 市场也进一步表明了其寻找盈利形式的决心。同时，淘宝网内部管理人士也表明，进军 B2C 市场也是为淘宝的上市扫除最大的障碍。淘宝上市首先要解决盈利问题，尽管淘宝拥有庞大的用户，但至今仍无法解决盈利问题，进军 B2C 有望在盈利问题上取得突破。

2. 易趣的盈利模式

易趣的盈利模式可概括为三种方式：网络广告、商家专卖和易趣直销、个人物品竞标的收费。前两部分已有不错的收益，而后者的实现需要两个前提：网上竞标成功率足够高；电子支付和物流系统完善并且网友消费心理成熟。

2001 年 8 月 1 日，易趣开始对卖家登录的商品收取登录费：按照商品的价格高低，收取 1 元、2 元、4 元、8 元不等的登录费。收费初期在舆论和网友中引起不满。最多时，易趣统计有超过 40%的老用户流失，但不久用户又开始回流，交易量又开始以每月 20%的速度增长。2002 年 9 月 23 日，易趣展开第二步收费举动，开始收取交易成交后的交易佣金，同样是只对卖家收取：按照成交金额的大小，分别收取 0.25%、0.5%、1%、2%的佣金，成交金额越大，收取的佣金比例越低。

易趣的收费盈利方式成功的原因是，收费后网站上的商品质量提高了，这吸引了更多的买家，更多的卖家也随之而来，形成了良性循环。更重要的是，在收费的同时，易趣提供了更为优质的服务，其推出的新版面美观实用，全新的竞价系统及信用体系大大增强了电子平台的功能及安全性。

议一议

易趣网为什么会败给淘宝网?

知识拓展

C2C的发展前景

如前所述，C2C电子商务模式在中国有很大的发展空间，有中国庞大的用户群作为基础，中国的C2C运营商一定能够有所作为。

1）国内将会产生数个规模相当、具备影响力、受消费者信赖的电子交易平台提供商，通过残酷的竞争，实力不够、服务不完善、品牌建设不合理、技术能力低的提供商必然遭到淘汰。国内也将会产生数个规模相当、具备影响力、受消费者信赖的电子交易平台提供商。

2）多种支付手段将得到广泛的应用。伴随着信用卡使用的推广及技术的提高，在线支付必将在C2C领域内得到广泛的应用。有了这样先进的支付方式，供应商能够更好地控制交易风险，评估用户信用程度，同时也能获得更多的盈利。

在企业电子商务领域，8848已经为登录其平台的企业开通了电子支付接口，方便他们更好地开展业务。

3）电子交易平台提供商将在政策允许的框架内开展有针对性的金融服务业务。关于信用风险问题的解决，国人道德素质的提高和经济能力的提升固然是很重要的方面。换个角度考虑，平台供应商同样可以采用多种方式来帮助用户避免风险。如开展信用贷款、在线交易保险等金融服务类方式。相信随着电子商务的不断发展，会有更多的服务可以提供给用户。

案例拓展

腾讯拍拍网

腾讯拍拍网是腾讯旗下的电子商务交易平台，网站于2005年9月12日上线发布，2006年3月13日宣布正式运营。

拍拍网主要有网游、数码、女人、男人、生活、运动、学生、特惠、明星等几大频道，其中的QQ特区还包括QCC、QQ宠物、QQ秀、QQ公仔等腾讯特色产品及服务。拍拍网拥有功能强大的在线支付平台——财付通，为用户提供安全、便捷的在线交易服务。

依托于腾讯QQ的庞大用户群及众多活跃用户，拍拍网具备良好的发展基础。2006年9月12日，拍拍网上线满一周年。通过短短一年时间的迅速成长，拍拍网已经与易趣、淘宝共同成为中国最有影响力的三大C2C平台。2007年9月12日，拍拍网上线发布满两周年，在流量、交易、用户数等方面获得了全方位的飞速发展。据易观国际报告显示，2007

年第 2 季度拍拍网获得了 20%的增长，并迅速跃居国内 C2C 网站排名第二的领先地位。凭借丰富多样的商品和高人气的互动社区，拍拍网已逐步发展成为国内成长速度快、受网民欢迎的 C2C 电子商务交易平台之一。

拍拍网一直致力于打造时尚、新潮的品牌文化，作为腾讯"在线生活"战略的重要业务组成并依托于腾讯 QQ 及腾讯其他业务的整体优势，拍拍网希望打造一个全新的社区化电子商务交易平台，为广大用户提供诚信、安全的在线网购新体验。

对网上卖家来说，从推广到销售都是一门学问，怎么才能省心省力又有效呢？拍拍网推出了商品推广王、微博营销工具、掌柜工具箱、天天旺在线进销存、讨打订单管理五大特色工具，包含从开店到推广到销售的全部流程，傻瓜式操作方便又省力。目前这五款工具均免费供卖家使用。

知识链接

C2C 的含义

C2C 实际是电子商务的专业用语，是个人与个人之间的电子商务。C2C 即"消费者间"，因为英文中的 2 的发音和 to 相同，所以 C to C 简写为 C2C。C 指的是消费者，因为消费者的英文单词是 Consumer，所以简写为 C，而 C2C 即 Consumer to Consumer。

参考网址：

1）百度百科之 C2C：http://baike.baidu.com/view/16373.htm。

2）百度百科之淘宝网：http://baike.baidu.com/view/1590.htm。

3）百度百科之易趣：http://baike.baidu.com/view/9399.htm。

拓展思考

从盈利模式、客户服务、发展前景等几个角度分析 C2C 网站拍拍网，并与淘宝网进行对比分析。

第四章　电子商务行业案例

【导读】

目前，电子商务已经广泛地应用于各个行业，对各传统行业的发展和业务创新起到了很大的推动作用。

本章将围绕典型的电子商务行业案例，通过对电子银行业、教育行业、网上保险业和物流行业的分析，加强学习者理解电子商务对各行业发展的重要性，培养其在各行业中开展电子商务的能力，以及勇于创新的精神。

第一节　电子银行业案例

知识要点

网上银行(Internetbank or E-bank)包含两个层次的含义：一个是机构概念，指通过信息网络开办业务的银行；另一个是业务概念，指银行通过信息网络提供的金融服务，包括传统银行业务和因信息技术应用带来的新兴业务。在日常生活和工作中，我们提及网上银行，更多的是第二层次的概念，即网上银行服务的概念。网上银行业务不仅仅是传统银行产品从网上的简单转移，其他服务方式和内涵也发生了一定的变化，而且由于信息技术的应用，又产生了全新的业务品种。

1. 网上银行特点

(1) 全面实现无纸化交易

以前使用的票据和单据大部分被电子支票、电子汇票和电子收据所代替；原有的纸币被电子货币，即电子现金、电子钱包、电子信用卡所代替；原有纸质文件的邮寄变为通过数据通信网络进行传送。

(2) 服务方便、快捷、高效、可靠

通过网络银行，用户可以享受到方便、快捷、高效和可靠的全方位服务。可在任何需要的时候使用网络银行的服务，不受时间、地域的限制，即实现了3A(Anywhere, Anyhow, Anytime)服务。

(3) 经营成本低廉

由于采用了虚拟现实信息处理技术，网络银行可以在保证原有业务量不降低的前提下，减少营业点的数量。

2. 网上银行业务的优势

与传统银行业务相比，网上银行业务有许多优势。

1）大大降低了银行经营成本，有效提高了银行盈利能力。开办网上银行业务，主要是利用公共网络资源，不需要设置物理的分支机构或营业网点，减少了人员费用，提高了银行后台系统的效率。

2）无时空限制，有利于扩大客户群体。网上银行业务打破了传统银行业务的地域、时间限制，具有3A特点，即能在任何时候(Anytime)、任何地方(Anywhere)，以任何方式(Anyhow)为客户提供金融服务，这既有利于吸引和保留优质客户，又能主动扩大客户群，开辟新的利润来源。

3）有利于服务创新，向客户提供多种类、个性化的服务。通过银行营业网点销售保险、证券和基金等金融产品，往往受到很大限制，主要是由于一般的营业网点难以为客户提供详细的、低成本的信息咨询服务。利用互联网和银行支付系统，容易满足客户咨询、购买和交易多种金融产品的需求，客户除办理银行业务外，还可以很方便地进行网上买卖股票、债券等，网上银行能够为客户提供更加合适的个性化金融服务。

议一议

试分析网上银行的开通能让银行节约哪些成本?

典型案例

中国工商银行网上银行

中国工商银行于1984年1月1日成立，是我国最大的国有商业银行。至2012年末，工商银行总资产17.5万亿元人民币，稳居全球最盈利银行地位。工商银行积极推进国际化、综合化经营发展战略，业务跨越六大洲，境外网络扩展至39个国家和地区，383个境外机构境外网络已具规模。

1. 个人网上银行——金融@家

中国工商银行推出的金融@家个人网上银行业务提供集银行、投资、理财于一体的网上金融服务，金融@家个人网上银行业务包括12大类、60多项功能，能够满足不同层次客户的各种金融服务需求，并可为客户提供高度安全、高度个性化的服务。

金融@家提供的服务主要包括以下几类。

1）丰富多彩的账户服务、24小时大额转账汇款和简便的信用卡网上还款。

2）灵活方便的在线缴费，包括手机、市话、网费、学费等，缴费种类多种多样。

3）便捷高效的网上支付，最高金额限制保证最低资金风险。

4）专业化的外汇、证券和保险信息及交易服务，网上贷款及理财服务帮助客户随时随地掌握财富。

5）网上挂失、修改密码、账务及财经信息的通知提醒等服务可满足客户的个性化需求。

2. 企业网上银行

中国工商银行企业网上银行(图 4-1)分为企业网上银行普及版和企业网上银行(即专业版)两种。

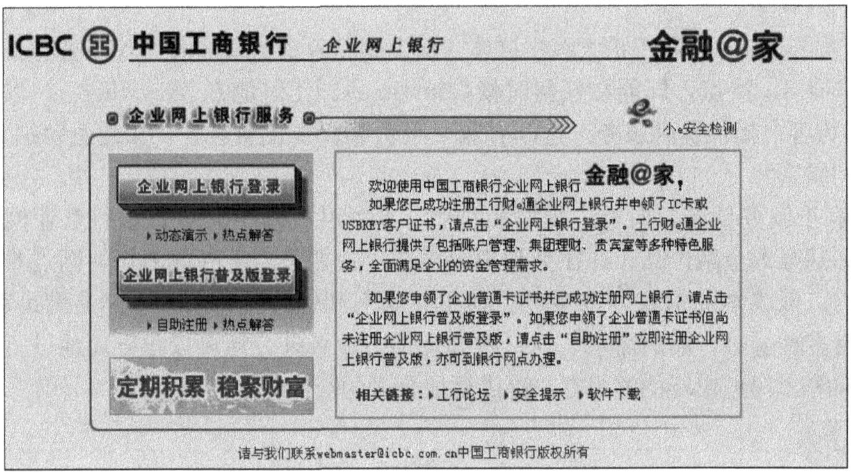

图 4-1　中国工商银行企业网上银行登录界面

(1) 企业网上银行普及版

企业网上银行普及版适用于需要实时掌握账户及财务信息、不涉及资金转入和转出的广大中小企业客户。客户在中国工商银行网点开通企业电话银行或办理企业普通卡证书后，就可在柜面或在线自助注册企业网上银行普及版。客户凭普通卡证书卡号和密码即可登录企业网上银行普及版，获得基本的网上银行服务。

企业网上银行普及版为客户提供了账户查询、修改密码、首页定制等功能，客户还可以使用网上挂失功能在线自助办理普通卡证书挂失。

读一读

电子银行口令卡

电子银行口令卡是指以矩阵形式印有若干字符串的卡片，每个字符串对应唯一的坐标，是中国工商银行为了满足广大电子银行用户的要求，综合考虑安全性与成本因素而推出的一款电子银行安全工具。

在使用中国工商银行电子银行相关功能时，按系统指定的若干坐标，将卡片上对应的字符串作为密码输入即可，系统会校验密码字符的正确性。

(2) 企业网上银行的服务功能

企业网上银行适用于需要提供更高级服务的企业。目前中国工商银行企业网上银行能为中小企业、集团企业、金融机构、社会团体和行政事业单位提供以下服务。

1）账户管理。账户管理是指客户通过网上银行进行账户信息查询、下载、维护等一系列账户服务。无论客户是集团企业还是中小企业，都可以随时查看总(母)公司及分(子)公司的各类账户的余额及明细，实时掌握和监控企业内部资金情况；客户还可以通过“电子回单”功能在线自助查询或打印往来账户的电子补充回单。账户管理为客户实现集约化、现代化管理提供了有力保障。

2）收款业务。收款业务是收费企业客户通过中国工商银行网上银行以批量方式主动收取签约个人或其他已授权企业用户各类应缴费用的一项精品业务。它的申办手续简便，收费方式灵活，可进行异地收款，为收费客户提供了一条及时、快捷、高效的收费通道，解决了一直困扰收费客户的收费难问题，缩短了资金周转周期，加快了资金的回笼。收款业务由批量扣企业和批量扣个人两部分组成，收费企业要对缴费企业(个人)进行扣款，必须先由银行、收费企业、缴费企业(个人)共同签订协议并建立扣款对应关系。建立对应关系的方法一般是由收费企业向银行提供，并由银行通过内部管理系统手工建立。对于个人客户，还可以通过登录中国工商银行个人网上银行由个人客户自助签订协议。

3）付款业务。付款业务包括网上汇款、证券登记公司资金清算、电子商务和外汇汇款四大精品及领先业务，是传统商务模式与现代电子商务模式相结合的产物，是中国工商银行为满足各类企业客户的付款需求而精心设计的全套付款解决方案。

4）集团理财。集团企业总(母)公司可直接从注册的所有分(子)公司账户主动将资金上收或下拨到集团企业任一注册账户中，而不必事先通知其分(子)公司。定向汇款功能可以使企业在不开通对外转账权限时实现对特定账户之间的转账功能。集团理财指令提交包括“逐笔指令提交”和“批量指令提交”两种方式。“批量指令提交”是为满足客户成批提交电子付款指令的需要而设计的，既可以实现批量主动对外或对分(子)公司账户付款，也可以批量主动从分(子)公司账户收款，从而可大大减轻企业财务人员的工作量，并实现银行工作日内资金实时汇划。

5）信用证业务。信用证是指银行有条件的付款承诺，即中国工商银行(开证银行)依照开证申请人的要求和指示，承诺在符合信用证条款情况下，凭规定的单据，向第三者(受益人)或其指定人进行付款，或承兑；或授权另一银行进行该项付款，或承兑；或授权另一银行议付。网上银行信用证业务为中国工商银行企业网上银行客户提供了快速办理信用证业务的渠道，实现了通过网络向银行提交进口信用证开证申请和修改申请、网上自助打印《不可撤销跟单信用证开证申请书》和《信用证修改申请》、网上查询进出口信用证的功能。网上信用证业务将大大节省客户往来银行的时间与费用，提高了工作效率，同时也为集团总部查询分支机构的信用证业务情况带来了便利，满足了客户财务管理的需求。

6）贷款业务。贷款业务向企业网上银行注册客户提供贷款查询的功能，包括主账户、利随本清和借据账查询等功能。通过该业务，客户足不出户就能准确、及时、全面地了解总的贷款情况，并提供贷款金额、贷款余额、起息日期、到期日期、利息等比较详细的贷款信息，为企业财务预决策提供数据，特别是方便了集团企业总(母)公司对注册的所有总(母)公司和分(子)公司的贷款账户的查询。

7）投资理财。投资理财是中国工商银行为满足企业追求资金效益最大化和进行科学的财务管理需求而设计和开发的。投资理财目前包括基金、国债、通知存款及协定存款4项业务。

8）贵宾室。贵宾室是专为中国工商银行贵宾客户提供的满足贵宾客户特殊财务需求的一系列功能组合，通过自动收款、预约服务、余额提醒、企业财务室等功能，给予贵宾企业优质、高效、省心的银行服务，从而减轻客户财务工作量，降低资金运营成本，提高资金的使用效益，优化业务操作流程，协助客户形成良好的资金运作模式。贵宾室服务对象包括在中国工商银行企业客户中有一定经营规模、经营效益良好、合作关系密切的所有在网上银行注册的企业客户。一般客户如没有申请贵宾室服务，不能使用此功能。

9）代理行。根据中国工商银行网点众多、资金汇划迅速、服务手段强大等优势，中国工商银行的企业网上银行代理行业务为客户提供了两种代理结算合作方式，即代签汇票与代理汇兑。

10）工银信使。工银信使(余额变动提醒)服务是中国工商银行为企业客户提供的一种有偿信息增值服务。企业定制工银信使服务后，其对公结算账户无论是通过联机交易、自助设备(ATM、POS、自助终端)，还是通过网上银行和电话银行所发生的余额变动，中国工商银行会通过短信方式进行实时通知。

读一读

安全证书

企业安全证书是中国工商银行为企业客户提供的办理网上银行业务的高级别安全工具，分为普通卡证书、银卡证书、金卡证书、USBKey数字证书和磁盘证书。普通卡证书以磁条为存储介质；银卡证书以IC芯片为存储介质；金卡证书同时具备IC芯片和磁条存储介质；USBKey数字证书以带USB接口的IC芯片为存储介质；磁盘证书以客户指定的计算机硬盘为存储介质。

USBKey数字证书是用于网上银行电子签名和数字认证的工具，内置微型智能卡处理器，采用1024位非对称密钥算法对网上数据进行加密、解密和数字签名，确保网上交易的保密性、真实性、完整性和不可否认性。

3. 特约网站申办流程

特约网站申请人必须是在当地工商部门注册登记，具有独立法人地位，在Internet上建有销售商品或提供服务的商城，并能够通过Internet与中国工商银行总行网上支付服务器建立安全稳定的网络连接，在当地中国工商银行开有结算账户，且信誉良好的单位。

1）仔细阅读《B2B在线支付方案》《在线支付合作协议书》，认真填写《特约网站注册申请表》(可下载打印填写)。

2）到当地中国工商银行提交如下申请资料。

① 营业执照副本及复印件。

② 经办人员的有效身份证件。

③ 填妥的《特约网站注册申请表》(可下载打印填写)。

④ 最近年度的资产负债表和损益表的复印件。

⑤《域名注册证》复印件或其他对所提供域名享有权利的证明。

⑥ 企业 LOGO 的电子文件。

3）经中国工商银行审查合格后，双方应以《在线支付合作协议书》为依据，协商并签订《在线支付合作协议书》。双方协商一致可对协议书内容进行增加或另签补充协议，但增加的条款及补充协议不得与《在线支付合作协议书》的条款相矛盾。

4）双方签约后客户将获得中国工商银行的软件光盘，内容包括《商户手册》、验证程序、数据接口规范等。

5）双方交换网站的 LOGO，同时在各自网页中加入对方网站的链接，特约网站还应在销售网页中加入中国工商银行在线支付系统的链接。

6）中国工商银行将负责协调完成特约网站与中国工商银行网站的技术链接工作。

B2B 特约网站需按企业客户在线交易金额的一定百分比或每笔固定金额的标准向中国工商银行支付手续费。

4. 中国工商银行的银企互联业务

通常所说的企业网上银行是指客户通过通用浏览器(如微软的 IE 浏览器)方式获得银行服务。而银企互联则是指将中国工商银行企业网上银行系统和企业的财务软件系统或 ERP 系统(以下统称财务系统)相连，企业直接通过财务系统的界面就可享受银行账户信息查询、下载、转账支付三大类服务，并可由客户根据需要自行在其财务系统中定制更多个性化功能。

思考题

中国工商银行 B2B 在线支付有何特点？中国工商银行网上银行快速发展的原因是什么？

案例分析

中国工商银行的 B2B 在线支付

1. 中国工商银行 B2B 在线支付特点

(1) 开办手续简便

中国工商银行 B2B 在线支付功能是作为中国工商银行网上银行系统的一项子功能向客户提供的。只要企业是中国工商银行网上银行的客户，并具有向表中以外账号付款的权限(所谓向表中以外账号付款权限是指客户在申请网上银行服务时，在客户证书中设定的一种向非限定收款方支付款项的权限)，均可使用中国工商银行在线支付功能，无须另行办理其他申请手续。

(2) 支持多种商务模式

中国工商银行 B2B 在线支付业务不仅适用于撮合型网站——为买卖双方企业提供交易平台的网上商城的资金结算，也适用于网上采购及分销型网站——由卖方(供货方)自己搭建的网上商城的资金结算。

（3）安全措施先进齐全

中国工商银行坚持把客户的安全与利益放在首位的一贯原则。首先，中国工商银行依据长期与企业合作的经验，根据企业资信状况，从业务角度控制参与B2B在线支付的企业范围。其次，中国工商银行网上银行系统采用以国际上安全性最强的1024位非对称密钥算法为基础的公钥安全体系；客户证书采用支持非对称密钥算法、带协处理器的CPU智能IC卡为存储介质；网络数据传输方面采用国际通行的SSL协议进行链路层的加密传输；整个系统在网络框架上设置多重防火墙和安全代理服务器，并采用著名的ISS黑客扫描程序；客户的每一笔交易都将按照机密性和完整性的要求进行记录，作为交易的审计备案。以上措施从源头上阻止了非法客户的进入，杜绝了欺诈行为的发生，为B2B电子商务的开展营造了一个更加安全、规范、便捷的交易环境。

（4）提供信息增值服务

企业使用中国工商银行网上支付系统开展电子商务活动时，中国工商银行网上银行系统将分两次向特约网站和收款企业实时反馈每笔电子支付指令的有关信息，以便于供货方掌握并控制交易进度。第一次，当银行收到客户提交的电子支付指令时，将向特约网站和收款方自动反馈信息"银行已经接收付款信息"；第二次，当银行处理完毕支付指令后，将及时反馈处理结果，包括"指令处理完成，转账成功"或"指令处理失败，转账未完成(原因系统会在备注进行说明)"、"指令超期，作废"、"指令超过支付人的限额，正在等待主管会计批复"、"指令超过支付人的限额，被主管会计否决"等。付款企业作为中国工商银行网上银行客户，可随时登录中国工商银行网站追踪查询指令处理状态，了解支付信息。

（5）丰富的网点资源和客户资源

中国工商银行业务跨越六大洲，境外网络扩展至39个国家和地区，通过17125个境内机构、383个境外机构和1771个代理行及网上银行、电话银行和自助银行等分销渠道，向438万公司客户和3.93亿个人客户提供广泛的金融产品和服务，基本形成了以商业银行为主体，综合化、国际化的经营格局，在商业银行业务领域保持着国内市场领先地位。中国工商银行点多面广、客户群体庞大的优势，为开展B2B业务奠定了坚实的基础。

2. 银企互联的特点

与基于通用浏览器方式的企业网上银行相比，银企互联具有下列特点。

（1）实现个性化服务

基于通用浏览器的网上银行是一个标准化的产品，不易提供个性化的服务。银企互联可以根据不同客户的不同需要，通过改造客户端的财务系统来实现客户个性化的功能需要。

（2）更方便、更快捷

客户使用基于通用浏览器的网上银行，必须将财务数据分别录入财务系统和企业网上银行系统，这样做不仅手续繁琐，而且容易造成数据不一致。银企互联将财务系统和网上银行系统进行无缝链接，可以减少企业的重复劳动，使客户使用起来更方便、更快捷。

（3）改造客户端财务系统

客户使用基于通用浏览器的网上银行，除了读卡器等必要设备外不需要有其他投入。

银企互联则需要在企业财务系统软件开发商的协助下，对客户端的财务系统进行较简单的开发改造。

3. 付款业务中的企业财务室与贵宾室中的企业财务室的关系

付款业务中的企业财务室与贵宾室中的企业财务室的共同点是其收款账号都可以为牡丹灵通卡、理财金卡、信用卡、贷记卡、灵通卡 e 时代。两者的主要区别有以下几个方面。

① 付款业务中的企业财务室不能做跨行业务。

② 付款业务中的企业财务室不能进行逐笔指令提交，且批量指令的付款用途必须一致。

③ 网上银行系统每天定时对付款业务中的企业财务室进行批量处理，所以客户的付款指令可能无法实时到账，而贵宾室中的企业财务室可以实时到账。

④ 贵宾室中的企业财务室进行批量指令提交时，可以选择汇总记账或逐笔记账两种方式。

⑤ 付款业务中的企业财务室批量指令编辑最多提交 1000 笔。

4. 中国工商银行网上银行快速发展的原因

中国工商银行网上银行之所以能够始终保持快速健康发展的态势，首先得益于其强大的创新能力。近年来，中国工商银行以客户需求为导向，陆续在国内同行业中率先推出了贵宾版个人网上银行、小额购汇、托管账户等特色产品，以及具备缴费、分期付款、基金买卖、黄金买卖等投资理财功能的手机银行(WAP)3G 版，有效地满足了客户多样化、个性化的需求。

其次，中国工商银行注重培育客户、回馈客户，先后携手腾讯、盛大、联众、国航、南航等电子商务伙伴，推出了一系列各具特色的营销活动，通过丰富的优惠措施和多彩的娱乐体验活动，为客户提供全方位、多层次的金融服务和实际便利，获得了客户的好评。

同时，为了能让客户更安心地使用网上银行，中国工商银行持续强化风险控制，在普通 U 盾的基础上又推出了具有液晶显示屏和物理确认按钮的二代 U 盾，以及手机短信认证、防钓鱼网站安全控件、小 e 安全检测等丰富实用的安全措施，从银行端全面确保了网上银行的安全性。

知识链接

中国工商银行电子银行

通过以下链接，可以快速了解中国工商银行的各种电子银行产品。

参考网址：

1）企业网上银行：http://www.icbc.com.cn/icbc/qywsyx9。

2）个人网上银行：http://www.icbc.com.cn/icbc/grwsyx8。

3）手机银行：http://www.icbc.com.cn/icbc/grsjyx1。

知识拓展

网上银行业务介绍

一般来说，网上银行的业务品种主要包括基本业务、网上投资、网上购物、个人理财助理、企业银行及其他金融服务。

1. 基本网上银行业务

商业银行提供的基本网上银行服务包括在线查询账户余额、交易记录、下载数据、转账和网上支付等。

2. 网上投资

由于金融服务市场发达，可以投资的金融产品种类众多，国外的网上银行一般提供包括股票、期权、共同基金投资和 CDs(可转让大额定期存单)买卖等的多种金融产品服务。

3. 网上购物

商业银行的网上银行设立的网上购物协助服务，大大方便了客户在网上购物，为客户在相同的服务品种上提供了优质的金融服务或相关的信息服务，加强了商业银行在传统竞争领域的竞争优势。

4. 个人理财助理

个人理财助理是国外网上银行重点发展的一个服务品种。各大银行将传统银行业务中的理财助理转移到网上进行，通过网络为客户提供理财的各种解决方案，提供咨询建议，或者提供金融服务技术的援助，从而极大地扩大了商业银行的服务范围，并降低了相关的服务成本。

5. 企业银行

企业银行服务是网上银行服务中最重要的部分之一。其服务品种比个人客户的服务品种更多，也更为复杂，对相关技术的要求也更高，所以能够为企业提供网上银行服务是商业银行实力的象征之一，一般中小网上银行或纯网上银行只能部分提供，甚至完全不提供这方面的服务。

企业银行服务一般提供账户余额查询、交易记录查询、总账户与分账户管理、转账、在线支付各种费用、透支保护、储蓄账户与支票账户资金自动划拨、商业信用卡等服务。此外，还包括投资服务等。部分网上银行还为企业提供网上贷款业务。

6. 其他金融服务

除了银行服务外，大商业银行的网上银行均通过自身或与其他金融服务网站联合的方式，为客户提供多种金融服务产品，如保险、抵押和按揭等，以扩大网上银行的服务范围。

议一议

目前，个人在网上银行能进行哪些投资活动?

案例拓展

招商银行网上银行

招商银行由香港招商局集团有限公司创办，成立于1987年4月8日，是中国第一家完全由企业法人持股的股份制商业银行，总行设在深圳。自成立以来，招商银行先后进行了四次增资扩股，并于2002年3月成功地发行了15亿普通股，同年4月9日在上海证券交易所挂牌上市(股票代码：600036)，是国内第一家采用国际会计标准的上市公司。

由于在中国的商业银行中率先调整业务结构，招商银行逐渐形成了低资本消耗、低风险、高效益的业务发展模式。2009年上半年，招商银行实现净利润82.62亿元。作为中国最早市场化的银行，招商银行高度重视风险防范，在全球金融危机蔓延的形势下，资产质量依然保持在良好水平。截至2009年6月末，其不良贷款率为0.86%，准备金覆盖率达241.39%。

在中国的商业银行中，招商银行率先打造了“一卡通”多功能借记卡、“一网通”网上银行、双币信用卡、点金公司金融、“金葵花”贵宾客户服务体系等产品和服务品牌，并取得了巨大成功。截至2009年6月末，“一卡通”累计发卡5172万张，卡均存款为8670元人民币。信用卡累计发卡2885万张，居于中国信用卡市场的领导地位，并入选哈佛大学MBA教学案例。“一网通”网上银行的技术性能和柜面替代率一直在同行业中保持领先。“金葵花”服务体系在高收入人群中受到广泛欢迎，拥有贵宾客户46.34万户。

招商银行“一网通”(图4-2)是招商银行互联网相关产品的总品牌，包括了网上银行全部系统，具体内容如下。

图4-2　招商银行“一网通”首页

1）网上个人银行。包括专业版、大众版、网上支付等产品，可开通互联网、手机、PDA等渠道。

2）网上企业银行。包括银关通、票据通、集团通、e证通、集团资金管理等产品。

3）系列网站。包括门户网站、信用卡、证券网站、外汇网站、网上商城、网上房城、社区等。

“一网通”因领先而被市场追捧，因创新与服务品质而被市场认可，创建了国内网上银行诸多标准。

① 招商银行“一网通”网上个人银行产品划分标准——大众版、专业版。

② 网上支付模式标准——直接发送指令到银行再转商户。

③ 数字证书标准——率先自主开发数字证书系统，同时支持文件证书和移动证书。

④ 防木马监听键盘输入标准——采用控件方式，是国内各银行及主流电子商务网站的必备手段。

读一读

商业银行

商业银行(Commercial Bank)是百姓、企业、政府、机构等最常用的银行。商业银行的主要业务范围包括吸收公众、企业及机构的存款，发放贷款，票据贴现及中间业务等。

我国的商业银行是指依照《中华人民共和国商业银行法》和《中华人民共和国公司法》设立的吸收公众存款、发放贷款、办理结算等业务的企业法人。

拓展思考

分析招商银行“一网通”的功能、特点、优势和发展前景。

第二节　教育行业案例

知识要点

1. 远程教育概述

远程教育(Distance Education)，或称隔空教育、遥程教育或远距离教育，指有计划的学习，因为学生与教师分隔两地，所以必须采用特殊的课程设计及教学技巧、特殊的电子或其他传播方式、特殊的组织与行政作业配合，方能达成。

自终身教育理论形成以来，人们多从适应职业、获得生存和发展的角度理解它的意义，这是非常重要的视角。终身教育要使人们“学会生存”，不仅应通过职业教育使人们高效率地从事劳动，提高社会生产率，促进社会经济的发展，同时应通过远程教育课程的设置调动全社会的资源，形成一个学习型的社会，构建一个终身教育的平台。

经过十几年的发展，中国网络教育市场已经进入了成长期阶段，2012年的市场规模达到了752亿元，较2011年的637亿元增长18.05%，取得了近几年来最快的年增长。与此同时，中国网络教育市场的用户规模也呈同比增长态势，2012年的用户规模达到了3570万，较2011年的2890万增长了23.53%，也取得了近几年来最快的年增长速度。市场规模和用户规模的同时高速增长反映了中国的网络教育市场已经进入到了成长期阶段。根据艾瑞咨询的调研数据显示，2007年只有26.6%的用户参加了网络教育，但参加教育的用户年龄层次出现了变化，从18岁以下到40岁以上都参加了网络教育。

21世纪的热点是远程教育，这已成为人们的共识。远程教育的发展正在引发教育的又一轮变革，民主的教育模式和信息技术手段已经被网校很好地利用，由此带来的教学内容改革和教法改革成为诸多网校吸引生源的法宝。

现代远程教育实现了终身教育主体化，让个体充分、自由地发展。现代远程教育是一种灵活开放的、自主性学习的个别化学习方式。在以计算机多媒体、计算机网络为基础的现代远程教育学习环境中，学习者是学习的中心，可以通过网络数据库寻找自己需要的课程和感兴趣的信息，并自由下载组合，然后在最适合自己的时空中自由学习。

由于教学技术的多样，特别是网络技术的发展，远程教育打破了传统教学方法中单调的个人方法与集体方法的两分法，呈现出灵活多样的特点，因而更加适合人们终身学习的需要，如人机对话方式、人人对话方式、人众对话方式及集体协作方式。

现代远程教育适应了人们终身学习的需要，任何人只要有学习需求，就可以在任何时间、任何地点获得学习材料，选择适合个人学习习惯的方式，进行最有效的学习，从而使人的个性和潜能得到充分的发展。同时，现代远程教育通过反馈的信息，还能使学习者学会自我评价和自我调节，不断修订学习的目标、内容、方法和进度，帮助学习者培养学习能力、学习方法和学习技巧，这不仅满足了学习者学习个别化和个性化的欲望，也使学习者的主体地位真正得到确立，使学习过程达到整体的最优化。

现代远程开放教育观念深入人心，逐步树立了“以人为本、以学生为本、以教学为本、以服务为本、以质量为本”的教育理念。

读一读

自主化学习

远程教育便捷、灵活的“五个任何”(任何人、任何时间、任何地点、从任何章节开始、学习任何课程)在学习模式上最直接体现了主动学习的特点，充分满足了现代教育和终身教育的需求。

2. 远程教育系统的主要功能模块

远程教育系统主要包括报表子系统、认证子系统、内容管理子系统、教学管理子系统、教务管理子系统、系统维护管理模块、学员自助服务子系统七大功能模块，它们共同组成了远程教育系统。这些系统模块既是具有单独功能的模块，又是密不可分的一个整体。

3. 远程教育系统涉及业务部门及其用户

可以将培训业务划分成系统管理、培训管理、评测管理、资源管理和记录管理几个组成部分。

（1）系统管理

在系统管理中，主要由系统管理员完成远程教育系统的维护工作。系统管理员根据网络教学相关业务部门建立各级站点，并根据人员的岗位需求设置用户组，将不同功能的使用权限分配给不同的业务人员，由这些人员进行日常维护工作。主要包括站点管理和用户管理工作。

1）站点管理。站点管理是指项目实施人员和系统管理员创建站点及对站点的日常维护工作。

2）用户管理。根据培训工作的具体业务需求，系统将用户分成不同的类型，具体包括以下几种。

① 系统管理员：主要负责远程教育系统日常维护，包括创建服务单位站点、创建服务单位培训主管、管理用户和用户组及维护论坛和聊天室等。

② 资源管理员：主要是负责实现远程教育系统的资源管理，资源包括培训教材、相关资料、课件和试题库等。

③ 培训主管：包含培训主管和服务单位培训主管。

④ 培训教师：指培训部的培训教师，主要负责日常的培训教学活动，包括讲课、答疑等。

⑤ 学员：参加网络教学，进行考试认证。

⑥ 查询用户：单位领导对远程教育系统中各种信息进行查询统计。

（2）培训管理

相对于传统培训，网络培训主要是实现对服务单位学员和产品用户的远程教学。培训管理是为学员安排培训活动的过程，是培训部和各服务单位培训部对培训相关活动的管理，目前主要是指组织的培训活动的管理。培训管理主要包括学员学习管理和课程管理。

（3）评测管理

评测管理是指通过测试对学员的学习活动进行反馈和评价。评测管理包括学员的自测管理和考试活动管理。

1）自测管理。自测管理是指学员在网络教学学习过程中进行自测，以便及时了解自身学习情况和检验学习效果，达到提高学习效率的目的。

2）考试活动管理。考试活动管理是对学员参加远程教育系统考试活动的管理，包括考试准备、监考和查询统计。

考试可以分为线上考试和线下考试，对于线上考试，系统会自动记录参与考试学员的考试信息；对于线下考试，则由培训教师或服务单位培训主管手工记录参与考试学员的考试信息。

（4）资源管理

在资源管理中，资源管理员根据现有的资源进行记录和维护管理，以满足教学活动的需要，包括课件列表、试题库管理及教材库存管理。

(5) 记录管理

记录是涉及网络教学活动过程及网络教学结果的记录，而记录管理是对记录数据的录入、查询、统计及分析。在记录管理中，远程教育系统中的各类用户通过报表的统计查询，及时了解教学活动相关情况。

记录的来源主要有线上记录和线下记录两种方式。

1) 线上记录。线上记录包括线上培训记录、线上考试记录及满意度在线调查等。线上培训记录是对学员参加线上培训活动过程中所产生的数据的记录。例如，在查看学员基本信息页面时，通过链接可以查看该学员选择的课程、考试的成绩等。这些记录都是由远程教育系统自动记录的。

2) 线下记录。线下记录同样包括学员的培训记录和考试记录。线下培训记录是对学员参加线下培训时所产生的数据的记录，如线下培训时间、培训教师、培训内容和线下考试成绩单等记录。这些记录是由人员手工录入的。

典型案例

奥鹏教育运作模式

2001 年 12 月 30 日，经教育部批准，“中央广播电视大学现代远程教育校外教学支持服务体系建设试点项目”立项，采用市场机制探索我国远程教育公共服务体系的运行模式、运行机制和管理办法。

2002 年 12 月，教育部批准“中央电大远程教育公共服务体系建设试点”项目正式启动，并由中央广播电视大学和电大在线远程教育技术有限公司共同组建奥鹏远程教育中心。2005 年 4 月，教育部正式同意建设现代远程教育公共服务体系，公共服务体系正式进入全面运行阶段。

公共服务体系由奥鹏远程教育中心、奥鹏学习中心和奥鹏管理中心组成。奥鹏远程教育中心负责整个体系的建设、运营和管理，通过整个服务体系为办学机构开展远程教育，提供全国范围内的招生组织、教学教务服务、学生事务服务、考试组织服务等校外支持服务，以及资源传输、平台建设等服务。根据公共服务体系的发展和管理需要，设置奥鹏管理中心，协助奥鹏远程教育中心对所辖区域的奥鹏学习中心进行管理、检查和监督。奥鹏学习中心主要设置在各级电大，分布在全国各地，按照统一的标准为参加远程教育的学生提供学习支持服务。

奥鹏教育(图 4-3)是目前国内最大的网络教育超市，已经与北京大学、中国人民大学、浙江大学等国内 40 所著名高校开展了远程学历教育合作，与 300 多所高校合作了职业资格认证培训项目，且有部分高校将职业资格认证培训项目纳入了相关专业的教学计划。

学生可以通过奥鹏教育设在全国的 1600 多家奥鹏学习中心，报读公共服务体系内合作高校的学历教育，选择包括师范、医疗、建筑工程、财经、管理等九大门类的 300 多个专业。目前已有 100 多万学员正通过奥鹏教育实现自己的大学梦想。

奥鹏教育经过多年的发展取得了长足进步，得到了远程教育行业内及国家有关部门的广泛认可，并先后于2006年6月承担了教育部高等教育司“数字化学习港与终身学习社会的建设与示范”(简称“数字化学习港”)教改项目，同年11月承担了科技部国家科技支撑计划项目“现代服务业共性技术支撑体系与应用示范工程”中的课题“数字教育公共服务示范工程”。

图 4-3 奥鹏教育网站首页

思考题

分析奥鹏教育的远程教育特点和优势，同时分析其运作模式。

案例分析

奥鹏教育的远程教育

学习可以不分时间、地点，只要有电脑和网络，就能和北大、清华等名校的教授进行交流互动，并能获得这些学校的文凭。这听起来似乎有些不可思议，但国内著名的远程教育机构——奥鹏教育将这一切变成了现实。2009年4月，奥鹏远程教育南京、杭州、台州学习中心接连完成全面升级改造工作，正式成为了奥鹏远程教育示范学习中心。这种升级改造为华东地区带来了先进的学习理念和教育模式。

知识经济的发展和建设学习型社会口号的提出，使许多人对于学习的理解和态度发生了变化。越来越多的人不满足于仅仅接受学历和文凭教育，而远程教育、继续教育恰恰能够满足人们对于自身发展和成功的渴望。正是基于此，奥鹏联合我国一些著名高校网院推出了“学历＋能力＋经验＝成才”的“海阔天高成才计划”(以下简称“海天计划”)。

1. 学习支持服务模式的新探索

奥鹏远程教育中心联手中央广播电视大学、浙江大学远程教育学院、北京航空航天大学现代远程教育学院、东北财经大学网络教育学院、山东大学网络教育学院、大连理工大学网络教育学院共同推出了远程教育“海天计划”。

“海天计划”的核心是针对学生成才和就业提出六大阶梯服务，包括“名校学历＋托业英语＋专业技能＋名企实习＋职业设计＋就业推荐”。该计划意在突破学历教育的单一人才培养模式，为在职人士提供更多报读名校热门专业、聆听名师授课、获取名校学历学位的机会。同时，还通过为学习者提供量身定做的专业技能培训方案和职业生涯设计、就业机会推荐等全方位一站式服务，将职场培训与实践体验提前到学习阶段，从而提速学生的能力培养，帮助学习者快速成为具有职场竞争力的专业人才，降低其时间成本。

原教育部高等教育司远程与继续教育处刘英处长认为“海天计划”值得肯定，是对现代远程教育学习支持服务模式的一种全新探索。

2. 远程教育的全面质量观

2002 年教育部批准了中央电大和电大在线远程教育技术有限公司(以下简称电大在线)共同组建奥鹏远程教育中心，这是目前教育部批准的我国首家也是唯一一家社会化远程教育公共服务体系试点项目。虽然奥鹏远程教育中心成立时间不长，但在公共服务体系的建设模式、运行机制、服务规范和标准、学习支持服务的理念和解决方案，以及与高校、企业的合作等方面都进行了非常有益的探索，也逐步被试点高校认同。奥鹏远程教育中心已有多所加盟学习中心，覆盖了中国大部分地区和城市，成为远程教育领域一道独特的风景。

原奥鹏远程教育中心副主任、电大在线执行副总汪启富说：“‘海天计划’的推出，是奥鹏服务走向专业化和精细化的起步。在‘海天计划’的背后，是我们对远程教育质量的深切关注和奥鹏服务理念的再度升华。”

谈到社会普遍关注的远程教育质量问题，汪启富说：“我们有两个误区。第一，我们往往喜欢拿已经比较成熟的精英教育的质量标准来衡量远程教育，而没有建立起远程教育应有的质量标准，因而使很多人在远程教育质量问题上无所适从，摇摆不定；第二，我们非常重视一流的师资和一流的教学资源对保障远程教育质量的关键作用，却忽略了对学生学习过程的管理和支持服务，实质上也是远程教育质量保证体系中非常重要的组成部分。”

汪启富认为，远程教育与精英教育在培养对象和培养目标上完全不同，因而它们不可能是同一个质量标准。远程教育的课程设置、教学模式和评价体系也应该具有其自身的特点。远程教育的课程和内容应该通过市场调研和需求分析来确定，以更加贴近社会和行业发展的需要；教学模式应充分考虑成人学习者的特点，以案例教学、小组协作学习和个别化学习为主，着重培养和提升学习者解决问题的能力；评估标准上应以考核学习者在知识、能力和素质等方面的提升幅度为主，不宜采用精英教育的绝对质量标准。在这方面，美国凤凰大学有非常成功的经验。

从本质上说，远程教育不应以单纯的学历教育为其主要任务，而是应该承担起教育普及、教育民主和教育机会均等的责任。在现阶段，由于我国高等教育的普及率还很低，远程教育与全日制教育还一起承担着高等教育普及化的重任。即使是这样，远程高等学历教育也不能完全照搬精英教育的质量标准，而是应该逐渐确立符合远程教育本质规律的、培养应用型人才的新的质量标准。这种新的质量标准应该是以人才就业市场为导向的。在职场人才标准由“文凭本位”向“能力本位”转变的过程中，学历只是敲门砖，能力才是试金石，经验乃为稳固剂。正是基于此，奥鹏提出了“学历＋能力＋经验＝成才”的远程教育质量观。奥鹏认为，衡量远程教育质量的好坏，不能单看学习者是否最终获得学历文凭，更重要的是看学习者是否提升了职场竞争中所需要的专业能力和实际经验。这就需要奥鹏在高校网络学院提供的学历教育之外为学习者提供更多符合职场竞争需要的增值服务，加速其成才进程。

人们一般认为，教育的质量是由实施教育的主体——学校来保证的。教育部批准的远程教育试点高校，绝大多数是名牌重点高校，它们有一流的师资和教学资源，却不一定能够保证远程教育的质量。汪启富认为，远程教育与学校课堂教育的根本区别在于教的过程和学的过程在时空上分离了，学生的学习过程是在校外分散进行的，教师和学校对学生学习情况的掌握就鞭长莫及了。在这种情况下，公共服务体系协助学校对学生学习过程进行的辅助管理，以及为学生提供的学习支持服务就显得非常重要，它们在很大程度上影响和决定着学生的学习质量。因此说，对学生学习过程的管理和支持服务实质上也是远程教育质量保证体系中不可分割的重要组成部分。

3. 专业化服务助力远程教育质量全面提升

奥鹏作为专业的远程教育公共服务机构，把学生和试点高校作为顾客，把为他们提供满意的服务作为自己永不停息的追求。一方面，奥鹏为广大求学者提供试点高校网络教育学院委托的学历教育服务，包括助学、导学、学业顾问、实验实习、就业推介等全方位支持服务，同时也提供各类证书培训、专业技能培训等非学历的教育服务；另一方面，奥鹏接受试点高校委托，为其在校外开展远程教育提供招生、教学实施、教学管理、考试组织等方面的辅助服务。

汪启富说，奥鹏的本质就是服务。服务必须提升质量和效益才有价值。奥鹏的目标是，以规范、统一、高效的标准化服务，帮助试点高校网络教育学院全面提升其教学实施和管理的质量和效益；以人为本，通过“海天计划”为学习者提供包括六个阶梯的全面成才解决方案。

“海天计划”主要针对学生成才和就业，把试点高校委托的学历教育服务放在第一位。这是因为，在目前我国高等教育还不普及的情况下，远程教育在一段时期内还要以提供学历教育为主，学历文凭也是学生进入职场竞争的基石。第二阶梯托业英语和第三阶梯专业技能培训是非学历教育的服务内容。奥鹏在为学生提供更多学历教育选择机会的同时，通过非学历教育服务，一方面为学生打造职场竞争力，少走弯路，快速成才，增加就业机会；另一方面，促进学历教育和非学历教育的有机结合，促进学校和企业的沟通与合作，让优秀资源共享，发挥更大效益。对于第四阶梯名企实习和第六阶梯就业推荐，奥鹏将通过运作“奥鹏-知名企业远程教育就业促进联盟”，建立人才需求信息库，为学生提供企业实习机会和就业指导、工作机会推荐等服务。需要特别指出的是第五阶梯职业设计，这是奥鹏针对职场竞争和快速变化带来的职业变迁，为学生提供的顾问式服务，帮助学生进行职业生涯规划，找准事业发展方向，降低时间成本，加快成才进程。

“海天计划”的六个阶段听起来非常简单，但它的意义是重大的。对远程教育发展来讲，它是对学习支持服务模式的一种创新和有益的探索；对远程教育高校来讲，它提供了强化特色和服务，是提升其远程教育竞争力的有效途径；对学生个人来讲，通过接受阶梯化服务，可以提升自己的职业竞争能力，减少时间成本，更快达到预定的目标。

汪启富说，奥鹏的使命是“网聚名师名校，成就理想人生”。“海天计划”的正式启动，标示着奥鹏将以更加精细化的专业服务助力中国远程教育质量的全面提升。

据记者了解，“海天计划”现已在奥鹏签约的浙江大学、北京航空航天大学、山东大学、东北财经大学、大连理工大学、西安交通大学、北方交通大学等高校网院合作项目中开始实施，同期推出的“海天计划”实施载体——“奥鹏招生快车华夏行”活动也在全国展开。

读一读

远程教育对学生的能力要求

基于网络的远程教学要求学生具有较高的现代信息素养，包括以下几个方面。

1）运用信息工具的能力。例如，能利用浏览器搜集与下载自己感兴趣的信息和公用软件，能设立网页上传个人资料，能在网上收发电子邮件等。

2）获取信息的能力。能熟练使用阅读、访问、讨论、参观、实验、资料检索、电子视听感知等获取信息的方法，变被动学习为主动学习。

3）加工处理信息的能力。包括鉴别、筛选、分析、综合、抽象、概括、记忆、表达信息的能力。

4）信息免疫能力。有正确的人生观、价值观，能够自觉清除信息垃圾，避开有害信息，抵制不良信息的侵蚀和干扰。

知识拓展

实践证明，网络教学平台的建设突破了传统的教学授课时、教室的限制，延伸了学生学习的时间和空间，学生通过网络教学平台就能熟练掌握专业的基本理论知识和基本分析方法。

1. 网络教学产业链的主要组成部分

信息技术和网络教育呈现多元化的发展态势，为了提高网络教育质量和效率，网络教育正在形成各种专业化的分工，构成了网络教育的产业链。这个产业链包括教学与资源提供方、硬件设施及技术开发方、网络信息系统供应方，以及依托于公共服务的运营方。远程教育公共服务的运营方就是所说的远程教育公共服务体系。

2. 网络教学的环境

网络教学平台以多媒体技术为中心，集语音、图像、视听等技术为一体，主要包括教学大纲、教学课件、视频教学、在线答疑、智能组卷和模拟测试，以及网站链接等功能模块。网站精练简明，重点突出，操作规范，具有很强的实践性、通用性和可扩充性，显示了网络教学平台的优势，具有如下特点。

1）网络课件采用视频和 Flash 动画演示实验过程，使基础教学课程的内容得以直观、形象、生动地展现出来。

2）采用 Web 形式的网上交互，学生能方便地进行教学信息的浏览，选择不同的教学内容进行学习，如网上填写实验报告与模拟测试、与教师进行讨论和答疑、享用其他相关网络资源等，为学生提供了一个远程交互式的自主学习场景。

3）收集了大量相关学科的基础知识，适合学生课前预习和课后复习。

3. 决定网络教育质量的要素

决定网络教育质量的要素主要有七个，即网络学习的支撑环境，课程开发，教学过程的跟踪、服务和管理，课程整体结构，对学习者的支持，对教师的支持，学习评价和检查。在这七个要素中，除课程开发、课程整体结构主要由办学单位、资源提供方来提供外，其他的五个要素都涉及教学过程的服务问题，都与公共服务体系直接相关。因此，奥鹏中心的工作重点就放在以下方面：一是建立网络教学的系统环境，创造主要以信息技术为支撑的硬件和软件教与学的环境；二是注重教学过程的管理与服务，搞好教学过程对学生和教师的支持服务；三是实行服务系统检查与评估制度，配合高校对学生学习和服务系统的检查与评价。

案例拓展

黑龙江电大在线

黑龙江广播电视大学成立于 1979 年，学校目前致力于发展远程教育，促进学校快速发展。黑龙江广播电视大学是 1999 年第一批参加开放性教育试点的高校。黑龙江广播电视大学按照中央电大“扩大开放，保证质量，强化特色，打造品牌”的基本要求，把开放性教育试点作为重中之重的工作强力推进，试点项目取得显著成效，极大地推动了电大的改革建设和发展，学校各方面条件都发生了新的跨越式变化，黑龙江电大在线首页如图 4-4 所示。

截至 2005 年，黑龙江电大系统的办学条件得到大幅度改善，已经建成了覆盖全省的现代远程教育网络，所有试点单位都具有与办学规模相适应的计算机互联网、卫星电视接收系统、网络教室、语音室、视听阅览室，建成了闭路电视系统和多媒体教室，建立了电子图书馆。参加试点的教职员工每人配备了高配置的网络计算机，双向视频会议系统和双向视频远程教学系统连接 65 家试点单位，可以同时实现六门课程的双向教学活动。

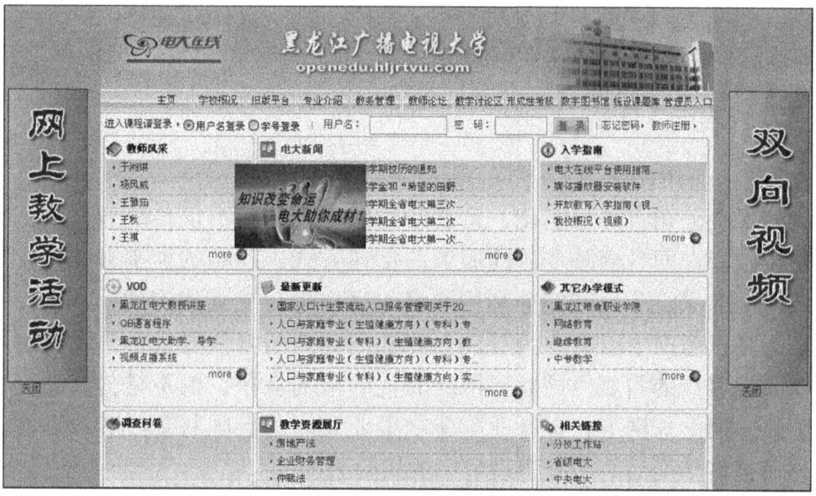

图 4-4　黑龙江电大在线首页

拓展思考

分析黑龙江广播电视大学远程教育系统的流程、特点，提出你认为该远程教育系统存在的矛盾与问题。

第三节　网上保险业案例

知识要点

随着信息技术的发展，网络正悄然而迅速地走进人们的日常生活。它使各行各业都发生了深刻的变化，即使在被喻为金融业“最后的沉睡巨人”的保险业领域，也正在逐步摆脱其繁杂的“清规戒律”的束缚而开始一场新的革命。近年来在互联网上提供保险咨询和销售保单的网站在欧美大量涌现，网上保险业务激增。用户在网上购买保险或保险公司在网上开展业务将成为保险市场新的发展趋势。

读一读

保　　险

保险(Insurance)是指投保人根据合同约定，向保险人支付保险费，保险人对于合同约定的可能发生的事故因其发生所造成的财产损失承担赔偿保险金责任，或者当被保险人死亡、伤残、患病或达到合同约定的年龄、期限时承担给付保险金责任的商业保险行为。

网上保险是指保险企业或新型的网上保险中介机构以现代信息技术为基础，以互联网为主要渠道来支持保险经营管理活动的经济行为。通俗地讲，网上保险就是通过互联网进行保险咨询、险种费率查询、承保、理赔等一系列业务活动。其核心内容是保险企业建立网络化的经营管理体系，并通过互联网与客户交流信息，利用网络进行保险产品的宣传、营销和提供服务，最终目标是实现保险电子交易。

1. 网上保险商业运作趋势

(1) 营销模式——网络化

网络时代的保险公司将是智能化、重创新的保险公司，不仅传统意义上的保险公司与保户的关系发生改变，而且会改变保险服务的传递方式、产品的推销方式和交易处理等一系列营销方式。网上保险公司能充分利用网络与客户进行交互式沟通，从而使传统上的以产品为导向转为真正意义上以客户为导向，能根据客户的具体要求推出具有鲜明个性的产品，最大限度满足客户的需要。同时，网络时代的市场竞争，也不是传统意义上的市场竞争，国内与国外，网上与网下，金融业与非金融业之间的界限将更加模糊，提供风险保障功能的保险公司也将转变为一个投资理财中的风险公司。

(2) 运作模式——扁平化

网络时代的保险公司运作更趋向于虚拟化、智能化。一方面不需要在各地区设置分支机构等实体机构，而只需一个 Internet 接口，即可将业务伸到世界任何一个角落。另一方面，网上保险公司不再主要借助传统的物质资本、人力资本向客户提供服务，而是主要借助网络智能资本，依靠少数的智力劳动者。网络将使传统的保险公司走向无形化。企业组织形式将发生变化，工业时代所造就的传统的金字塔状的科层制的管理体系将演变成某种扁平组织，管理层中的中间层级将减少乃至消失，中层管理干部的数量大幅减少，下级向上级负责将改为人人为顾客负责。保险公司人员——特别是作为信息传输功能的传统行政管理人员将大幅减少。

(3) 服务模式——人性化

网络时代的保险公司业已突破了传统的经营和服务模式，变成了以客户为中心的全功能、个性化、网络化、超越时空的 AAA 式服务。客户服务将变得更经济、更方便、全天候、多功能、更安全(减少代理人的道德风险)。网络时代的保险客户服务将更加能够贴切地满足客户个性化、人性化的需要，是一种个性化的服务。

2. 网上保险销售流程

一个较为完整的网上保险销售流程是，客户通过网站提供的信息或经过在线咨询来选择适合自己的险种；网站根据客户填写的基本信息或回答的问题进行保费的试算，推荐相应的保险公司或保险组合，客户也可以自行选择；客户详细填写投保单和其他表格，通过互联网要求客户确认并经正式的数字签名后，保险合同即告成立；与此同时，客户通过网上银行提供的支付服务缴纳保险费，保单正式生效。

这个过程节省了买卖双方进行联系所花费的大量时间，可以避免传统保险经纪人和代理人的介入，提高了效率，降低了销售成本。同时，由于管理费用的降低和佣金的免除，保险公司还可以通过降低保险费率来进一步吸引客户，从而使公司和客户从中获益。

3. 开展网上保险的优势

(1) 网上保险信息流优势

首先，网上保险具有信息储量优势。宽带、高速、广域和多媒体化的互联网具有信息容量大、时效性强的特点。它可以及时为客户提供大量高密度、多样化的专业信息，减少投保人投保的盲目性和局限性。

其次，网上保险具有信息调查优势。网络订单一般是标准化的电子保单，比较方便保险公司对各节点访问率进行统计分析，了解消费者的需求特征，制订市场扩张规划，设计险种组合，实现产品多元化经营。

最后，网上保险具有信息交流优势。一方面，投保人通过在线浏览对保险险种和有关条款进行比较确认后实现网上签单，简化了投保手续，给客户投保提供了很大的便利。另一方面，保险人也可以运用网络加强与公司股东、保险监督机构等相关人员和机构的信息交流，及时了解行业动态和政策法规。

(2) 网上保险产品优势

长期以来，我国保险市场的保险经营依从于生产者导向模式，险种同构现象严重，相似率达90%以上。运用网络电子商务技术可以在很大程度上改变这种窘境。一方面，保险人可根据消费者网络反馈进行文档处理、数据分析，发现和满足消费者需求，制订新产品的开发规划，既有利于满足社会不同层次的需要，加强保险产品的市场竞争能力，又有利于保险产品档次提升，形成险种优势，实现保险行业规范化经营。另一方面，投保人也可以运用网络在线申请订立特别保单，投保条件、可保范围、缴费方式、融资渠道等条款都依据个性制定，保险商品不再是一成不变的要式经济合同，而是别具风格的特色产品，具有相当的灵活性。

读一读

网上保险机遇

中国拥有广阔而优良的潜在市场。Internet 用户已超过3.84亿，其中有17.38%的网民希望通过网络得到金融、保险的业务服务。网民增长速度很快，上网人数平均每个季度递增8%。网民逐步显现出年轻化、知识化的特征，并且平均收入水平较高。这些网民观念新，乐意选择优秀的保险品种，有利于网上保险业务的开展。另外，从保费收入与居民储蓄余额的对比来看，发展中国家整个保险业的保费收入占储蓄余额的比重一般为7%，发达国家一般为15%。我国保费收入仅占居民储蓄的2.3%。通过网络开展保险业务可以扩大保险产品在网上的宣传，使保险公司与客户之间的沟通更加便利，双方的信息对称和容量扩大，能够推动我国保险潜在市场变成现实市场。

(3) 网上保险渠道优势

宽带、高速、广域和多媒体化的网络为网上保险创造了显著的渠道优势。首先，它为保险人将产品适时、经济地转移给消费者提供了便利，在很大程度上节省了流通费用，提高了市场占有率，同时也为消费者创造了一个产品比较的渠道，使完全竞争市场成为现实。

其次，保险销售网与银行网联网，将保险方和投保方有机地联系起来，是网络电子商务在保险业中的最突出优势，改变了传统保险资金清算方式，使长期延续的上门收缴保费或保户到保险公司缴纳保费的烦琐结算方式逐渐消失。另外，从国外的经验数据看，相对于其他渠道，通过互联网分销的成本最为低廉。根据测算，代理人、经纪人、电话中心和互联网的保险销售成本比为152∶116∶20∶10；每次服务成本之比为19∶15∶8∶0.45。这意味着，通过互联网分销不仅可以节约成本，而且可以高效实现市场覆盖。

(4) 网上保险促销优势

首先，网上保险信息覆盖面广、保留时间长、发布费用低，具有传统保险望尘莫及的优势，保险公司在网上设立网站或主页，将公司概况、险种种类、条款及费率公布于众，方便了消费者在多家保险公司及多种产品中进行比较选择，有利于客户充分领会保险合同的条款细节，了解保障权利义务，进行险种合理选择。其次，在网上发布的保险信息一般针对特定市场制作，摈弃了传统保险广告容易分散人的注意力而导致印象肤浅的弊病，使保户从消极接受推销转变为自主选择。这更加符合消费者购买心理，更容易促成交易，具有良好的促销效果。

(5) 网上保险保障优势

网上投保透明度高，容易确认责任归属以规避风险，可以完整地体现保险的保障功能。在网上保险销售流程中，投保人不再沿袭传统中介展业模式，而是直接与保险公司在线签约，经确认后填写电子投保单和保单，然后在网上付款取单。整个过程完全公开有效地避免了以往保险中介因利益驱动侵犯隐私的事件发生，有利于保护客户商业秘密，将保险公司的承保风险降低到最低限度。

(6) 网上保险成本优势

保险经营成本过高一直是保险不能快速发展的重要原因，而网络电子商务的运用则可以最大限度地改善这种不良状态。第一，保险人在线展业时，网络互动性优势使其可以免去代理人、经纪人等中介环节，只需支付低廉的网络服务费便可保证市场份额，大大节省了企业经营成本。国际咨询机构调查结果显示，采用电子商务技术以后的两年内，保险销售费用将平均下降5%～10%。第二，网络受众群体庞大，通过互联网出售保单或提供服务有一种规模经济效益，它比传统营销方式大概可以节省58%～71%的费用。据权威机构估计，今后的10年中，保险公司利润的30%将依靠电子商务技术的支撑。

(7) 网上保险服务优势

以往传统保险展业推行的是人海战术，营销人员素质低下，令公众信任感缺乏，严重阻碍了保险业的正常发展。运用电子商务网络展业，其服务水平不可相提并论。第一，在线投保不受时空的限制，可以为客户提供最完全的服务。网络的无间断性特点使保险人与投保人可以全天24小时进行网上交易，投保不受时间限制。网络的跨区域性特点使其可以为身处不同地理位置的消费者提供多样化、多层次化的服务。第二，保险人利用网络可以对公司员工和代理人进行培训，提高营销人员的基本素质，保证服务水平，使保险展业不再停留在只注重扩大规模、抢占市场的低效益经营水平上。

典型案例

中国平安保险（集团）股份有限公司

中国平安保险(集团)股份有限公司(以下简称中国平安)是中国第一家以保险为核心的，融证券、信托、银行、资产管理、企业年金等多元金融业务为一体的紧密、高效的综合金融服务集团。公司成立于 1988 年，总部设在深圳。中国平安网站首页如图 4-5 所示。

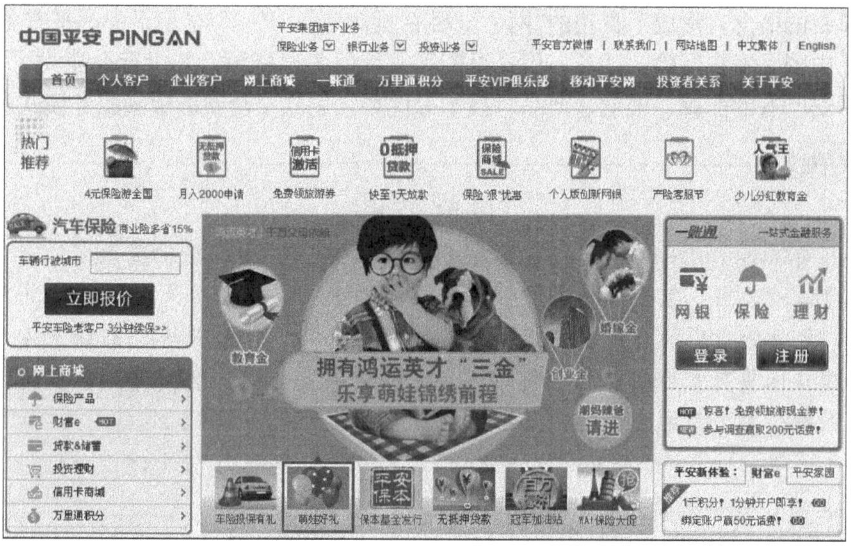

图 4-5 中国平安网站首页

中国平安是中国金融保险业中第一家引入外资的企业，拥有完善的治理架构和国际化、专业化的管理团队，公司高层管理团队超过 1/2 来自海外。公司拥有中国金融企业中真正整合的综合金融服务平台，实现了公司战略、企业文化、品牌传播、IT 技术、人力资源、资产管理、计划管理和风险控制等的集中统一，可以为个人客户和企业客户提供一系列的个性化产品和服务。中国平安建设了以电话中心和互联网为核心，依托门店服务中心和专业业务员队伍的 3A 服务模式，为客户提供全国通赔、定点医院、门店“一柜通”等差异化的服务。还在业内率先推出了海内外急难救助服务、保单贷款、生命尊严提前给付、客户服务节等许多增值服务。公司倡导以价值最大化为导向，以追求卓越为过程，做品德高尚和有价值的人，形成了“诚实、信任、进取、成就”的个人价值观和“团结、活力、学习、创新”的团队价值观。公司贯彻“竞争、激励、淘汰”三大机制，执行“差异、专业、领先、长远”的经营理念。

PA18 新概念网站是中国工商银行与中国平安合作建立的国内首家提供综合个人理财服务的网站。该网站提供的交易平台涵盖了证券、保险及银行业务，并提供证券、保险、银行相关专业资讯和个人理财规划。有坚实后盾和强势伙伴支持的 PA18 的精英管理团队为客户打造了一个全新概念的综合理财网站，其独特的 3A 服务模式使客户有足够的理由和信心相信，PA18 是自己首选的投资交易平台和理财顾问。

PA18倡导的是一种高品质的生活，这种生活所需要的投资理财指引是理财新概念和生活新概念的融合。所谓理财新概念是结合中国平安综合性金融集团的发展远景，为客户提供一个集银行、证券、保险、信托、理财顾问和诸多增值服务为一体的综合性金融理财社区。生活新概念是为客户提供全面、丰富的消费品和服务。PA18创意的由来就是将两者相互结合，创造新生活、新价值、新体验，以满足客户多层次、多样化、高品质的理财生活需求。

与其他财经网站根本的不同是，PA18重点突出了交易功能，客户可以在网上安全快捷地完成证券交易、在线投保、银行转账等实际的操作。不仅如此，PA18还大大突破了以往理财网站功能单一的概念，形成了真正的"网上金融百货商店"。PA18立足于中国平安各大主营业务，整合了中国平安在保险、证券、信托投资等领域的各项资源，与银行业建立了战略联盟，利用中国平安已有的品牌、渠道、产品、技术等优势，创立了全新的金融服务模式。

读一读

保 险 公 司

保险公司(Insurance company)是指经中国保险监督管理机构批准设立，并依法登记注册的商业保险公司，包括直接保险公司和再保险公司。保险公司是采用公司组织形式的保险人，经营销售保险合约，并提供风险保障的公司。保险关系中的保险人享有收取保险费、建立保险费基金的权利。同时，当保险事故发生时，有义务赔偿被保险人的经济损失。保险公司分为两大类型：人寿保险公司、财产保险公司。

1. PA18网站运营优势

(1) 坚实后盾

PA18网站由众多国内外领先企业共同创建，主要股东也是平安保险和平安证券的主要股东，其中包括了海外著名投资银行给予PA18网站的雄厚资金和领先技术支持。PA18网站肩负整合中国平安的资源及迎接新经济的战略重任，将全面负责为其建立、管理及运营各项业务(包括产险、寿险、证券、投资信托、足球俱乐部等)的网络平台。中国平安丰富的人力资源、品牌资源、市场资源也成为PA18网站的坚实后盾。

与一般的互联网创业公司不同，PA18是从商务领域到电子领域的拓展。与其他金融网站相比最大的优势是它依托于中国平安的整体力量，其电子商务与中国平安原有股东具有一致性，从而保证了PA18与中国平安利益的一致性。主要体现在以下几点。

1) 品牌是网络企业最有价值的资产，中国平安强大的品牌效应是PA18走向成功的通途。"信任、价值、效率、尊重、关怀"是中国平安品牌的精髓，在这个品牌下面，汇集了5000万寿险客户和200万企业客户，这是PA18继承和发扬光大的最可靠保障。同时，互联网也提供了更好的客户关系管理手段，成为了PA18客户群不断发展壮大的保证。

2) 中国平安较好的信息化水平使迈向电子商务有了较高的起点。中国平安起步虽晚，但起点是相当高的。中国平安是国内首家实现全国联网的保险公司，1000多个网点全部联网，使各类信息在网络上能够及时准确地得到反映。

3) PA18不存在一般互联网创业企业在发展中所受到的资金的掣肘这个问题。管理层对此的解释如下：一是中国平安股东的鼎力支持；二是高盛和摩根士丹利是中国平安的股东，两者的融资能力极强；三是中国平安的投融资顾问在金融和电子领域内都有着丰富的经验，使网站的运营得心应手。

（2）强势伙伴

PA18网站与国内外许多知名企业建立了合作伙伴关系，内容涉及技术、资讯及证券、保险、银行等金融业务。除平安保险、平安证券外，其核心战略伙伴还包括中国银行、中国建设银行、澳洲和太阳微系统及Cisco公司。其他伙伴还包括戴尔电脑、方正电脑、路透社(Reuters)、中新社、证券时报、中原房地产公司等众多国内外大型机构。

（3）精英团队

PA18的核心团队由来自麦肯锡咨询公司和中国平安的一些精英人物组成，他们都是金融与IT领域的专家，具有金融和网络行业的丰富经验。PA18网站的团队还包括证券、保险、银行和投资理财专家，以及来自国内外的网络技术工程师和优秀的客户服务经理。总裁张子欣毕业于英国剑桥大学，获信息科技博士学位和研究院士资格，曾出任全球领先的国际管理咨询公司——麦肯锡公司的董事，负责金融机构及电子商务行业。谈到电子商务，张子欣认为人才是最大的障碍，他说："我们的目标是吸引最好的人才：既是电子技术专家，又是金融专业人才，这种人才在国内非常缺乏。而外资公司将越来越多地进入国内，这必将引发人才争夺战。另一方面，我们现有的实力还未必能完全应付将来的竞争，我们必须依据市场化原则大量引进人才。"

2. PA18网站的保险板块

保险板块主要包括以下模块。

(1)保险设计室

① 保险人生。根据客户的职业身份和不同的年龄段做出贴切的需求分析，满足客户阶段性的保险需求。

② 商品指南。介绍中国平安所有个险产品和热销中的投资连接产品，解答客户对保险的疑惑。

③ 保单自我设计。根据客户的自身情况及保险倾向，提供投保建议。

（2）代理人推荐

① 我的代理人。包含优秀业务员的个人专页供客户选择。

② 平安业务员荣誉介绍。介绍平安业务员整体状况，重点介绍MDRT(百万圆桌会议)会员、荣誉业务员、寿险精英高峰会员三种荣誉称号。

（3）网上投保

指导客户完成网上投保的全部过程。

（4）客户服务

① 保单查询。在此可查询投保人信息、被保险人信息、险种信息、缴费记录、理赔记录、业务员信息等。

② 保单维护。介绍中国平安保单服务项目，可在此下载变更申请表，了解保单各项内

容的变更，年金或满期金给付，保单复效、迁移和补发的操作方法。

③ 续期缴费。以问答形式介绍续期缴费的意义和操作方式。

④ 关注理赔。介绍理赔规则和流程及理赔案例分析和理赔服务，提供理赔申请表的下载。

⑤ 保户咨询。包括商品信息、保险问答和保户须知。

⑥ 保险附加值。介绍了中国平安为客户提供的附加服务，包括保户卡、急难救助卡、800 免费电话、标准客户服务中心及客户服务月。

(5) 业务员天地

① 今日要闻。保险业内的即时信息。

② 保险专栏。定期邀请保险专家、业界知名人士、保险公司内高层领导发表关于保险的见解，共谋保险业发展大计。

③ 行销专题。围绕热点及行销专业问题，进行深入探讨。

④ 业绩查询。便于业务员查询每月的薪资明细、初佣明细、续佣明细、个人和团队保费状况。

⑤ 客户档案。便于业务员查询自己现有的客户资料。

⑥ 手拉手社区。专为业务员设立的社区，为业务员提供同行交流场所。

⑦ 培训园地。为业务员提供丰富的培训资料与培训信息，包括中国平安营销培训体系、代理人资格考试题库和行销技巧等。

⑧ 建议书。帮助业务员制作建议书。

(6) PA18 网站的在线投保流程

① 阅读投保须知及保险条款。

② 填写投保问卷。

③ 确认投保单。

④ 选择网上支付方式。目前 PA18 所接受的网上支付方式主要有网上支付卡支付和网上转账支付两种。网上支付卡有中国银行长城电子借记卡和招商银行“一网通”；网上转账支付需通过签约账户进行。如果客户尚未办理以上支付卡或签约账户，可参阅前述的网上支付流程介绍前往相关银行办理。

⑤ 在线支付保险费。

⑥ 在线等候确认信息。

支付保险费后，客户可以在线等候反馈信息。如果银行划款成功，网站会将保单号码、相应寿险服务机构的地址与联系电话通知投保人。

3. 经营战略

中国平安以往取得成功的领先战略就是差异化战略。今后，PA18 就是中国平安差异化战略的核心，要保证中国平安在未来 10 年、20 年始终保持竞争优势。它是中国平安长期竞争优势的一个基础工程，是一个核心工程。它会为公司创造巨大价值，为员工个人创造巨大价值，为客户创造最大价值。这个战略具体而言包括以下四个主要方面。

(1) 主营业务整合战略

中国平安是一个综合金融集团，其寿险、产险、证券、信托四个主营业务分布在独立的业务平台上，在内部管理和外部协调上都需要有一个统一的考虑。在 PA18 的平台上，这几种业务可以整合起来，既方便了管理，又增加了几种客户的交叉销售。这是将中国平安四大主业整合在一个平台上的绝好契机，整合后将更显集团优势，又为各个业务领域的客户提供了一个沟通的平台。更重要的是，统一平台给客户提供了一次获得多种服务的便利，会提升客户的忠诚度并带来新的价值。

(2) 多渠道拓展战略

近年来，开拓新渠道在保险业内越来越被重视。利用互联网开展业务会直接受益于网络新渠道带来的新客户价值。客户开发成功是第一步，客户长久留驻才是竞争的根本。要留住客户，服务和价值成为了关键的因素。从多渠道来为客户服务，并通过互联网把多种渠道整合起来才是有效的手段。

中国平安目前给客户提供了多种渠道的服务选择：互联网、电话服务中心(Call Center)、业务员队伍、门店服务中心、银行保险、电话销售等。从国际上的情况看，业务员队伍和门店服务中心在逐年萎缩，而新兴的互联网、电话服务中心、银行保险和电话销售在快速增长，这也是中国平安日后大力发展的方向。运用互联网，可以高效率地把这几种渠道整合起来，提供更好的服务。

(3) 成本战略

实践证明，互联网在改造成本结构上拥有巨大优势。网络本身就是低成本的销售渠道，互联网在优化渠道效率、便捷沟通、优化作业与管理上都发挥着强大的作用。这些成本的优势最终都反映到保单的费率上，加强了价格竞争的筹码。从欧美保险业的发展变迁可以清晰地看到成本结构的决定性作用。业务员和门店销售这些传统方式由于成本居高不下正在不断萎缩；电话销售和银行保险因为销售成本大幅下降正大行其道，夺得越来越多的市场份额；新兴的网络保险和电话服务中心服务正保持着迅猛的增长势头。

(4) 客户价值战略

在互联网上，客户会获得交互式服务体验与更广泛的选择，特别是在 PA18 网站，客户将会获得多个领域的高品质理财与生活服务。与多渠道整合相配套的是 3A 工程，即使客户在任何地方、任何时间、以任何方式都能找到中国平安，都能得到中国平安的服务。

中国平安电子商务在一两年内将以个人网上综合理财为重点。具体来说，就是在证券、保险、银行等业务上展开全方位的综合金融理财服务，提供产品、信息、指南到针对性及个性化的理财分析工具。更重要的是提供高效的网上交易手段，配合原有的各种交易方式给大客户全方位、多渠道的服务。同时，结合中国平安的庞大品牌、客户、渠道和执照资源，争取成为国内最大的网上金融服务业者是公司一个基本的策略，也是公司的长远目标。中国平安电子商务未来还有意成为中国与金融业有关的互联网创业公司首选的资金和技术提供者。

4. 安全特色

(1) 安全保障方案

PA18 网站设计实现了一套完整的安全方案，以保障系统的安全。对客户与网站之间的数据通信实行了高强度加密，以保证信息传递安全，客户必须使用用户名和密码进行安全身份验证后方可进入系统进行操作，当然登录的过程也经过了高强度的加密。

为了最大限度地保障客户的利益，PA18 网站还建立了完善的安全管理制度，聘请和购买了 Sun、Cisco 及国际著名电脑咨询公司的安全防范服务，并聘请专业公司模拟攻击，建立了定期安全监控制度。因此，客户可以放心地在网上进行各项交易。

(2) 注重交易的保密性

PA18 网站的安全体系为客户提供了极高的安全保障，客户通过网站进行的网上交易和投保使用两重用户及密码保护机制，数据通信均采取高强度加密保护。此外客户的资金划拨操作均在本人所在营业部当地完成，因此客户通过网上证券交易的安全具有较高程度的保护。

(3) 防止黑客入侵

PA18 网站的高强度数据传输加密、安全用户验证、高可靠性系统和防火墙系统可以阻止黑客窃取客户用户名及密码资料。此外 PA18 网站使用了安全审计功能和入侵监测报警系统，对可疑的行为进行自动安全响应，截取并阻止其非法入侵。由于 PA18 网站设置了多种防护方式，非法入侵者在试图非法进入时很容易被发觉，并且大大延长了黑客攻击的时间，以便系统及时做出响应。

思考题

通过了解中国平安和 PA18 网站，分析网上保险的发展趋势。

案例分析

网上保险的发展趋势

通过对中国平安和 PA18 网站的分析，可以了解网上保险的发展趋势——网上保险正处在高速增长阶段。公开资料显示，2008 年一季度，中国工商银行网上保险业务交易笔数达到 3 万余笔，交易额突破 44 亿元，较 2007 年增长了 60 多倍。

关于未来的发展速度，各家公司的预测虽有差异，但共同之处在于，网上保险将迅速扩大市场份额。据美国著名的咨询公司安德森和美国寿险管理协会对全球 213 家寿险公司、资产管理师和互联网用户的最新调查显示，在未来 5 年的全球寿险新保单中，将有 16%～19%通过互联网销售。另据美国保险行业协会分析，在未来 10 年内，超过 3 成的商业保险险种和近 4 成的个人险种将通过互联网在线交易。由此也可看到，网上保险将在保险销售和服务市场上占有的重要地位。因此，谁能尽快完成传统业务的转型，找到并建立起互联网时代新的商业模式，谁就能在未来的竞争中获得更大的优势。

但是由于保险产品的特殊性，各种销售渠道并存的现象仍将在较长的时间内存在。当前，保险产业主要包括保险公司业务人员的直接业务和通过保险代理开展的代办业务，不管是直办还是代办，与网上保险相比，都存在着陈旧低效的缺点。但这种展业却有着网上保险所不具备的优势，即面对面地为客户提供服务，而作为服务行业的保险业，为客户提供人性化的服务，以满足客户的不同心理，是保险业得以发展壮大的基石。在这一点上，网上保险投保人对着计算机根本体会不到保险业务人员全面周到的直接服务。另外，保险代理人始终有着不可替代性，原因如下。

① 保险知识的专业性。保险作为金融领域中一门独立的学科，其中有很多概念难以通过互联网解决，如保险标的核保、售后服务中的保全及产品费率的厘定规则。

② 保险产品的复杂性。随着保险市场的发展，保险产品也在不断地更新，许多险种的保险责任往往是多种责任的组合，涉及复杂的计算，这也不能单纯依靠互联网解决。

③ 保险服务的延续性。保险产品的售后服务，特别是寿险产品的服务往往持续几十年，客户需要保险公司随时随地提供与保单有关的各种服务。如果简单地通过网络提供服务，根本无法满足客户的需要。

④ 保险行业的特殊性。保险产品销售的是一份契约合同，一份几十年的保险合同，客户拿到手的仅仅是几张纸，通过保险代理人进行销售可以增加客户对保险的认可度和心理安全感，这一点也难以通过互联网实现。

知识拓展

保险公司的数据大集中策略

数据大集中、应用系统大集中、业务处理大集中，以及数据仓库、商业智能等技术的应用，近年迅速辐射到了我国的各行各业，特别是在保险行业，“大集中”更是一个备受关注的热点话题，它引发了保险企业一系列的管理创新和变革。

1. 把数据有效管理起来

保险公司以“大集中”为特点的IT建设呈现出了专业化、多元化的发展趋势，进而数据中心建设也走入了一个全新的发展阶段。为了有效支持业务发展和核心保险业务流程的转型，以及行业业务标准和数据标准的建立，构建面向未来业务发展的全新信息技术架构就显得尤为关键。此外，由于全新企业级数据中心要满足公司未来5～10年的业务发展需求，因此给数据中心建设带来了更大的挑战。

保险公司的IT系统，如核保、理赔、薪资计算、业务员管理、营销员管理、统计等都在逐步走向专业化，并通过对整个服务和系统框架进行细分来优化保险公司的职责，更专业、灵活地满足业务需求和管理框架需要。

2. 数据整合服务于一线

构建全新企业级数据中心的目标进一步激发了企业用户对整合技术的应用需求。面对因数据分散化所导致的信息利用瓶颈，越来越多的企业寄期望于通过整合技术提升数据的利用效率，实现数据资产在企业环境中价值的全面释放。但是，在具体的整合技术选择及与业务需求的结合方面，用户心中仍存有困惑。

保险公司一般把分散在各个不同系统中的数据转换成一个可访问的、精确的且能为企业利用的信息资产，以满足企业对综合业务分析、财务分析、客户分析、产品分析等方面的需要，进而为公司的经营管理、风险控制、产品管理、营销模式创新等战略决策提供一个统一的数据管理平台。使用了数据整合的保险公司负责人也表示："数据整合是要整合公司的数据资源，让数据最终服务于管理决策，服务于一线。"由此，这也成为保险公司数据中心建设的一大目标。

3. 灾备为企业买"保险"

企业网络的信息安全是一个系统而庞杂的工程，特别是灾备工作，必须严格遵循国家标准来建设。

首先，要通过防火墙搭设DMZ(Demilitarized Zone，隔离区)，并把所有对外部访问的服务器和网络设备都放到这个区域里，同时通过外部防火墙和内部防火墙有策略地把它们隔离起来。

其次，在网络中有一些核心交换的服务器，通过交换机单独划分出一个区域，这是为了保证用户只能访问与自己工作相关的网络，而不是随意进行访问。

最后一环就在于服务器本身，在企业数据中心不断发展的同时，网络规模也在不断扩大。服务器本身有系统管理员和数据库管理员，还需要划分用户的不同权限，分公司只能访问分公司的网络，总公司要访问其他分公司的网络也是有权限的。

案例拓展

优　保　网

优保网(http://www.ubao.com)是翼华科技(厦门)有限公司所有并运营的在线保险服务网站，其首页如图4-6所示。它于2003年年底在中国厦门成立，即一家在中国开展业务的外商独资公司。

优保致力于推动中国保险电子商务技术的革新和市场的培育，专注于长期寿险、健康险和意外险三大类产品的在线销售。优保依托母公司在美国提供10年在线保险服务的发展经历和超过200万客户的成功经验，携手中国执业的知名保险企业，共同构建了中国卓越的在线保险服务平台。

一方面，优保为传统的保险中介服务机构注入了成熟的电子商务理念和创新的在线投保流程，共同为客户提供本地化的线上线下保险服务；另一方面，优保努力拓宽市场空间，不断发展成了一个专业的全国性的保险信息门户和B2C中间交易平台，为保险公司和投保人不断创造出价值，最终实现"使人人皆可买到合适的人身险"。

自2005年起，优保为建设一个面向中国市场的、独特的、可升级的电子商务平台投入了大量的财力和人力。它储备了大量促进保险行业发展的先进技术，这些技术能够改进复杂的传统纸质保险销售。这些技术包括但不限于以下四个方面。

图 4-6　优保网首页

① 比较推荐工具。可通过筛选大量保险信息，使客户能够正确选择最能满足需求的保险产品。

② 创新的在线申请流程。优保的在线保险申请程序设计清晰，可动态地要求客户只提供某些特定信息。系统会检查申请人的投保信息，并实时对任何缺失资料发出通知。这种实时程序比纸质程序节省了数周时间。

③ 独有的具备定制功能的后台支撑系统。当客户的保险申请单在保险公司审核批准时，每位保险申请人可以收到保险公司即时发送的电子邮件，通知相应的审核状态。

④ 交换式电子处理技术(EPI)。使客户能够运用电子支付和电子签名来完成在线申请程序，为他们节省了申请审批时间。当保险公司利用此交换式电子程序时，能为客户购买保险提供非常有效的服务。

知识链接

网上保险分析

网络上有许多分析网络保险的文章，可以帮助学习者更好地了解网络保险。

参考网址：

1) 当保险“邂逅”电子商务：http://insurance.hexun.com/2012-09-18/145967144.html。

2) 我国网络保险发展研究：http://www.cqvip.com/Read/Read.aspx? id=44449615。

拓展思考

分析优保网的保险查询流程、特点、盈利模式和发展前景。

第四节　物流行业案例

知识要点

1. 电子商务化物流服务

将电子商务的物流需求仅仅理解为门到门运输、免费送货或保证所订的货物都送货是错误的。因为电子商务需要的不是普通的运输和仓储服务，它需要的是物流服务。而物流与仓储运输存在较大的差别，正是因为传统的储运服务无法全方位地为电子商务服务，才使得电子商务经营者感到物流服务不到位、太落后等。除了传统的物流服务外，电子商务还需要增值性的物流服务。主要包括以下内容。

1）增加便利性的服务，即更方便的服务。一切能够简化手续、简化操作的服务都是增值性服务。简化是相对于消费者而言的，并不是说服务的内容简化了，而是指为了获得某种服务，以前需要消费者自己做的一些事情，现在由商品或服务提供商以各种方式代替消费者做了，从而使消费者感觉这种服务变得简单，这就增加了商品或服务的价值。在提供电子商务的物流服务时，推行一条龙门到门服务，提供完备的操作或作业提示、省力化设计或安装、代办业务、一张面孔接待客户、24 小时营业、自动订货、传递信息和转账、物流全过程追踪等都是对电子商务销售有用的增值性服务。

2）加快反应速度的服务，即使流通过程变快的服务。快速反应已经成为物流发展的动力之一。传统的观点和做法将加快反应速度变成单纯对快速运输的一种要求，而现代物流的观点认为，可以通过两条途径使过程变快。一是提高运输基础设施和设备的效率，如修建高速公路、铁路提速、制定新的交通管理办法、将汽车本身的行驶速度提高等。这是一种速度的保障，但在需求方对速度的要求越来越高的情况下，它也变成了一种约束，因此必须想其他的办法来提高速度。所以出现了第二种办法，即具有重大推广价值的增值性物流服务方案，它可以优化电子商务的流通渠道，以此来简化物流环节、简化物流过程，提高物流系统的快速反应性能。

3）降低成本的服务，即发掘第三利润源泉的服务。电子商务发展的前期，物流成本居高不下，有些企业可能会因为承受不了这种高成本而退出电子商务领域，或者是选择性地将电子商务的物流服务外包出去，这是很自然的事情。发展电子商务，一开始就应该寻找能够降低物流成本的物流方案。企业可以考虑的方案包括：采用第三方物流；电子商务经营者之间或电子商务经营者与普通商务经营者联合，采取物流共同化计划；对于具有一定销售量的电子商务企业，可以通过采用比较适用但投资比较少的物流技术和设施设备，或推行物流管理技术，如运筹学中的管理技术、条形码技术和信息技术等，来提高物流的效率和效益，降低物流成本。

4）延伸服务，即将供应链集成在一起的服务。向上可以延伸到市场调查与预测、采购及订单处理；向下可以延伸到配送、物流咨询、物流方案的选择与规划、库存控制决策建议、货款回收与结算、教育与培训、物流系统设计与规范方案的制作等。

2. 电子商务下物流管理的内容

电子商务下的物流是伴随着电子商务技术和社会需求的发展而出现的，由于电子商务所独具的电子化、信息化、自动化等特点，以及高速、廉价、灵活等优势，使得电子商务下的物流在其运作、管理等方面也有别于一般物流。

电子商务下的物流管理，包括对电子商务下的物流系统、物流过程、物流技术、物流费用的管理，还包括电子商务下的物流管理方法。

3. 电子商务物流的流程合理化

物流的各种功能是相互联系的，只有整体考虑和综合管理物流流程中的各个子系统，才能有效推进物流流程的合理化。电子商务物流流程的合理化主要体现在以下三个方面。

1）确保电子商务的正常运转。通过调整物流流程，适当配置仓库和配送中心，以实现运输、装卸和仓储自动化；通过合理配置计算机网络系统，确保商务信息的正确分类、传递和提示，以减少商品在整个流通过程中不必要的时间和费用的浪费。

2）大幅度降低物流成本和费用。通过调整物流流程，提高作业效率，减少运输费用和仓储包装费用，从而达到降低成本的目的。

3）压缩库存。库存控制是电子商务物流流程合理化的重要内容。库存控制的方法是通过采用电子商务手段在满足客户需求的前提下把库存控制在合理的范围内。

4. 电子商务环境下的物流配送

电子商务对企业的物流配送提出了新的要求，同时电子商务的发展也给企业物流提供了技术支持和应用平台。在电子商务环境下，物流配送要健康发展，其对策主要有以下几点。

（1）提高信息化程度

物流配送信息化表现为物流信息收集的数据库化和代码化，物流信息处理的电子化和计算机化、信息传递的标准化和实时化、物流信息存储的数字化等。因此，条码技术、数据库技术、电子订货系统、电子数据交换、射频技术、管理信息系统、ERP 等先进的管理策略，应在我国的物流配送企业中大力推广运用。信息化是一切现代技术和管理手段的基础，只有实现物流配送信息化，才能承担起电子商务时代赋予物流配送业的历史任务。

（2）完善物流管理系统功能，提高售后服务质量

针对网上购物出现的送货时间过长及迟迟没有货源的现象，电子商务企业为了能更好地服务于顾客，应加强顾客和供货商之间信息的交流与反馈。这样可以给用户节约订单处理费用，又可以节约用户的时间，逐渐提高人们对网上购物的信任感，使电子商务良性稳步发展。

（3）降低配送服务价格

我国发展电子商务以实现大规模的网上购物一直困难重重，问题在于物流配送费用偏高，特别是零售型的网上交易，为每个客户实现送货上门是高成本的，必须努力降低成本，才能解决电子商务企业与物流配送企业之间在配送服务价格方面的矛盾。

(4) 完善法律政策

针对电子商务物流配送出现的种种问题，政府有关部门应该积极研究电子商务的特点，迅速制定有针对性的法律、法规和政策，以规范电子商务活动，增加企业和广大消费者对电子商务的信任感。

(5) 积极发展第三方物流企业

第三方物流是指物流由商务的供方、需方之外的第三方完成，从某种意义上说，它是物流专业化的一种形式。第三方物流一般在物流管理经验、人才、技术、理念等方面都对物流活动进行全权代理，同时第三方物流资金雄厚，可以充分利用现代物流技术，以及建立在现代信息网络技术基础上的物流管理软件，保证客户在任何时间、任何地点查看货物及提供配套的服务，参与电子商务交易的双方可以把物流委托给专业物流企业，专心于电子市场的开拓和商务效率的提高。

读一读

快递呈爆发式发展

在较短的时间里，我国快递市场逐渐发展为增长速度最快、潜力最大的新兴市场，市场规模排名居世界第三位，仅次于美国、日本。预计到 2015 年，快递市场规模将再翻一番以上，达到年经营规模 1430 亿元，年处理快件量超过 61 亿件。

“网购快递已占到全部快递业务量的一半以上。刚刚过去的网购狂欢节，连续 3 天日快递量突破 1600 万件。”淘宝商城总裁张勇表示：从此次“光棍节”与快递公司的合作来看，坚定了淘宝不搞物流或者快递公司的决心，“淘宝交易规模已经远远超过任何一家物流公司或者快递公司单独能够承接的业务量。”据悉，2011 年“光棍节”，仅圆通快递公司的单日收件量就达到 320 万件。

国家邮政局局长马军胜介绍，邮政体制改革后的 5 年，快递发展迅猛，业务量年均增长率高达 27.23%，业务总量 5 年翻了一番半，日均处理量从 300 万件增长到 1300 万件。

目前，我国依法取得快递业务经营许可证的企业超过 6800 家，世界五百强企业中有 5 家进入中国快递市场投资发展、参与竞争，快递网络正由东部向西部、城市向郊区迅速扩展，营业网点多达 6.4 万处，快递从业人员已经超过 70 万。

(6) 建立全国物流公共信息平台，发展第四方物流

第四方物流是一个供应链集成商，它调集和管理组织自己的及具有互补性的服务提供商的资源、能力和技术，以提供一个综合的供应链解决方案。显然，第四方物流必须满足不是物流的利益方、能实现信息共享、有能力整合所有的物流资源三个条件。而真正满足这些条件的只有一种虚拟的物流网平台，这就是全国物流公共信息平台。它能提供综合的供应链解决方案，以整合社会物流资源，提高我国物流产业的综合协同能力。

典型案例

戴尔的物流电子商务化

戴尔公司是商用桌面 PC 市场的第二大供应商，其销售额每年以 40%的增长率递增，是该行业平均增长率的两倍。戴尔公司年营业收入达 100 亿美元，它在 IBM、联想之后，排在第三位。戴尔公司每天通过网络售出的电脑价值逾几千万美元，戴尔公司网站首页如图 4-7 所示。面对骄人的业绩，戴尔公司的创始人迈克尔·戴尔认为，这归因于物流电子商务化的巧妙运用。

图 4-7　戴尔公司网站首页

1. 戴尔公司电子商务化物流取得的效果

戴尔公司实施电子商务化物流后取得的物流效果有以下几项。

① 成品库存为零。

② 零部件仅有 2.5 亿美元的库存量(其盈利为 168 亿美元)。

③ 年库存周转次数为 50 次。

④ 库存期平均为 7 天。

⑤ 增长速度是市场成长速度的四倍。

⑥ 增长速度是竞争对手的两倍。

2. 戴尔公司电子商务化物流的八个步骤

在戴尔的直销网站上，提供了一个跟踪和查询消费者订货状况的接口，供消费者查询已订购的商品从发出订单到送到消费者手中全过程的情况。戴尔对待每一个消费者（个人、公司或单位）都采用定制的方式销售，其物流服务也配合这一销售政策而实施。戴尔的电子商务销售有八个步骤。

（1）订单处理

在这一步，戴尔要接收消费者的订单。消费者可以拨打 800 免费电话在戴尔的网上商店进行网上订货，也可以通过浏览戴尔的网上商店进行初步检查。首先检查项目是否填写齐全，然后检查订单的付款条件，并按付款条件将订单分类。采用信用卡支付方式的订单将被优先满足，其他付款方式则要更长时间来得到付款确认，只有确认支付完款项的订单才会立即自动发出零部件的订货并转入生产数据库中，订单也才会立即转到生产部门进行下一步作业。用户订货后，可以对产品的生产过程、发货日期甚至运输公司的发货状况等进行跟踪，根据发出订单的数量，用户需要填写单一订单或多重订单状况查询表格。表格中各有两项数据需要填写，一项是戴尔的订单号，另一项是校验数据。提交后，戴尔将通过 Internet 将查询结果传送给用户。

（2）预生产

从接收订单到正式开始生产之前，有一段等待零部件到货的时间，这段时间叫做预生产。预生产的时间因消费者所订的系统不同而不同，主要取决于供应商的仓库中是否有现成的零部件。一般的，戴尔要确定一个订货的前置时间，即需要等待零部件并将订货送到消费者手中的时间，该前置时间在戴尔向消费者确认订货有效时会告诉消费者。订货确认一般通过两种方式，即电话或电子邮件。

（3）配件准备

当订单转到生产部门时，所需的零部件清单也就自动产生，相关人员将零部件备齐传送到装配线上。

（4）配置

组装人员将装配线上传来的零部件组装成计算机，然后进入测试过程。

（5）测试

检测部门用特制的测试软件测试组装好的计算机，通过测试的机器被送到包装间。

（6）装箱

测试完后的计算机被放到包装箱中，同时要将鼠标、键盘、电源线、说明书及其他文档一同装入相应的卡车运送给顾客。

（7）配送准备

一般在生产过程结束的次日完成送货准备，但大订单及需要特殊装运作业的订单花的时间要长些。

（8）发运

将顾客所订货物发出，并按订单上的日期送到指定的地点。戴尔设计了几种不同的送货方式，由顾客订货时选择。一般情况下，订货将在 2～5 个工作日送到订单上的指定地点，即送货上门，同时提供免费安装和测试服务。

戴尔的物流从确认订货开始。确认订货是以收到货款为标志的，在收到用户的货款之前，物流过程并没有开始，收到货款之后需要两天时间进行生产准备、生产、测试、包装、发运准备等。戴尔在我国的福建厦门设厂，其产品的销售物流委托国内的一家货运公司承担。由于用户分布面广，戴尔向货运公司发出的发货通知可能十分零星和分散，但戴尔承诺在款到后 2～5 天送货上门。同时，在中国，对某些偏远地区的用户每台计算机还加收 200～300 元人民币的运费。

联邦快递公司

联邦快递公司隶属于美国联邦快递集团，是集团快递运输业务的中坚力量，其网站首页如图 4-8 所示。联邦快递集团为遍及全球的顾客和企业提供涵盖运输、电子商务和商业运作等一系列的全向服务。作为一个久负盛名的企业品牌，联邦快递集团通过相互竞争和协调管理的运营模式，提供了一套综合的商务应用解决方案，使其年收入高达 320 亿美元。联邦快递集团激励旗下超过 26 万名的员工和承包商高度关注安全问题，恪守品行道德和职业操守的最高标准，并最大限度满足客户和社会的需求，使其屡次被评为全球最受尊敬和最可信赖的雇主。

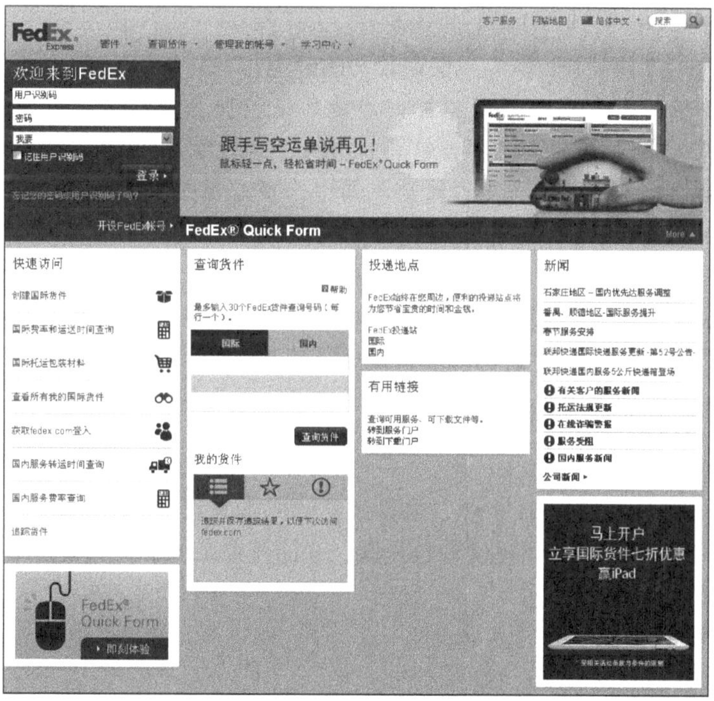

图 4-8　联邦快递网站首页

联邦快递是全球最具规模的快递运输公司，为全球超过 220 个国家及地区提供快捷、可靠的快递服务。联邦快递设有环球航空及陆运网络，通常只需 1～2 个工作日就能迅速运送时限紧迫的货件，而且确保准时送达。

在不懈努力下，联邦快递连续几年荣获亚洲货运业最佳后勤作业奖及最佳电子商务奖，并在 2006 年获得中国最具影响力的跨国公司称号。

1. 营销策略

联邦快递开创了快递产业中的“基地源泉”，史无前例地将智能化系统引入该行业中。联邦快递主推“服务、技术、与顾客协同拓展市场”的营业理念，成为在当今快速、竞争、全球一体化的市场上唯一能向顾客提供其需要的“综合性物资调运解决方案”的企业。联邦快递将其卖点建立在智能化服务体系上，深度介入到客户的物资调运业务中去，提供能与之协同运作的整体解决方案，这就是联邦快递的营销策略。

2. 完善的供应链管理方案

（1）供应链管理方案

由于越来越多的公司将重心放在核心业务上，因此，供应链及后勤作业的“外购”已逐渐风行，成为业界的最佳经营方法。联邦快递可为客户提供整合式供应链解决方案。

（2）公司物流解决方案的具体实施——量身定制解决方案

读一读

快递公司的分类

目前我国快递业企业分为四类：第一类是外资快递企业，包括联邦快递(FedEx)、敦豪(DHL)、天地快运(TNT)、联合包裹(UPS)、高保物流(GLEX)等，外资快递企业具有丰富的经验、雄厚的资金及发达的全球网络；第二类是国有快递企业，包括中国邮政(EMS)、民航快递(CAE)、中铁快运(CRE)等，国有快递企业依靠其背景优势和完善的国内网络在国内快递市场处于领先地位；第三类是大型民营快递企业，包括顺丰速运、宅急送、申通快递、韵达快递、圆通快递等，大型民营快递企业在局部市场站稳脚跟后，已逐步向全国扩张；第四类是小型民营快递企业，这类企业规模小且经营灵活，但管理比较混乱，其主要经营特定区域的同城快递和省内快递业务。

1）联邦快递公司以广大的 LDC 网络——遍布亚洲及全球各主要城市，提供 1 周 7 天、1 天 24 小时的物流解决方案，让企业以最具效益的成本来管理具有时效性的存货。联邦的物流配送中心以下列功能为企业提供整合托运、仓储及追踪的解决方案。

① 储存或托运产品。

② 减少昂贵的存货。

③ 使用准确、最新的信息及管理报告。

④ 透过实时追踪仓储或运输中的货件，享受供应链透明化带来的好处。

⑤ 在准备清关文件上，取得必要的协助。

⑥ 缩短循环周期。

⑦ 提高作业灵活度。

2）联邦快递的解决方案为客户提供超值服务。与联邦快递携手合作，将资源集中在公司的核心能力上，以增加公司的竞争优势，包括如下特点。

① 增加利润。

② 降低资金需求量。

③ 提高资产运用及生产力。

④ 拥有更适合、更具弹性的存货。

⑤ 实时生产管理流程。

⑥ 快速、低成本地整合新信息技术。

⑦ 提高客户满意度。

3）利用联邦快递托运的优点如下。

① 供应链中存货流动的透明化。

② 不必维持很高的存货。

③ 加强客户服务。

④ 减少仓储成本。

联邦快递经验丰富的供应链专业团队深知每个行业皆有其独特的需求。联邦快递以多年的全球供应链管理经验为后盾，提供整合式及量身定制的供应链解决方案来满足客户的各项需求，以此提高了企业利润。

思考题

问题一：戴尔的电子商务化物流有什么优势？它提供的增值服务有哪些？戴尔物流存在的问题是什么？如何应对？

问题二：联邦快递的供应链管理方案有什么优势？它的发展目标、愿景、理想有哪些？它是如何做的？

案例分析

戴尔的物流电子商务化

戴尔公司给我们开辟了电子商务化物流的先河，如何实现电子商务化物流是目前企业所面临的问题，而能否提供电子商务化物流增值服务已成为衡量一个企业物流是否真正具有竞争力的标准。

1）戴尔公司电子商务物流的优势在于以下三点。

① 它建立了一个覆盖面较大、反应迅速、低成本的物流网络和系统。通过国际互联网和企业内部网进行销售，减少库存，加快资金周转，提高资本回报率，这样才能在竞争中占有优势地位。

② 透明度高，消费者可以查询已订购的商品从发出订单到送至消费者手中全过程的情况，使消费者更加放心、称心和舒心。

③ 采取“按单生产”，没有库存风险，又可满足消费者的不同需要。这种生产经营方式可以省去一些中间成本，降低价格，提高竞争力。

2）无论使用什么销售方式，首先必须对用户有好处。戴尔的电子商务型直销方式对用户的价值包括：一是用户的需求不管多么个性化都可以满足；二是戴尔精简的生产、销售、物流过程可以省去一些中间成本，因此，戴尔的价格较低；三是用户可以享受到完善的售后服务，包括物流、配送服务，以及其他售后服务。

3）电子商务化物流对戴尔公司的好处及隐患。如果戴尔按照承诺将所有的订货都直接从工厂送货上门，就会带来两个问题。

① 物流成本过高。如果用户分布的区域很广，订货量又少，则这种因库存降低减少的库存费用是无法弥补因进货不经济导致的运输及其他相关成本上升而增加的费用的。可能在某些重要的销售市场设立区域配送中心是必要的，这样可能会使库存成本上升，但交货期会缩短。

② 交货期过长。传统的销售渠道是消费者面对现货，而在戴尔的销售方式下，用户面对的是期货。此时，消费者看重的是名牌企业，因而有可能等待，但这并不是消费者期望的事情，所以像戴尔这样根据准确的需求预测、电话订货或网上订货，然后再组织生产和配送的模式，实际上蕴藏着较大的市场、生产及物流风险，不是很容易办到的。

戴尔公司通过开展增加便利性的服务、加快反应速度的服务、降低成本的服务、延伸服务、将供应链集成在一起的服务，有效地克服了电子商务面临的难题，为其他电子商务公司提供了可借鉴的经验。

议一议

戴尔公司物流电子商务化以后，能不能实现真正零库存？

联邦快递——做顾客的“全球物流专家”

联邦快递的目标是做顾客的“全球物流专家”。联邦快递认为，快递业者该增加自己对顾客的附加价值，朝着做顾客的“全球物流专家”的角色迈进。特别是对企业用户来说，联邦快递的全球物流专家角色可以提供企业增值的服务。这个角色的实现要求联邦快递必须增加自己对顾客的附加值并与顾客建立良好的互动与信息沟通模式。

联邦快递以其广阔的业务范围、最先进的电子方案、优质的服务成为了全球物流业的领头人。其成功的关键是让顾客节省成本。应用 WAP 功能货件追踪服务电子方案是联邦快递应用高科技给顾客带来更多便利、使顾客放心的明智之举。

联邦快递一流的运输设备和遍及各地的服务中心是其成为“全球物流专家”的坚强后盾。只有与顾客建立良好的互动与信息沟通模式，企业才能掌握货品的所有配送过程与状况，就如同掌握企业内部的物流部门一样。

联邦快递的最大特点是为顾客节省成本投资。为顾客节省成本投资是对联邦快速的全球物流业务的最强有力的支持。它们这样做的目的在于利用其快递物流中心，协助顾客节省仓储系统的大笔固定成本投资，同时顾客还能享有变动成本的便利。

联邦快递最精明的做法是帮顾客规划物流路线与方案。顾客的订单可以通过联邦快递的系统管理加以处理，这样联邦快递就可以帮助顾客规划最佳的全球物流路线与方案，进一步协助业者简化与缩短货品分销全球的流程。

知识拓展

供应链在电子商务中的地位

1. 供应链管理及其意义

所谓供应链，其实就是由供应商、制造商、仓库、配送中心和渠道商等构成的物流网络。同一企业可能在这个网络的不同组成节点占有位置，但更多的是由不同的企业构成这个网络中的不同节点。例如，在某个供应链中，同一企业可能既在制造商、仓库节点占有位置，又在配送中心节点等占有位置。在分工越细、专业要求越高的供应链中，不同节点基本上由不同的企业组成。在供应链各成员单位间流动的原材料、在制品库存和产成品等就构成了供应链上的货物流。

供应链管理(Supply Chain Management，SCM)是一种集成的管理思想和方法，它执行供应链中从供应商到最终用户的物流计划和控制等职能。从单一的企业角度来看，供应链管理是指企业通过改善上、下游供应链关系，整合和优化供应链中的信息流、物流、资金流，以获得企业的竞争优势。

供应链管理是企业的有效性管理，整合并优化了供应商、制造商、零售商的业务效率，使商品以正确的数量、正确的品质，在正确的地点以正确的时间和最佳的成本进行生产和销售。

研究表明，有效的供应链管理总是能够使供应链上的企业获得并保持稳定持久的竞争优势，进而提高供应链的整体竞争力。统计数据显示，供应链管理的有效实施可以使企业总成本下降20%左右，供应链上的节点企业按时交货率提高15%以上，订货到生产的周期缩短20%～30%，供应链上的节点企业生产率增值提高15%以上。

通过建立供应商与制造商之间的战略合作关系，可以达到以下目标。

1) 对于制造商/买主：降低成本(降低合同成本)，实现数量折扣和稳定而有竞争力的价格；提高产品质量和降低库存水平；改善时间管理；缩短交货提前期和提高可靠性；优化面向工艺的企业规划；提高对产品变化的反应速度；强化数据信息的获取和管理控制。

2) 对于供应商/卖主：保证有稳定的市场需求；对用户需求更好地了解，提高运作质量；提高零部件生产质量；降低生产成本；提高对买主交货期改变的反应速度和柔性；获得更高的利润。

3) 对于买主/卖主双方：改善相互之间的交流；实现共同的期望和目标；共担风险和共享利益；共同参与产品和工艺开发，实现相互之间的工艺集成、技术和物理集成；减少外在因素的影响及其造成的风险；降低机会主义影响和投机概率；增强解决矛盾和冲突的能力；在订单、生产、运输上实现规模效益以降低成本；减少管理成本；提高资产利用率。

2. 供应链管理的发展趋势

供应链管理是迄今为止企业物流发展的最高级形式。虽然供应链管理非常复杂，且动态、多变，但众多企业已经在供应链管理的实践中获得了丰富的经验并取得了显著的成效。当前供应链管理的发展正呈现出一些明显的趋势。

(1) 更加关注时间与速度

越来越多的公司认识到时间与速度是影响市场竞争力的关键因素之一。例如，在各个行业，国内外大多数 PC 制造商都使用 Intel 的 CPU，因此，如何确保在第一时间内安装 Intel 最新推出的 CPU 就成为各 PC 制造商获得竞争力的自然之选。总之，在供应链环境下，时间与速度已被看成是提高企业竞争优势的主要来源，一个环节的拖沓往往会影响整个供应链的运转。供应链中的各个企业通过各种手段实现它们之间物流、信息流的紧密连接，以达到快速响应最终客户要求、减少存货成本、提高供应链整体竞争水平的目的。

(2) 质量与资产生产率

供应链管理涉及许多环节，需要环环紧扣，并确保每一个环节的质量。任何一个环节都将直接影响到供应商备货的数量、分销商仓储的数量，进而最终影响到用户对产品质量、时效性及价格等方面的评价。时下，越来越多的企业信奉物流质量创新正在演变为一种提高供应链绩效的强大力量。另一方面，制造商越来越关心它的资产生产率。改进资产生产率不仅仅是注重减少企业内部的存货，更重要的是减少供应链渠道中的存货。供应链管理发展的趋势要求企业开展合作与数据共享以减少在整个供应链渠道中的存货。

(3) 组织精简

供应链成员的类型及数量是引发供应链管理复杂性的直接原因。在当前的供应链发展趋势下，越来越多的企业开始考虑减少物流供应商的数量，并且这种趋势非常明显与迅速。例如，跨国公司客户更愿意将它们的全球物流供应链外包给少数几家物流供应商，理想情况下最好是一家物流供应商。因为这样不仅有利于管理，而且有利于在全球范围内提供统一的标准服务，更好地显示出全球供应链管理的整合优势。

(4) 重视客户服务与客户满意度

越来越多的供应链成员开始真正地重视客户服务与客户满意度。传统的量度是以订单交货周期、完整订单的百分比等来衡量的，而目前更注重客户对服务水平的感受，服务水平的量度也以它为标准。客户服务的重点转移的结果就是重视与物流公司的关系，并把物流公司看成是提供高水平服务的合作者。

3. 选择第三方物流企业

首先设定自己的物流外包的目标，再选择合适的物流企业。在考核的时候以自身的目标为主，考核的内容与方法会有所不同。现在很多企业物流外包的主要目的还只是为了降低成本，主要考核的当然是运输质量、运输成本。应该说，节约成本是第三方物流存在的最重要优势。让更专业的物流企业来为制造企业服务，让物流成为企业增值的另一个渠道，这是许多制造企业之所以选择物流企业的原因，这样就要求物流企业能在运输质量上比制造企业自身做得更好，在运输成本上比制造企业更低。

如果第三方物流可以让企业把更多的精力放到产品研发和销售上，这样的资源重新分配自然也能对企业竞争力的增强起到积极的作用。对物流合作伙伴的考核当然也就提升到了一个更高的层次。

具体来说，有如下几步。

1）确定本企业在利用物流方面的目标。确立目标并使大家有明确的认识，这是选择物流企业的前提条件，也是以后衡量物流绩效大小的一个标准。目标确定以后，就不难预计需要克服的种种困难和选择最合适的物流企业。

2）测定用户对物流服务的需求。在确定本企业利用物流服务方面的目标以后，还要了解和测定用户(本企业产品的买主)在使用物流服务方面有哪些要求，以保证要选择的物流企业能够扬长避短，更好地提供物流服务。

3）制定选择标准。根据本企业的目标与有关用户的要求，制定出选择物流企业的标准。这个公认的标准，一方面作为评选物流企业的标准，另一方面也是今后对选中的物流企业提出要求的依据，所以要认真对待。

4）提出备选的物流企业名单。根据选择标准，在物流界物色备选对象。这些备选对象既应符合本企业的业务方向又应适应本企业的地区范围。为了找到最佳合作伙伴，可以征求本企业供应商和客户的意见，也可以向专业机构咨询，甚至还可以在国际互联网上广为物色。

5）征询备选对象意愿。向备选对象发函，询问是否愿意投标。函中既要介绍概况及招标项目的工作性质与地区范围，又要要求对方提供该企业的基本情况与力所能及的业务范围。

6）发出征询方案。向初审合格的备选物流企业发出征询方案，提出关于运输、仓储及增值服务方面的要求，请对方在征询报价单上填写机构名称、服务能力情况与原有的用户单位及其报价。

7）进行实地考察。在仔细审阅回复的征询方案和报价单后，组织力量有重点地考察4～5家最有中标可能的物流企业，深入了解其物流设施、业务程序、企业领导层与一般人员情况。为了便于对照比较，应由同一批人员集体进行考察并填写标准化的调查表格。

8）复审备选对象的资质。本企业跨部门的物流组织根据调查报告、征询报价单及其他的有关资料，逐个评审投标企业的财务状况、管理理念与战略合适度。

9）通过比较分析选定合作伙伴。采用层次分析方法将投标竞争者的各项条件同本企业原定的选择标准进行比较，将各备选物流企业的各项目的权重得分分别输入计算机并进行对照，以便于领导层据此做出最后选择。

案例拓展

中外运空运公司为摩托罗拉公司提供第三方物流服务

中外运空运发展股份有限公司是中国外运集团所属的全资子公司，其网站首页如图4-9

所示。下面是中外运空运发展股份有限公司为摩托罗拉公司提供第三方物流服务的案例介绍。

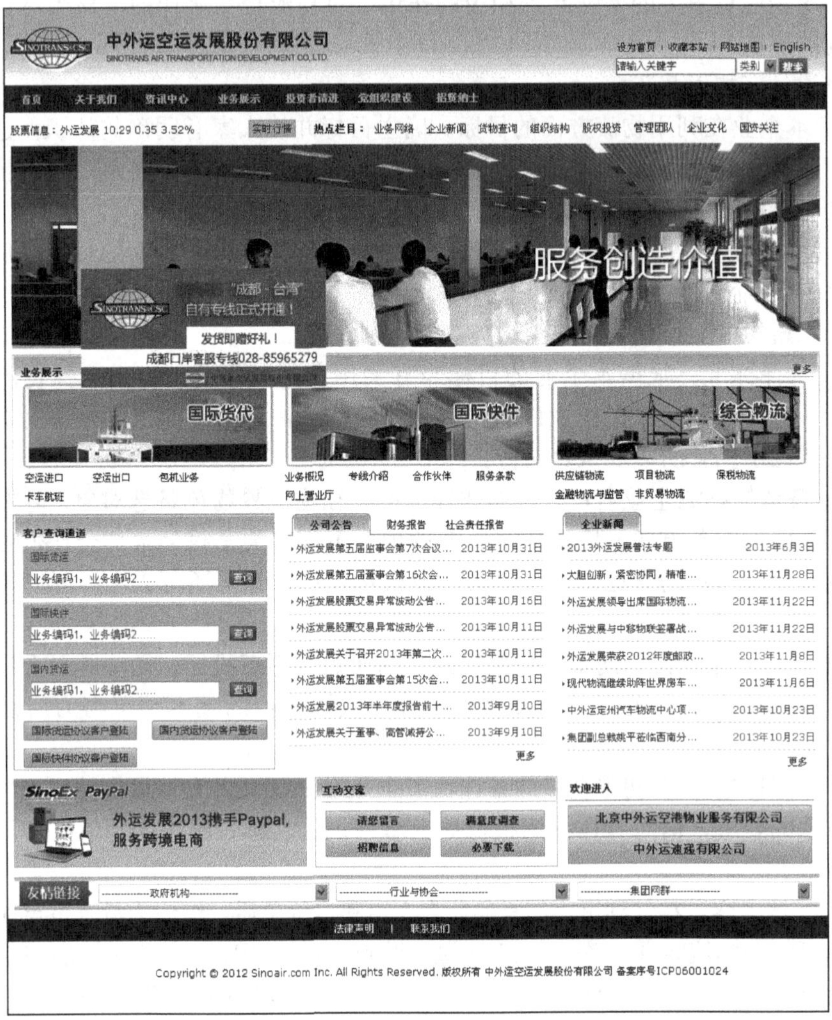

图 4-9　中外运空运发展股份有限公司网站首页

1. *摩托罗拉的物流服务要求和考核标准*

1）要提供 24 小时的全天候准时服务。主要包括：保证摩托罗拉公司与中外运业务人员、天津机场和北京机场两个办事处及双方有关负责人通信联络 24 小时通畅；保证运输车辆 24 小时运转；保证天津与北京机场办事处 24 小时提货、交货。

2）要求服务速度快。摩托罗拉公司对提货、操作、航班、派送都有明确的规定，时间以小时计算。

3）要求服务的安全系数高，要求对运输的全过程负责，要保证航空公司及派送代理处理货物的各个环节都不出问题，一旦某个环节出了问题，将由服务商承担责任，赔偿损失，而且当过失到一定程度时，将被取消做业务的资格。

4）要求信息反馈快。要求公司的计算机与摩托罗拉公司联网，做到对货物的随时跟踪、查询，掌握货物运输全过程。

5）要求服务项目多。根据摩托罗拉公司货物流转的需要，通过发挥中外运系统的网络综合服务优势，提供包括出口运输、进口运输、国内空运、国内陆运、国际快递、国际海运和国内提供的派送等全方位的物流服务。

2. 摩托罗拉公司选择中国运输代理企业的基本做法

首先，通过多种方式对备选的运输代理企业的资信、网络、业务能力等进行周密的调查，并给初选的企业少量业务试运行，以实际考察这些企业服务的能力与质量，对不合格者，取消代理资格。

其次，摩托罗拉公司对获得运输代理资格的企业进行严格的月季度考评。主要考核内容包括运输周期、信息反馈、单证资料、财务结算、货物安全和客户投诉。

3. 中外运空运股份有限公司的主要做法

（1）制定科学规范的操作流程

摩托罗拉公司的货物具有科技含量高、货值高、产品更新换代快、运输风险大、货物周转及仓储要求零库存的特点。为满足摩托罗拉公司的服务要求，中外运空运股份有限公司从 1996 年开始设计并不断完善业务操作规范，并纳入了公司的程序化管理，对所有业务操作都按照服务标准设定的工作和管理程序进行，先后制定了出口、进口、国内空运、陆运、仓储、运输、信息查询、反馈等工作程序，每位员工、每个工作环节都按照设定的工作程序进行，使整个操作过程井然有序，提高了服务质量，减少了差错。

（2）提供 24 小时的全天候服务

针对客户 24 小时服务的要求，实行全年 365 天的全天候工作制度。周六、周日(包括节假日)均视为正常工作日，厂家随时出货，随时有专人、专车提供和操作。在通信方面，相关人员从总经理到业务员实行 24 小时的通信通畅，保证了对各种突发性情况的迅速处理。

（3）提供门到门的延伸服务

普通货物运送的标准一般是从机场到机场，由货主自己提货，而快件服务的标准是从门到门、从库到库，而且货物运输的全程在严密的监控之中，因此收费也较高。对摩托罗拉的普通货物虽然是按普货标准收费的，但提供的却是门到门、库到库的快件服务，这样既提高了摩托罗拉货物运输的及时性，又保证了货物运输的安全性。

（4）提供创新服务

从货主的角度出发，推出新的、更周到的服务项目，最大限度地减少损货，维护货主信誉。为减少摩托罗拉公司的货物在运输中的被盗事件，在运输中间增加了打包、加固的环节；为防止货物被雨淋，又增加了一项塑料袋包装，为保证急货按时送到货主手中，还增加了手提货的运输方式，解决了客户的急、难问题，让客户感到在最需要的时候，中外运空运公司都能及时快速地帮助解决。

(5) 充分发挥中外运空运股份有限公司的网络优势

经过多年的建设，中外运空运股份有限公司在全国拥有了比较齐全的海、陆、空运输与仓储、码头设施，形成了遍布国内外的货运营销网络，这是中外运空运股份有限公司发展物流服务的最大优势。通过中外运空运股份有限公司网络，在国内为摩托罗拉公司提供服务的网点已达98个城市，实现了提货、发运、对方派送全过程的定点定人、信息跟踪反馈，满足了客户的要求。

(6) 对客户实行全程负责制

作为摩托罗拉公司的主要货运代理之一，中外运空运公司对运输的每一个环节负全责。对于出现的问题，中外运空运股份有限公司积极主动协助客户解决，并承担责任和赔偿损失，确保了货主的利益。

中外运空运股份有限公司为摩托罗拉公司的服务，从开始的几票货发展到了面向全国，双方在共同的合作与发展中建立了相互的信任和紧密的业务联系。在中国加入WTO后的新形势下，中外运空运股份有限公司和摩托罗拉公司又积极探讨更加广泛和紧密的物流合作。

知识链接

电子商务与物流

随着电子商务的进一步推广与应用，物流的重要性对电子商务活动的影响日益明显，电子商务需要物流的支撑，反过来，物流业也因电子商务的发展而发展。

参考网址：

1) 电子商务对物流业的影响：http://www.gzhd56.com/wuliuzhishi/931.html。

2) 电商发展亟需突破物流瓶颈：http://finance.ifeng.com/a/20130812/10405001_0.shtml。

3) 电子商务与物流的关系：http://abc.wm23.com/zhulin/111707.html。

拓展思考

分析中外运空运股份有限公司为摩托罗拉公司提供的是哪种物流外包关系，并列出中外运空运股份有限公司能为摩托罗拉公司提供第三方物流服务的三个成功因素。

第五章　电子商务法律案例

【导读】

随着电子商务的发展和互联网的普及，企业和个人利用网络进行的活动也越来越频繁，进而引发了一系列电子商务法律问题。

本章将通过对网络传播权、电子商务域名纠纷等电子商务法律案例的分析，培养学习者在电子商务环境下保护自身权益的案情分析能力和法律意识，使学习者知法懂法，能用法律武器保护自己。

第一节　网络传播权案例

知识要点

1. 网络传播权的含义及特征

《中华人民共和国著作权法》(以下简称《著作权法》)中规定，著作权包括信息网络传播权。信息网络传播权，即以有线或者无线方式向公众提供作品，使公众可以在其个人选定的时间和地点获得作品的权利。2006 年 7 月 1 日，我国颁布实施了《信息网络传播权保护条例》(以下简称《条例》)，其中规定，信息网络传播权，是指以有线或者无线方式向公众提供作品、表演或者录音录像制品，使公众可以在其个人选定的时间和地点获得作品、表演或者录音录像制品的权利，这一定义细化了《著作权法》关于信息网络传播权的概念，明确了权利的主体范围和权利保护的对象。《条例》指出该条例制定的目的是为了保护著作权人、表演者、录音录像制作者(以下统称权利人)的信息网络传播权，鼓励有益于社会主义精神文明、物质文明建设的作品的创作和传播。权利人享有的信息网络传播权受《著作权法》和《条例》的保护，除法律、行政法规另有规定外，任何组织或者个人将他人的作品、表演、录音录像制品(以下统称作品)通过信息网络向公众提供，应当取得权利人的许可并向其支付报酬。

从《条例》的规定可以看出，信息网络传播权有三个含义：其一，权利的主体既可以是著作权人，也可以是邻接权人(表演者和录音录像制作者)；其二，权利的行使是以有线或无线方式向公众传播作品的；其三，必须使公众能够在任意的时间和地点获取作品。《条例》明确规定信息网络传播权包括以“有线或者无线”两种方式传播作品，清楚地表明这项权利的行使不仅仅局限于 Internet 中的有线网络，同时也涵盖了 WAP 等形式的无线网络。事实上，无线网络支持随处漫游的个人通信业务，随着带宽、硬件、运行环境的改善，无线网络正在以极快的速度发展着，受无线增值业务给网站运营带来巨大利益的驱动，提供 WAP 等形式内容的网站正在日益成为著作权侵权的另一个侵权主体。

读一读

《著作权法》制定与修改

为保护文学、艺术和科学作品作者的著作权及与著作权有关的权益，鼓励有益于社会主义精神文明、物质文明建设的作品的创作和传播，促进社会主义文化和科学事业的发展与繁荣，根据宪法制定《中华人民共和国著作权法》，由1990年(庚午年)9月7日第七届全国人民代表大会常务委员会第15次会议通过。2001年10月27日第九届全国人民代表大会常务委员会第24次会议通过了《关于修改〈中华人民共和国著作权法〉的决定》第一次修改。2010年2月26日第十一届全国人民代表大会常务委员会第13次会议通过了《关于修改〈中华人民共和国著作权法〉的决定》第二次修改。

信息网络传播权有三个特征：一是权利由著作权人或表演者、录音录像制作者享有，只有权利人本人或经过其授权才可以通过信息网络向公众传播，未经许可擅自将作品、表演、录音录像制品在网络上进行传播应当承担相应的责任；二是作品的传播是以有线或无线的方式进行的，即不局限于互联网，而且还涵盖了已经存在或将来可能出现的其他网络；三是作品的网络传播是公开和交互进行的，任何公众可以在个人选定的时间和地点主动获得作品，而不是被动地接受作品。

2. 信息网络传播权的侵权类型及方式

最高人民法院在修改后的《关于审理涉及计算机网络著作权纠纷案件适用法律若干问题的解释》中明确指出，受《著作权法》保护的作品包括《著作权法》第三条规定的各类作品的数字化形式，即文字、口述、音乐、戏剧、曲艺、舞蹈、美术、摄影、电影等图形作品和模型作品，其著作权仍然属于原作品的著作权人，未经许可、不支付费用的上载、传播、复制等行为都有可能构成侵权。

(1) 信息网络传播侵权的主要类型

信息网络传播的侵权主要有三类。第一是通过互联网直接散发未得到著作权人授权的作品，如歌曲、文章、影视作品；第二是通过搜索链接到未经授权的音乐作品、影视作品上，主要集中在相关搜索引擎上；第三是利用自己的技术优势将加密的作品破解。

(2) 信息网络传播侵权的方式

侵犯信息网络传播权的行为，从侵权行为人的主体类别看，主要包括传播者、使用者及网站经营管理者的侵权；从侵权的方式看，包括复制侵权、传播侵权、链接侵权、使用未经授权的作品(软件)侵权等。

是否构成侵权的关键在于该网站的行为是直接播放还是仅提供链接服务。目前对链接方式有不同的分类标准，仅以访问者能不能感受到链接指引下文件的转化为标准，可将链接分为直接链接和隐含链接。

1) 直接链接。直接链接又称首页链接、友情链接、外链，是指点击当前网页上的超文本链接符号，使浏览器的内容从一个网页直接转换到另一个网页或另一个网页的一部分内容。这种链接是明显的，访问者不仅可以看见链接的标志，还可以看见在这种链接的指引下发生的文件转换，用户在同一时间内只能在电脑屏幕上看到一个网站资料。

2）隐含链接。隐含链接又称为内链，是指用户感受不到的隐蔽的链接。当用户访问设置了隐含链接的网页时，网页的一部分是通过超文本链接将另一网页的部分或全部内容显示在本页中。在这种链接中，访问者以通常方式看不见链接标志，在页面初次下载时，它就引导用户的浏览器去被链接对象所在的服务器自动获取所链接的信息，用户不能感受到因链接的存在而引起的信息变化。

隐含链接又包含以下几种形式。

① 图像链接。即制作者可以使用 HTML 在网页中设计 IMG 指令，将不同网站、不同网页上的图像(当然也可以是文章或音乐片断等信息)链接到自己的网页上来，使被链接的内容可以作为自己网页整体的一部分在屏幕上显示出来。

② 加框链接，也称视框链接。它允许网页制作者将页面分为几个独立的区间(每个区间称为一个“框”)，每个“框”可以同时呈现不同来源和不同内容的信息资料，并且可以单独卷动。

③ 其他隐含链接。例如，有的网页一打开就会有音乐响起，设链者通过链接指令，指向他人网页上的音乐片断，通过这种指向该音乐片断的链接指令，使自己的网页一打开也会伴随相同的音乐响起。此时，链接已经失去了它原来的意义，而是直接引用了所指引的内容，这种意义上的链接称为“用于引用的链接”，即设链者实际使用了被链接网站的内容，起到了公开传播被链接对象的作用。这种链接完全是人为设计的，设链者主观上具有恶意，故应承担相应的法律责任。

3. 信息网络传播权侵权纠纷的解决方法

按照权利和义务的不同，《条例》将网络服务提供者的主体分为网络接入服务提供者(ISP)和网络信息服务提供者(ICP)两种。由于网络接入服务提供者和网络信息服务提供者对网络信息进行编辑控制的能力不同，其应承担的法律责任也不同。

根据最高人民法院司法解释，设置网络服务主体的著作权法律责任的目的有两个：一是要依法制裁网络侵犯著作权的行为；二是要给网络服务主体提供一个法律责任的“避风港”。法律为了保护和促进新兴网络产业的健康发展，明确规定网络服务主体在没有主观过错的情况下，对著作权侵权行为不轻易承担过重的责任。

(1) 网络服务提供者侵权的法律责任

网络接入服务提供者在链接他人网站中因对网络信息内容不具备编辑控制能力，对信息内容的合法性没有监控义务，因而对他人在网络上实施的侵权行为没有主观过错，根据《中华人民共和国民法通则》第一百零六条规定，不必承担法律责任，侵权的法律责任应由提供信息内容的行为人本人承担。

网络信息内容提供者由于对网络信息内容具有一定的编辑控制能力，因此在明知侵权行为发生或经著作权合法所有人提出确有证据的警告后，负有采取移除侵权内容等措施，停止侵权内容继续传播的义务。如果网络接入服务提供者违反该义务，主观上既有过错，客观上又实施了不作为的侵权行为，根据《中华人民共和国民法通则》第一百三十条规定，与行为人构成共同侵权，应当承担连带法律责任。网络接入服务提供者如果通过网络参与实施侵犯著作权的行为，或通过网络帮助、教唆他人实施侵犯著作权行为，根据《中华人民共和国民法通则》第一百三十条规定，属于共同侵权，应当与直接实施侵权行为的人承担连带法律责任。

读一读

网络服务提供者

网络服务提供者是指通过信息网络向公众提供信息或者为获取网络信息等目的提供服务的机构，包括网络上的一切提供设施、信息、中介、接入等技术服务的个人用户、网络服务商及非盈利组织。根据其提供的服务不同，网络服务提供者具体可以分为网络接入服务提供者、网络平台服务提供者、网络内容及产品服务提供者。就网络内容而言，上述三类网络服务提供者的角色是完全不同的：网络接入服务提供者与网络平台服务提供者通常而言并不对传输内容进行主动编辑、组织或者修改，而网络内容及产品服务提供者则涉及主动对内容进行编辑、组织或修改。也有将网络服务提供者分为网络技术服务提供者与网络内容服务提供者两类的。

(2) 侵权纠纷的处理

权利人认为网络服务提供者涉及的作品侵犯了自己的信息网络传播权，或者被删除、改变了自己的权利管理电子信息的，可以向该网络服务提供者提交书面通知，要求网络服务提供者删除该作品，或者断开与该作品的链接。通知书应当包含的内容有以下三个方面：一是权利人的姓名(名称)、联系方式和地址；二是要求删除或者断开链接的侵权作品的名称和网络地址；三是构成侵权的初步证明材料。

网络服务提供者接到权利人的通知书后，应当立即删除涉嫌侵权的作品，或者断开与涉嫌侵权的作品的链接，并同时将通知书转送提供作品的服务对象。服务对象接到网络服务提供者转送的通知书后，认为其提供的作品未侵犯他人权利的可以向网络服务提供者提交书面说明，要求恢复被删除的作品，或者恢复与被断开的作品的链接。书面说明有以下内容：一是服务对象的姓名(名称)、联系方式和地址；二是要求恢复的作品的名称和网络地址；三是不构成侵权的初步证明材料。网络服务提供者接到服务对象的书面说明后应当立即恢复被删除的作品，或者可以恢复与被断开的作品的链接，同时将服务对象的书面说明转送权利人。权利人不得再通知网络服务提供者删除该作品，或者断开与该作品的链接。

(3) 网络服务提供者的免责

《条例》规定了网络服务提供者提供服务免除赔偿责任的情形。

网络服务提供者包括网络信息服务提供者和网络接入服务提供者，是权利人和作品使用者之间的桥梁。为了促进网络产业发展，有必要降低网络服务提供者通过信息网络提供作品的成本和风险。在实践中，网络服务提供者对服务对象提供侵权作品的行为，往往不具有主观过错。为此，《条例》对网络服务提供者提供服务规定了四种免除赔偿责任的情形。

① 网络服务提供者提供自动接入服务、自动传输服务的，只要按照服务对象的指令提供服务，不对传输的作品进行修改，不向规定对象以外的人传输作品，不承担赔偿责任。

② 网络服务提供者为了提高网络传输效率自动存储信息向服务对象提供的，只要不改

变存储的作品，不影响提供该作品网站对使用该作品的监控，并根据该网站对作品的处置而做相应的处置，不承担赔偿责任。

③ 网络服务提供者向服务对象提供信息存储空间服务的，只要标明是提供服务，不改变存储的作品，没有从侵权行为中直接获得利益，接到权利人通知书后立即删除侵权作品，不承担赔偿责任。

④ 网络服务提供者提供搜索、链接服务的，在接到权利人通知书后立即断开与侵权作品的链接，不承担赔偿责任。但是，如果明知或应当知道作品侵权链接的，应当承担共同侵权责任。

典型案例

信息网络传输的著作权保护

1999年12月14日，北京市第一中级人民法院对王蒙等六位作家诉世纪互联通讯技术有限公司(以下简称世纪互联公司)著作权侵权纠纷案做出终审判决，为这一备受各方关注的案件画上了句号。该案的审理对于现阶段我国对信息网络传输作品的著作权司法保护，对尽早完善著作权相关法律、法规及规范这一领域的权利义务等方面都将产生重大而积极的影响。

原告王蒙、毕淑敏、张承志、张洁、张抗抗、刘震云诉称，他们分别是《坚硬的稀粥》、《预约死亡》、《黑骏马》、《北方的河》、《漫长的路》、《白罂粟》、《一地鸡毛》的作者，分别对上述作品享有著作权，被告世纪互联公司未经许可，将上述作品搭载到其开办的网站——北京在线上传播，侵犯了他们对各自作品享有的使用权和获得报酬权。故原告请求法院判令被告：第一，停止使用作品；第二，向原告公开赔礼道歉；第三，承担本案的诉讼费及调查取证费；第四，赔偿经济损失及精神损失。

被告辩称，因我国法律对在国际互联网上传播他人作品是否需要取得作品著作权人的同意，怎样向著作权人支付作品使用费等问题都没有任何规定，在其公司网站所载的原告作品是“灵波小组”从互联网上下载的，不是其公司首先将原告作品刊载到互联网上的，因此他们不知道在网上刊载原告作品还需征得原告同意。他们刊载原告作品的行为仅属于“使用他人作品未支付报酬”的问题，况且访问其公司“小说一族”栏目的用户很少，没有任何经济效益。公司在刊载原告作品时，没有侵害原告的著作人身权，原告主张的精神损失不能成立。总之，其公司刊载原告的作品无侵权故意，出现上述问题是由于法律和实践原因所致，希望法院查明事实，依法公断。

一审法院经审理认为，原告是其文学作品的著作权人。根据《著作权法》规定，著作权人对其创作的文学、艺术和科学作品在法律规定的期限内依法享有专有权。这种专有权体现在作品的著作权人对其作品享有支配的权利，其有权使用自己的作品和许可他人以任何方式和形式使用自己的作品。一部作品经数字化转换，以数字化方式使用，只是作品载体形式和使用手段的变化，并没有产生新的作品。作品的著作权人对其创作的作品仍享有著作权。因此，在国际互联网环境中，原告作为作品的著作权人，享有《著作权法》规定的对其作品的使用权和获得报酬权。我国《著作权法》第十条第五款所明确的作品使用方式中，并没有穷尽使用作品的其他方式的可能。作品在国际互联网上进行传播，与《著作权法》意义上对作品的出版、发行、公开表演、播放等方式虽然有不同之处，但本质上都是为实现作品向社会公众的传播使用，使观众或听众了解到作品的内容。作品传播方式的不同，并不影响著作权人对其作品传播的控制权利。因此，被告作为网络内容提供服务商，其在国际互联网上对原告的作品进行传播，是一种未经著作权人许可的侵权行为。就本案而言，虽然在国际互联网的其他网站上亦有涉及本案原告的作品传播，但这与被告的行为是否构成侵权无关。同时，被告作为国际互联网内容提供服务商，其丰富网站内容的目的是吸引用户访问其网站，在经营活动中是否盈利，只是衡量其经营业绩的标准之一，并不影响被告侵权行为的成立。对原告的损失赔偿将综合被告侵权的主观过错、侵权的持续时间、侵权的程度进行考虑。原告要求赔偿精神损失的请求，不予支持。法院依据《著作权法》第十条，第四十五条第六款、第八款的规定，判决：第一，被告停止使用原告的作品；第二，被告在其网站的主页上刊登声明，向原告公开致歉；第三，赔偿原告720～13080元不等的经济损失，因诉讼支出的合理费用1096元；第四，驳回原告赔偿精神损失的诉讼请求。案件受理费由被告承担。

一审判决后，被告不服，上诉至北京市第一中级人民法院。上诉理由如下。

1）原审原被告提交的证据显示两点内容，一是世纪互联公司的“小说一族”栏目主页上载明了“本站点内容皆从网上所得，如有不妥之处，望来信告之”，二是几乎所有其他小说网站，均无权利人授权声明或侵权警告一类的告示。这两点事实对于认定世纪互联公司无过错，不应承担侵权责任有很重要的意义，一审判决漏列不妥。

2）信息网络传播权等法律问题，应当通过《著作权法》的修正或词法解释来加以明确或规范，一审判决是对法律的扩大化解释，过分支持了著作权人的权利扩张，过重加大了网络传播者的责任。

3）世纪互联的行为是转载行为，《著作权法》第十条第五款所列举的作品使用方式是指传统的作品使用方式，不包括第四媒体国际互联网，对网上海量信息要一一取得许可无法做到；网上使用作品报酬如按文字报酬标准支付将使网络运行不堪重负，故请求二审法院改判世纪互联公司不承担侵权责任。

二审法院经审理认为，我国《著作权法》对于作品的使用方式采取的是概括式及列举式并用的模式，随着科学技术的发展，对作品的使用方式将不断增多。虽然我国《著作权法》未明确规定网络上作品的使用问题，但并不意味着对在网络上使用他人作品的行为不进行规范。依法调整网络上的著作权关系，对互联网的健康发展是必要的，也是有益的。我国现行《著作权法》的核心在于保护作者对其作品享有的专有使用权。若著作权人对作品在网络上的使用行为无权控制，那么其享有的著作权在网络环境下将形同虚设。在网络上使用他人作品，也是作品的使用方式之一，使用者都应征得著作权人的许可。世纪互联公司作为网络内容提供服务商，对其在网站上向社会公众提供的内容是否侵犯他人著作权应负有主要义务。就本案涉及的被上诉人的作品而言，不存在上诉人在上诉中所称的“海量”信息的问题。上诉人在使用这些作品前，征得被上诉人的许可，是完全可以做到的。上诉人虽然在其网站上刊登了“本站点内容皆从网上所得，如有不妥，望来信告之”的告示，但这并不能成为其不构成侵权或免责的合法理由。同样，其他小说网站刊登被上诉人的作品，是否获得被上诉人的授权，是否载有侵权警告，与上诉人的行为是否构成侵权无关，亦不应作为其行为不构成侵权的合法抗辩理由。上诉人认为“一审判决是对法律的扩大化解释”，于法无据。上诉人在其网站上使用被上诉人的作品不属于我国《著作权法》所规定的合理使用行为或法定许可行为。原审法院依据上诉人侵权的主观过错、侵权的持续时间、侵权的程度等因素所确定的赔偿数额，并无不当之处。上诉人的上诉理由不能成立，故二审法院依照《中华人民共和国民事诉讼法》第一百五十三条第一款第一项，《著作权法》第十条第五款，第四十五条第五款、第八款之规定判决：驳回上诉，维持原判。

（资料来源：http://www.doein.com/p-276787442.html）

思考题

请根据我国相关法律分析上述王蒙等诉世纪互联公司一案。

案例分析

王蒙等诉世纪互联公司一案

1. 案件涉及的主要问题

网络技术对现有著作权保护制度提出的挑战和带来的冲击是多方面的，不能寄希望于通过一个案件的审理解决所有网上著作权问题，况且当时的法律对此没有明确规定又是一个不争的客观事实，运用现行法律寻求网络传输作品的著作权的有效司法保护是本案的目的所在。在这种情况下，如何将案件的事实做得简洁明了，成为原告诉前所有准备工作的指导思想，如被告人类型的确定和诉前证据公证等工作均是围绕着这一主题展开。案件审理过程及结果表明，当事人双方对案件所涉事实均不存在争议，如世纪互联公司在本案中是网络内容提供服务商（ICP），而非网络接入服务商（ISP），是其直接实施了将六位作家的作品上载并加以传播的行为。当然，关于原告著作人身权的问题，如作品完整权，在本案中是确实存在的，如原告之一毕淑敏的《预约死亡》，字数为4万余字，但在被告网站上登载的却只有2.4万余字，由于种种原因，在两审中并未提及。尽管如此，仍应看到网络技术为处理和改动作品提供了无穷的可能，使用者在使用作品时可能侵犯著作权人人身权利的情况是可能发生的。

2. 关于本案的法律适用

本案中，关于作品数字化及数字化作品、被告登载原告作品的来源（网友通过电子邮件方式提供、灵波小组从其他网站下载等）、被告的行为是否属于“使用他人作品，未按规定支付报酬”、被告是否通过登载原告作品而从中盈利及其在法律上产生的后果、被告的行为是否为现行《著作权法》规定的使用方式，即复制、发行、区分直接责任与间接责任、被告的行为是否是转载（法定许可）等问题，双方当事人进行过激烈的辩论，但随着审理的推进，这些问题还是较易达成共识，甚至不存在争议。而关于本案的法律适用问题，一直是争议的焦点。

读一读

作家王蒙

王蒙，男，河北南皮人，祖籍河北沧州，1934 年 10 月 15 日生于北京。中国当代作家、学者，著有《青春万岁》《活动变人形》等近百部小说，其作品反映了中国人民在前进道路上的坎坷历程。他乐观向上、激情充沛，成为当代文坛上创作最为丰硕、始终保持创作活力的作家之一。2010 年 11 月 15 日，王蒙荣登“2010 第五届中国作家富豪榜”，成为各界关注焦点。他是中共第十二届、十三届中央委员，第八、九、十届全国政协常委。

首先，有时法律不仅限于肯定现实，而是或多或少地对现实的未来和发展做出概念性或概括性的规定，以便从法律上把握现实中的一些带有普遍性、规律性的东西。在某种意义上，这就是我们经常说到的法律的前瞻性和超前性。有些规定甚至不预先设定具体的事实状态，但它却能够指导和协调某一领域的社会关系，这也就是通常讲的法律原则，它使法律保持一种稳定性、协调性，是一部法律的“神经中枢”，它是进行法律推理的重要保障，特别是遇到新型案件或疑难案件，欲为案件寻求合法解决之途时，这点就显得尤为重要。具体到著作权法律领域，一般而言，作者对其作品享有的是一种专有权、绝对权，除非法律有特别规定，他人无权对其作品进行任何方式的使用。可见，不能依据现行《著作权法》没明确规定“网络”或“网络传输”的字样就推导出网络传输作品的行为不受现行《著作权法》规范的结论。司法审判机关完全可以依据案件的事实及《著作权法》的精神和基本原则来处理本案。

其次，我国《著作权法》第十条第五款列举了作品的使用方式，作者依据这些使用方式而对作品享有的使用权的权利种类与《著作权法》第四十五条第五款的未经著作权人许可，以各种方式使用作品而应承担民事责任的规定是统一且相互呼应的。而且最为重要的是这些规定中的列举并没有穷尽使用作品的其他方式及作者享有其他权利种类存在的可能。此外，《著作权法》第四十五条第八款(其他侵犯著作权及著作权有关权益的行为)的原则概括规定，也为两审法院在现行《著作权法》对网络传输没有明确规定的情况下正确适用法律处理本案提供了依据和准绳。

最后，在一些法律规定中，使用“等”字以表示下位概念的省略在语言学和法学上都并非鲜见，如《中华人民共和国著作权法实施条例》第四条第一款“文字作品，指小说、诗词、散文、论文等以文字形式表现的作品”。显而易见，文字作品决非仅限于该项所列的四种形式，谁也不会否认一些诸如产品说明书之类的作品不是文字作品。故世纪互联公司关于“《著作权法》第十条第五款所列举的作品使用方式是指传统的作品使用方式，不包括网络传输”的说法没有根据，是不能成立的。

3. 关于世纪互联公司的过错责任问题

前文提到，世纪互联公司认为其网上使用的作品是网友通过电子邮件方式提供的，或从其他网站上下载而来，这些作品的数字化不是其直接完成的。此外，其栏目主页载明了“本站点内容皆从网上所得，如有不妥之处，望来信告之”。再者，其认为“所有其他小说网站，均无权利人授权声明或侵权警告一类的告示”，故而认为其无过错，不应承担侵权责任。这表明关于在著作权领域侵权归责原则的适用是存在争议的。即使实行严格的“过错责任”原则，世纪互联公司的主观过错也是明显和容易认定的。首先，不管来源如何，将六位作家的作品上载到“北京在线”网站并加以传播的正是世纪互联公司本身，它是上述行为的直接实施者，其行为不是“链接”，而是将作品下载和传播。其次，其主页上载明的内容恰恰说明其知道这些作品的著作权人，况且这些作品著作权人都是国内知名的作家。这些作品存储在其服务器上，任何网民都可浏览甚至可能下载这些作品，这些文字说明显然是将正常的逻辑关系搞倒了。最后，除非法律特别要求，权利人无须有授权声明或侵权警告一类的告示，不能以此种理由来逃避其应负的侵权责任。

4. 关于本案的赔偿数额问题

众所周知，目前我国关于数字化方式使用作品的付酬标准并没有明确的规定，参考现已明确的纸介质使用作品付酬标准来加以适用亦有不妥之处。本案中原告方采用了国内有关学者的观点来支持自己这方面的诉讼主张，即在没有明确的标准规定情况下，应采用契约自由的原则，即在这种使用情况下的议价原则来确定支付报酬，在目前的状况下采用这种做法比较合理。当然还应考虑到案件的具体情况及适用著作权侵权成立情况下惩罚性赔偿的原则。本案两审法院认为，双方当事人对侵权一方获利情况及权利人因此受到的损失均未提供确切的证据，故应依据侵权方的主观过错、侵权持续时间、侵权的程度等综合因素来确定赔偿数额。

网络环境下使用作品的付酬标准及认定构成侵权的情况下如何计算损失及赔偿数额问题是一个非常困难和棘手的问题。尽快制定出数字化使用作品的付酬标准是规范数字化著作权授权许可使用及减少数字环境下(包括网络)著作权纠纷的迫切需要。当然，这些规定的出台是一项复杂的工作，需要从实践中提取经验，综合各种因素，以期达到既有效地保护了著作权人的合法权益，又不至于阻碍、限制作品传输的目的，真正起到平衡著作权人、作品传输使用者和公共利益的效果。

网络技术给版权保护提出了许多新的问题。虽然依据现行《著作权法》的精神和原则也能解决诸如网络传输的著作权问题，但从法律要素角度来看，制定法律的直接目的是通过规定权利和义务及违法侵权行为的法律责任，具体而明确地指引人们的行为，使其符合法律的价值取向和立法的直接目的，使行为主体明确所能为和不能为。同时，明确的规定还可增加法律的可操作性，减少法律解释可能发生的误解，提高执法和司法的效率。一些规定是应当量化或能够量化的。虽然在短时间内无法制定一套完善的网络著作权法律规定，但将一些国内外已经取得共识的问题做以明确的原则规定却是可行的。不能仅在网络技术发展上与国际同步，而在网络著作权立法及保护上与国际脱轨。离开著作权保护的网络必将是无源之水、无本之木。同时，应尽早建立著作权集体管理机构，使著作权人依法享有的相关权利落到实处，同时也为诸如网络传输作品的使用者解决现实困难提供切实帮助，以促进我国网络事业在法制的轨道上健康发展，扩大公众对网络资源充分利用。

（资料来源：http://www.doein.com/p-276787442.html）

知识拓展

《信息网络传播权保护条例》平衡各方利益

1. 着眼于发挥网络传播作品潜能

通过互联网传播权利人作品、表演、录音录像制品（以下统称作品）的现象日益普遍，如何调整权利人、网络服务提供者和作品使用者之间的关系，已成为互联网发展必须认真解决的问题。2006年7月1日，国务院颁布的《信息网络传播权保护条例》（以下简称《条例》）正式实施，《条例》对权利保护、权利限制及网络服务提供者责任免除等做了规定，努力保持各方利益平衡，有利于发挥网络传播作品的潜能，有利于大众使用作品的要求。

2. 不禁止临时复制

在《条例》制定过程中，有人提出，《条例》应当对临时复制做出规定。国务院法制办会同国务院有关部门反复研究后认为，禁止临时复制的症结是制止终端用户在线使用作品，而禁止终端用户非营业性使用作品不具有可行性。国际上对禁止临时复制有很大争议，在互联网条约制定过程中，包括我国在内的发展中国家明确反对禁止临时复制，由于各方争执不下，互联网条约没有规定禁止临时复制。而且，作为授权立法，《条例》也不宜对《著作权法》未授权的临时复制做出规定。因此，《条例》对临时复制未做出规定。

3.《条例》对保护权利人权益做的规定

根据信息网络传播权的特点，《条例》对保护权利人权益做了如下规定。

1）保护信息网络传播权。除法律、行政法规另有规定，通过信息网络向公众提供权利人作品，应当取得权利人许可，并支付报酬。

2）保护为保护权利人信息网络传播权采取的技术措施。《条例》不仅禁止故意避开或破坏技术措施的行为，而且还禁止制造、进口或向公众提供主要用于避开、破坏技术措施的装置、部件或为他人避开或破坏技术措施提供技术服务的行为。

3）保护用来说明作品权利归属或使用条件的权利管理电子信息。《条例》不仅禁止故意删除或改变权利管理电子信息的行为，而且禁止提供明知或应知未经权利人许可被删除或改变权利管理电子信息的作品。

4）建立处理侵权纠纷的“通知与删除”简便程序。考虑到侵犯信息网络传播权的纠纷往往涉及的金额很小，在现实中缺乏通过行政或司法程序解决的必要性，因此，权利人认为网络上的作品侵犯其权利或删除、改变了权利管理电子信息，可以书面要求网络服务提供者删除该作品或断开与该作品的链接；网络服务提供者根据权利人书面通知，立即删除涉嫌侵权的作品或断开与该作品的链接，并转告服务对象；服务对象认为其提供的作品未侵犯他人权利，提出书面说明要求恢复的，网络服务提供者立即恢复被删除的作品，还可以恢复与该作品的链接，同时转告权利人；权利人不得再通知网络服务提供者删除该作品或断开与该作品的链接。此外，按照权利义务对等原则，《条例》还规定，因权利人滥用通知给服务对象造成损失的，权利人应当承担赔偿责任。

4. 信息网络传播权受到合理限制

在不低于相关国际公约最低要求的前提下，《条例》对信息网络传播权做了合理限制。

1）合理使用。《条例》结合网络环境的特点，将《著作权法》规定的合理使用情形合理延伸到网络环境，规定包括课堂教学、国家机关执行公务等目的在内的通过信息网络提供权利人作品，可以不经权利人许可，不向其支付报酬。此外，考虑到我国图书馆、档案馆等机构已购置了一批数字作品，对一些损毁、丢失或存储格式已过时的作品进行了合法数字化，为了借助信息网络发挥这些数字作品的作用，《条例》还规定，图书馆、档案馆等机构可以通过信息网络向馆舍内服务对象提供这些作品。

2）两种法定许可。为通过信息网络实施九年制义务教育或国家教育规划，《条例》规定可以使用权利人作品的片段或短小的文字作品、音乐作品或单幅的美术作品、摄影作品制作课件，由法定教育机构通过信息网络向注册学生提供，但应当支付报酬。另外，为扶助贫困，通过信息网络向农村地区的公众免费提供中国公民、法人或其他组织已经发表的与扶助贫困有关的作品和适应基本文化需求的作品，网络服务提供者可以通过公告的方式征询权利人的意见，并支付报酬，但不得直接或间接获取经济利益。

案例拓展

未经授权在线播放电视剧《奋斗》被判赔偿 7 万元

北京市第一中级人民法院审理的海淀区一家网络技术公司未经授权在线播放电视剧《奋斗》一案，法院终审判决其赔偿 7 万元。

2007 年 3 月，北京市广播电视局颁发发行许可证，载明 32 集电视剧《奋斗》的制作单位为鑫宝源公司。

2007 年 6 月 29 日，鑫宝源公司出具《独家信息网络传播权授权书》，将《奋斗》在中国内地的“独家信息网络传播权（包括转授权及打击网络盗版的权利）”授予宁波成功公司，授权期限为 2007 年 6 月 22 日至 2010 年 6 月 21 日。

2007 年 7 月 26 日，上海市静安区公证处出具的（2007）沪静证经字第 2481 号《公证书》载明：2007 年 7 月 16 日，在北京时越公司所有的悠视网下载“UUsee 网络电视 2007 版”软件并安装后，桌面上出现标注为“UUsee 网络电视”的快捷方式图标，点击该图标，打开“UUsee 网络电视”的界面。“UUsee 网络电视”界面上方显示“浏览”、“正在播放”、“录制”三个选项，右上方显示“所有频道（557）”，其下显示“电视台”、“海外电影”、“华语电影”、“内地电视剧”、“港台电视剧”等选项。点击“内地电视剧”，下方显示“给我一支烟 16”、“亲兄热弟 05”、“陆军特战队 01”、“奋斗（李小璐、佟大为）”等选项。将鼠标移至“奋斗（李小璐、佟大为）”选项，出现一个显示框，显示《奋斗》第 6 集正在播放，并显示《奋斗》第 9 集于 16:54 播放、《奋斗》第 10 集于17:37播放、《奋斗》第 11 集于 18:19 播放。

2007 年 7 月 30 日，北京时越公司收到宁波成功公司委托上海市协力律师事务所律师王萱发出的律师函。在律师函中，宁波成功公司表示其获得了《奋斗》的著作权人鑫宝源公司授予的独家信息网络传播权，要求北京时越公司停止在线播放《奋斗》并承担侵犯信息网络传播权的法律责任。

2007 年 8 月 26 日，上海市静安区公证处出具的(2007)沪静证经字第 3115 号《公证书》表明，悠视网上仍在进行《奋斗》的在线播放。庭审中，宁波成功公司表示北京时越公司在庭审前才停止《奋斗》的播放。

北京市第一中级人民法院终审审理认为，鑫宝源公司将电视剧《奋斗》的独家信息网络传播权授予宁波成功公司，期限为三年，故宁波成功公司自 2007 年 6 月 22 日至 2010 年 6 月 21 日期间享有该电视剧的独家信息网络传播权。北京时越公司未经宁波成功公司许可，在其所有的悠视网向互联网用户提供该电视剧的在线播放，侵犯了宁波成功公司对该电视剧享有的信息网络传播权，依法应当承担相应的民事责任。

关于北京时越公司主张其行为不属于信息网络传播权范畴，对此，北京第一中级人民法院认为，互联网用户通过悠视网能够观看该电视剧的内容，即使悠视网的播放方式系定时定集播放，悠视网未经许可的在线播放行为亦侵犯了宁波成功公司享有的信息网络传播权。

关于原审判决确定的赔偿数额问题。由于悠视网在线播放该电视剧的方式是限定时间、限定集数，互联网用户不能随意选择观看的集数和时间，因此，悠视网的上述行为影响范围相对较小。宁波成功公司未提交证据证明其因北京时越公司的侵权行为而遭受的实际经济损失，亦未提供证据证明北京时越公司因侵权所得的利润数额，根据该电视剧的市场反响及播放档期、悠视网在线播放该电视剧的方式及影响范围、北京时越公司的主观态度及侵权情节、宁波成功公司为制止侵权所支付的合理支出等综合因素，北京市第一中级人民法院终审判决：北京时越网络技术有限公司赔偿宁波成功公司经济损失 7 万元，驳回了宁波成功公司的其他诉讼请求。

(资料来源：http://news.ccidnet.com/art/1032/20080626/1488029_1.html)

知识链接

电子商务相关法律法规

从事电子商务工作或有志于利用电子商务进行创业的读者必须熟悉电子商务相关法律法规。

参考网址：

1) 中国电子商务重要法律法规盘点：http://www.100ec.cn/detail-5229614.html。

2) 最新电子商务法规法律常识：http://www.110.com/zhuanti/dianzishangwufagui/changshi。

3) 互联网管理法律法规一览：http://www.china.com.cn/zhuanti2005/node-5192910.htm。

拓展思考

分析法院判定北京时越公司侵权行为的依据是什么，以及在判定侵权行为及赔偿数额问题上应如何平衡各方利益。

第二节　电子商务域名纠纷案例

知识要点

1. 域名的法律属性

域名具有双重属性，域名首先是技术领域的概念，由于使用者众多并有排他的独享标志性质，因此具有法律属性。人们可以将自己的名字注册为域名，也可以将企业的名称、商标等注册为域名。这样一来，域名便具有标志性。域名持有者可以使用申请的域名建设网站，通过经营网站传递信息获得利益，也可以直接将该域名转让获得收益。域名持有者对域名享有的专用权包含以下内容。

1）使用权。域名持有者可以自己使用域名。

2）禁止权。域名持有者可以禁止别人使用自己的域名，别人也不得妨碍域名持有者合法使用域名。

3）许可权。域名持有者可以许可他人使用自己的域名。

4）转让权。域名持有者可以转让自己的域名获得收益。

将以上分析和商标权比较，可以发现域名持有者对域名享有的权利和商标权人对商标享有的权利内容是相同的。并且从实质意义上讲，域名持有人对于域名享有的权利——域名权已经属于独立的权利。《最高人民法院关于审理涉及计算机网络域名民事纠纷案件适用法律若干问题的解释》率先将域名持有者对域名的权益与商标权并列，将域名权归入商业性标记的范畴。例如，该解释第四条第二款规定，被告域名或其主要部分构成对原告驰名商标的复制、模仿、翻译或音译，或者与原告的注册商标、域名等相同或近似，足以造成相关公众的误认的，应当认定被告注册、使用域名等行为构成侵权或不正当竞争。司法解释认为域名具有民事权利属性，在没有法律将其规定为独立权利之前，可以作为一种民事权益进行保护。但这个权利的行使是有前提的，即在注册期间享有这个权利，如果没有续费，则到期会被注册服务机构删除。

最高人民法院的司法解释已经将域名作为一种商业标志予以保护，表现在实际操作上，我国企业应将域名作为属于商业性标记的范畴的知识产权，及时保护自己的域名，促进互联网经济的发展和繁荣。

读一读

域　名

域名(Domain Name)是Internet中用于解决IP地址对应问题的一种方法，标示Internet上某一个服务器或一个网络系统的名称，用在数据传输时标示计算机的电子方位(有时也指地理位置)，域名具有唯一性。

2. 域名纠纷的类型

总体而言，域名纠纷主要是域名注册者与驰名商标、普通商标、商号、域名等标志的权益人因侵权或不当竞争产生的纠纷。下面主要介绍有关驰名商标和普通商标相关的域名纠纷。

(1) 域名与驰名商标的冲突

驰名商标是指在市场上享有较高声誉并为相关公众所熟知的商标。保护驰名商标的实质在于，对驰名商标进行扩大保护，在商标领域进行跨类别保护，甚至扩大到互联网领域进行"跨界别"保护。因此，一旦注册的域名与驰名商标发生冲突，域名持有者将会面对很不利的境地，除非域名持有者能证明对该域名享有权益，并有注册、使用该域名的正当理由。因此，想搭驰名商标便车的域名注册者和要注册域名的域名投资者，最好慎重进入"驰名商标"这一雷区。

(2) 域名与普通商标的冲突

现有法规对普通商标的保护力度明显低于驰名商标。按照《最高人民法院关于审理涉及计算机网络域名民事纠纷案件适用法律若干问题的解释》第四条、第五条的规定，在域名持有者将别人的商标注册为域名后，商标权利人如果想让自己的商标权的权利延伸到互联网，收回被注册的域名，需证明域名注册者具有恶意。

将他人的普通商标注册为域名，只有出现以下情况才能构成恶意。

1) 为商业目的注册、使用与原告的注册商标相同或近似的域名，故意造成与原告提供的产品、服务或原告网站的混淆，误导网络用户访问其网站或其他在线站点的。

2) 曾要以高价出售、出租或以其他方式转让该域名获取不当利益的。

3) 注册域名后自己并不使用也未准备使用，而有意阻止权利人注册该域名。

4) 具有其他恶意情形的。

客观来讲，收集相关证据是一个复杂的过程。因此，普通商标的权利人应加强对自己商标的保护力度，如果要想让自己的商标在互联网上产生影响，应及时将自己的商标注册为域名。

3. 在互联网上保护自己域名权益的方法

及时注册与自己的标志相关的域名是最有效地保护自己域名权益的方法。

在商标注册中，商标权利人为了保护自己的商标权会在不同的类别中注册商标，同时会注册与已注册商标相似的商标作为防御商标，以保护自己的权益。域名作为互联网世界中的标志，具有全球唯一的特点，对商家而言，在一定意义上具有比商标更大的作用。现实世界的标志权利人应该及时将自己的标志注册为域名，这样，不仅可以通过互联网提高自己的知名度，通过网上交易提高自己的收益，而且还可以保护自己在现实世界中拥有的标志。在知识产权保护方面，跨国公司无疑走在前列。松下、大众、三星一次性注册了数百个CN域名，构建了全面牢固的域名保护圈。我国的企业应多一些知识产权保护意识，将自己在现实世界的权利延伸到互联网。

作为企业品牌战略的一部分，域名持有者应该注册更多的域名，以形成域名保护体系，防止其他人将自己创出的品牌抢注，影响自己的域名在互联网世界中的地位。

企业域名保护战略主要包括以下四个方面。

1）将企业的商标、商号等与域名通盘考虑，尽量保持统一，实现网络时代的企业识别系统的整合。

2）高度重视凸显标志作用的国家域名 .cn，最好将域名在 com.cn 和 .cn 下一起注册。

3）强化域名的防御性注册，即基于一个或多个关键词，如企业名称、商标、商号、品牌口号，在不同的类别上注册各类主域名及其衍生或相似的域名，形成一个完整的域名防御圈，以防患于未然。

4）对域名恶意抢注行为采取坚决的法律措施，充分发挥司法和仲裁的效能。

域名通过使用获得了一定的知名度后，域名的持有人应及时将域名注册为商标或商号。在没有具体的法律将域名规定为法定权利之前，通过已有的法律制度保护域名权益应是一种有效的方法。

读一读

域名备案

域名备案的目的就是为了防止在网上从事非法的网站经营活动，打击不良互联网信息的传播，如果网站不备案的话，很有可能被查处以后关停。根据中华人民共和国信息产业部第十二次部务会议审议通过的《非经营性互联网信息服务备案管理办法》精神，在中华人民共和国境内提供非经营性互联网信息服务，应当办理备案。未经备案，不得在中华人民共和国境内从事非经营性互联网信息服务。而对于没有备案的网站将予以罚款或关闭。

4. 域名纠纷的解决方法

发现域名被抢注应及时通过争议解决机制或诉讼程序解决纠纷。

（1）协商解决

当发现域名被抢注，并在咨询了法律专家后确认自己的权利可能被恢复时，可以通过协商或发律师函等方式，要回自己的域名。一般而言，在阐述清楚自己的观点后，经过双方协商是可以解决纠纷的，这当然也需要有效的谈判技能。

（2）诉讼解决

当协商解决无效时，可以提请诉讼来解决域名纠纷。

经由诉讼机制是解决纠纷的不可替代的方式。诉讼机制的优点有两个：一是裁决具有国家强制力保障，裁决生效后，在当事人拒不履行裁决时，法院可以强制执行；二是保护的全面性，当事人在诉讼中可以提出赔偿损失的要求，而且还可以通过诉讼机制将被侵权的商标认定为驰名商标。用诉讼机制解决域名纠纷的不足在于，诉讼程序常常耗时较长，举证较难，要求原告投入较多的人力和财力。

人民法院在审理域名纠纷时，适用如下法律规定：《最高人民法院关于审理涉及计算机网络域名民事纠纷案件适用法律若干问题的解释》《最高人民法院关于审理商标民事纠纷案件适用法律若干问题的解释》和《中华人民共和国反不正当竞争法》的规定。

(3) 适用域名争议解决机制

当事人在协商不能解决纠纷的情况下，除诉讼外，还有一种更为经济快捷的域名解决机制，那就是域名争议解决机制。

域名争议解决机制被广泛采纳，已经成为世界上解决域名纠纷的通用规则。域名争议解决机制是适用于互联网域名争议纠纷的一种新的替代性争议解决方式，该机制并不属于仲裁程序。争议解决机制的效力来源于域名注册人与域名注册服务机构签订的域名注册协议，以及域名注册服务机构与域名注册管理机构签订的认证协议。按照域名注册协议的规定，域名申请人应该遵守域名注册管理机构制定的域名争议解决规则；按照认证协议的规定，域名注册服务机构应当执行域名争议解决机构生效的裁决。作为一种强制的合同义务，在域名争议解决机构的裁决生效后，裁决便会得到及时的执行。

我国的 CN 域名和中文域名争议解决机制与国际域名争议解决机制相似，适用的规则是 CNNIC 制定的《中国互联网络信息中心域名争议解决办法》和《中国互联网络信息中心域名争议解决办法程序规则》，以及 CNNIC 的域名争议解决机构中国国际经济贸易仲裁委员会(CIETAC)和香港国际仲裁中心 (HKIAC)制定的补充规则。

按照域名争议解决规则，投诉得到支持需要具备如下三个条件：一是被投诉的域名与投诉人享有民事权益的名称或标志相同，具有足以导致混淆的近似性；二是被投诉的域名持有人对域名或其主要部分不享有合法权益；三是被投诉的域名持有人对域名的注册或使用属恶意行为。例如，注册或受让域名是为了出售、出租或以其他方式转让该域名，以获取不正当利益；多次将他人享有合法权益的名称或标志注册为自己的域名，以阻止他人以域名的形式在互联网上使用其享有合法权益的名称或标志；注册或受让域名是为了损害投诉人的声誉，破坏投诉人正常的业务活动，或者混淆与投诉人之间的区别，误导公众。

我国的域名争议解决机制的优点主要有以下两个方面。

1) 快捷。由于裁决只涉及域名持有者信息的变更，不涉及赔偿等复杂的问题，按照争议解决规则的规定，从投诉提交到仲裁完成一般不超过两个月。

2) 中立。域名争议机构聘请的专家均是法律界的权威人士，他们在裁决案件时很少会受到案件外因素的影响，一般能保证裁决的公正性。

议一议

为什么已经有IP地址标识网络上的计算机，还要使用域名地址？

典型案例

因续费不及时导致域名丢失争议案

如果说网站是企业运作电子商务的基地，那么域名则是企业在互联网上的环球商标，它已经成为电子商务网站运营商的焦点之一。一个好的域名能给企业带来巨大的价值。域名作为企业的一项无形资产和知识产权，也可以作为个人的网上基地，企业或个人也越来越重视它的作用，并尽全力保护该资产不受侵害。然而，人们发现电子商务在我国的发展过程中，域名纠纷频频发生，域名抢注防不胜防、域名与商标间的关系扑朔迷离、域名过期而流失等纠纷并没有大幅减少。域名纠纷的解决方法各国不尽相同，那么企业和个人在域名出现问题时该何去何从，如何保护自己的域名资源，如何不侵害他人的域名权利仍然是一个问题。

域名作为网络资源之一，它有免费和付费之分。由于免费域名的注册人在享有的权利和应负的义务方面都要受免费域名提供者的制约，而且域名提供者可根据需要随时将免费域名收回，由此给域名的注册人带来的损失，无法律保障，所以免费域名不在本书的讨论之列，以下所称的域名均指付费域名。

2006年8月，北京市第一中级人民法院审理了一起个人域名由于没有在规定期限内及时续费，而导致域名被注销，该域名在注销期间又被其他人抢注的案件。近几年由于域名资源向个人开放，有相当一部分个人出于某种需要进行了域名注册，并利用域名做某方面的宣传与推广，属正常的域名使用。然而，随着个人注册域名注册量的增多，这方面的纠纷也逐渐多了起来。这个案例是个人域名因没能及时续费导致流失的典型案例，通过它可以学习个人在经营、维护个人域名方面应注意的各种问题及个人在域名经营和维护方面所享有的权利，为广大域名持有者提供十分有用的法律帮助，对企业域名管理也有一定的借鉴意义。

原告戴华丽诉被告北京第五空间科技有限公司(以下简称第五空间公司)、北京搜狐新时代信息技术有限公司(以下简称搜狐新时代公司)、北京搜狐互联网信息服务有限公司(以下简称搜狐互联网公司)计算机网络域名持有权纠纷一案，北京市第一中级人民法院于2006年5月11日受理本案后，依法组成合议庭，于2006年7月18日公开开庭进行了审理。

原告戴华丽诉称如下。

2004年2月初，我委托被告第五空间公司代为购买国际域名，用于个人网站制作和宣传。2月21日，该公司为我办理了www.d-xe.com域名注册登记，4月3日，我向该公司交纳了100元域名订购费。6月4日，双方就此事补签了书面协议，约定第一年度期间为2004年2月21日到2005年2月20日。之后，我为宣传www.d-xe.com网站投入了大量资金，请人设计制作网页、CD唱片，摄制MTV，还进行了大量的广告投入。2005年4月初，我找到该公司后被告知需进行续费，该公司法定代表人李云告知我一个新的农业银行账号，我于4月5日按要求续交了100元费用，并将农业银行缴费回单复印后传真给该公司。2006年2月初，有用户反映www.d-xe.com域名不能正常使用了，我与该公司及搜狐新时代公司联系，得知www.d-xe.com域名已被德国公司注册，无法恢复给我。因sohu.com网站经营者是搜狐互联网公司，故此起诉三被告共同侵权，并请求判令三被告共同赔偿我因无法正常使用www.d-xe.com域名而造成的经济损失，包括诉讼合理支出共计269907.5元。

读一读

搜　狐

1995年搜狐创始人张朝阳从美国麻省理工学院毕业回到中国，利用风险投资创建了爱特信信息技术有限公司，1998年正式推出搜狐网。2000年搜狐在美国纳斯达克证券市场上市。搜狐公司是2008北京奥运会互联网内容服务赞助商，是中国最领先的新媒体、通信及移动增值服务公司，是中文世界最强劲的互联网品牌。搜狐在中国是家喻户晓的名字，是中国早期网民上网冲浪的首选门户网站。

被告第五空间公司辩称如下。

1）本公司已经全面履行了域名订购合同，没有违约。

2）原告过期不续费，按规定被注销，责任不在本公司，应由原告自负。

3）原告是在合同到期后一个月进行的第二次付款，不属于双方变更合同行为，本公司也无为原告办理延续域名使用期限的义务。

4）原告按合同约定应交纳150元域名订购费，其只交纳100元，是原告存在违约行为。综上，请求驳回原告的诉讼请求。

被告搜狐新时代公司辩称，本公司不是sohu.com网络经营者，也无域名注册服务事项，原告域名与本公司无关。

被告搜狐互联网公司辩称，该案与本公司无关，辩称如下。

1）原告注册域名是与第五空间公司签的合同，并执行的是《新浪网集团域名服务条款》。

2）本公司承认与第五空间公司的合同关系，本公司已经为第五空间公司代理的域名进行了注册，合同已经履行完毕。本公司只提供技术服务，不提供管理服务，域名到期是否需要续费与本公司无关。原告作为域名财产的持有人，有义务管理好自己的域名，原告失误未予续费，造成域名流失，责任应由原告自负。

据此，请求驳回原告的诉讼请求。

2004年2月初，原告委托被告第五空间公司代为购买国际域名，用于个人网站宣传。2月21日，该公司为原告办理了www.d-xe.com域名注册登记，4月3日，原告通过中国建设银行向该公司交纳了100元域名订购费，6月4日，双方就此事补签了书面协议，协议载明：《新浪网集团域名服务条款》是本合同组成部分。域名类型：国际域名。域名名称：www.d-xe.com。起始时间至终止时间：2004年2月21日至2005年2月20日。总价：

150 元人民币。收款方银行账号：光大银行西单支行 08351312010030401××××。甲方：北京第五空间科技有限公司。联系人：李云。乙方：摩登时代唱片公司。联系人：戴华丽。签署日期：2004 年 6 月 4 日。

同时，被告称该协议确定了执行《新浪网集团域名服务条款》的内容，而该条款内容中就有"申请人必须事先向新浪公司支付相关域名注册费用及代理费用，如申请人未及时支付域名注册费用及代理费用，新浪公司无须为申请人办理任何域名注册事宜"的规定。

又因在新浪公司处没有订购到原告所要的域名，才转到搜狐互联网公司办理，但上述条款同样适用。原告表示该页内容原告从未收到过，且未能证明被告的主张。被告搜狐互联网公司提交了网页署名"搜狐公司版权所有"的"SOHU 公司域名注册服务条款"，用以证明其没有续费通知义务。该网页同时显示被告搜狐互联网公司在相关事物称谓前常冠以"搜狐"称谓，如"搜狐邮箱"、"搜狐企业邮箱"、"搜狐商机"等。

原告为证明其已续交了 2005 年的域名管理费 100 元，向北京市第一中级人民法院提交了注有交易日期的中国农业银行的银行卡业务回单："2005 年 4 月 5 日，姓名：李云。卡号：955998001422633××××。交易类型：存现。交易金额 100 元"。

被告第五空间公司做出如下表示。

1）本公司收到过该项款项，但经查无确切来源，并不知晓是原告的付款。

2）从未收到过原告为此所发的传真。

3）即使是补交，原告也未按合同约定的 150 元补交。

4）卡号内容属于本公司公开内容，可以在网上查到，原告欲以卡号是本公司特意告知来证明本公司知晓并同意原告补交续费一事，证据不能成立，本公司不予认可。

为此，被告第五空间公司提交了载有其银行账号的网页打印件，原告对该网页的真实性不给予认可。

原告为证明被告搜狐新时代公司在得知原告询问域名流失问题后进行了书面答复，且已承诺对"续费事宜"具有事先通知的义务，向北京市第一中级人民法院提交了原告于 2006 年 3 月 9 日给搜狐新时代公司的《投诉信》和 2006 年 3 月 14 日落款署名"搜狐邮件中心企业邮箱"的回函——《情况说明》。《投诉信》载明，原告向搜狐新时代公司询问如下。

1）确认贵公司与北京第五空间科技有限公司之间的代理关系，说明贵公司与代理商的权利、义务的具体约定。

2）说明将注册的 www.d-xe.com 国际域名准许其他人重新注册并使用的原因。

3）确认是否收到给北京第五空间科技有限公司的 2005 年度域名续费。

4）说明如发生欠费，贵公司应当在何时、通过何种方式履行告知义务。

《情况说明》显示该纸件属于传真件，上方边沿处印有"1-10-02；4:47AM"字迹，共两页，在纸件同一部位出现一横线打印暇痕。

以下是《情况说明》内容。

东方亚奇文化艺术有限公司戴华丽女士：

近日您向我公司咨询曾经属于您的国际域名 www.d-xe.com 被其他公司抢注一事，现就上述事宜将有关情况说明如下。

1）d-xe. com是2004-02-21通过搜狐的代理商北京第五空间科技有限公司在搜狐注册国际域名1年，该域名2005-02-21到期。到期后没有进行续费。根据国际域名惯例，到期没有续费的域名系统被视为放弃所有权，允许他人注册。您的域名可能就是在这种状态下被人注册的。国际域名的状态通常是以下四种。

① Active：域名在活动状态，最少注册时长不少于1年，最多注册时长不超过10年。

② On Hold：注册商保留期，一般为1～30天，此期间用户还可以通过注册商进行手工续费。

③ RGP：赎回期，为30～75天，此期间用户必须付出高昂的费用才能赎回域名。

④ Soon To Expire：删除期，为75～90天，此期间域名无法注册和赎回。

以下是通过相应网站查询的d-xe. com域名的现在状态。Domain Name：D-XE. COM，Registrar：KEY-SYSTEMS GMBH…Creation Date：31-Jan-2006…。通过以上信息可以看出，您的域名是2005-02-21到期，一个月之内没有续费操作，3个月被释放出来，2006-01-31重新被注册。

2）和您曾具有合同关系的北京第五空间科技有限公司为我公司域名的代理商之一，其有权在其代理范围内行使其权利和维护客户的义务，协助客户注册域名、续费域名。

3）搜狐公司通过邮件在域名到期前60天、30天、15天给域名(持有人)发送续费通知。针对上述《情况悦明》被告搜狐新时代公司和搜狐互联网公司均表示，既未收到过原告的《投诉信》，也未发过该《情况说明》回函，不认可该证据的真实性。

原告为证明宣传www. d-xe. com域名及网站已投入大量资金，向北京市第一中级人民法院提交了如下证据并出示了相关证据原件，并有相当一部分与本案直接相关的费用和成本得到法院的支持与认可。此处不再详列。

在法院庭审期间查明，本案被告从未向原告发出过续费通知或提醒。

最终判决如下。

被告北京第五空间科技有限公司和北京搜狐互联网信息服务有限公司共同赔偿原告戴华丽经济损失26795元，支付原告戴华丽合理支出2000元。驳回原告戴华丽其他诉讼请求。

至此本案以戴华丽的胜诉而告终，双方均没有再提起上诉。

思考题

请从上述案件的被告主体资格认定、原告是否续费的认定、原告因域名流失的损失认定三方面分析案件，并分析从本案得到哪些启示。

案例分析

戴华丽诉第五空间公司案件

1. 关于本案被告主体资格的认定

依照《中华人民共和国合同法》第一百二十二条的规定，因当事人一方的违约行为，侵害对方人身、财产权益的，受损害方有权选择依照本法要求其承担违约责任或依照其他法律要求其承担侵权责任。本案原告有权选择侵权诉讼方式，将域名注册代理商和注册服务商作为本案的共同被告一并提起诉讼。根据原告与被告第五空间公司的补签协议、(2006)长证内经字第1929号、第4050号公证书，以及双方当事人陈述，可以认定被告第五空间公司是原告域名注册的代理商，居间于原告与注册服务商之间，代理原告域名注册事务。被告搜狐新时代公司、搜狐互联网公司均从事域名注册活动，但搜狐新时代公司不具备提供该项服务的合法资质，而搜狐旗下存在诸多搜狐字号的独立企业，如只简称搜狐公司将不能明确是搜狐字号下的哪家公司，原告在不能明确具体为哪一公司的情况下，将两家带有搜狐字号的公司一起告上，可予理解，但鉴于域名注册行为只能是一个主体所为，搜狐互联网公司既已明确表示涉案域名 www.d-xe.com 系由其提供的注册服务，且被告第五空间公司也予认可，则搜狐互联网公司与第五空间公司是本案共同的被告。原告诉被告搜狐新时代公司参与共同侵权缺乏事实依据，北京市第一中级人民法院不予支持，是合理的。

2. 关于原告是否续费的认定

因向李云银行卡存入钱款只需填写李云姓名及李云银行卡卡号，无须填写存入者，即原告姓名，原告仅凭银行卡业务回单证明钱款系原告所存显然没有证明力。该回单可以证明原告确已支付了100元，但无法证明原告已告知第五空间公司付款人是谁，导致第五空间公司无法知晓该款系何人所付。原告欲以上述证据证明“第五空间明知原告已续费”的事实不能成立，法院不予采信。

3. 关于原告因域名流失的损失认定

由于原告的证据显示原告申请域名的目的是创建个人网站，创建网站的目的是宣传推出艺人戴雪儿，但网站只是原告用于艺人宣传的媒介，艺人宣传投入与域名流失之间没有内在必然的因果关系，艺人宣传所投入的价值不因域名流失而无法实现。因此，原告因域名流失所产生的损失应仅限于与宣传域名、创建网站相关部分，由此确定原告的损失范围。对原告诉称的其他与本案无关的费用不应计入原告因该域名流失而带来的损失。

4. 本案的启示

从本案中可得到一些启示，对注册域名的个人而言，在注册和持有域名的过程中要注意以下几点。

1) 关注域名注册后的续费问题。对于注册域名的企业和个人而言，要特别注意域名注册后还需要每年续费来保证其拥有域名的所有权。一般而言，域名服务机构会在域名续费期满前给予提醒，但企业和个人也要自己关注这个期限，否则，就会造成像本案戴华丽女士的域名纠纷案。虽然戴女士赢得了这场诉讼，得到了一定的赔偿，但她毕竟失去了原有的域名，即使她可以重新再注册一个新的域名，还要重新对新域名进行宣传并重新积累网站的人气，从这一点上来讲，戴女士的损失还是相当大的。虽然提供域名注册服务的公司没能在有效续费期内提醒她，她本人也应该记得要为该域名续费的事宜。

2）在域名注册和续费过程中要注意证据的保全。在纠纷发生后，法院审理过程中对证据的有效性要求十分严格。当事人能否对既成事实的行为保全相应的证据，是能否打赢官司的关键。

本案中戴女士欲以银行卡业务回单证明“第五空间公司明知原告已续费”的事实不能成立，没有得到法院的采信就是一个例证。

目前网上支付方式种类繁多，当事人在进行网上支付时一定要选择那些能够留下足够证据证明自己已付款给对方的支付方式。即使没有太多的安全支付方式可供选择，也要在支付后保全相关的证据，如要取得对方的收款确认信息和回执等，以免发生类似本案的戴女士虽已付款却得不到法院认可的情况。

3）作为提供域名注册服务的机构要注意提醒域名持有人及时进行续费，切实履行告之义务。本案中第五空间公司和搜狐互联网公司之所以败诉的原因就是它们没能在域名www.d-xe.com续费到期前履行续费告知义务。

域名注册服务机构应严格按照与客户间订立的协议来履行自己应当履行的义务，以减少各类纠纷产生的可能性。

知识拓展

域名抢注可休矣：对域名抢注者的几点忠告

1. 域名抢注与域名投资

仅从中文字面上解释，“抢注”只是一个中性词，它所反映的只是先于特定或不特定的相对人而完成注册的一种现象。但如果将其与英文“Cybersquatting”对应起来，则将具备“法律意义”，指的是将他人拥有在先权利的标志注册为互联网域名的行为。很显然，之所以有那么多人讨论域名抢注是否关乎法律，是因为这些人并不知道这个词汇的来源，或者故意没有将其与英文术语等同，而完全在中文环境下理解词义。

由此可以看出，域名投资的行为与域名抢注的确不能完全等同，前者可能包括后者，但其概念的外延应当远远大于后者，或者严格从法律上说，域名投资应仅指合法的域名注册与交易，而不包括域名抢注。这说明，在不侵犯他人权利，不违反法律禁止性规定的前提下，投资域名本来是一种无须遮遮掩掩的行为。当然，与其他投资一样，域名投资也是一种商业活动，也必须接受国家的管理，并依法纳税，否则同样会受到制裁。

当然还需要提醒域名投资者注意的是，世界知识产权组织及ICANN都曾认真讨论过“域名囤积”的问题，并且明确将其列为需要治理和解决的问题，因而不排除将来在国际层面上制定禁止或限制过多注册域名活动规则的可能性。这就意味着，即使不抢注他人的域名，注册并囤积过多的域名同样可能存在制度上的风险——虽然目前看来这种风险还不大。在现行涉及域名抢注的域名争议解决程序中，大量域名注册行为被认定为恶意抢注的可能性将会增加。

读一读

中国互联网络信息中心

中国互联网络信息中心(China Internet Network Information Center，简称 CNNIC)是经国家主管部门批准，于 1997 年 6 月 3 日组建的管理和服务机构，行使国家互联网络信息中心的职责，承担国家网络基础资源的技术研发并保障安全，开展互联网发展研究并提供咨询，促进全球互联网开放合作和技术交流。

CNNIC 是我国域名注册管理机构和域名根服务器运行机构，负责运行和管理国家顶级域名 .cn、中文域名系统，以专业技术为全球用户提供不间断的域名注册、域名解析和 WHOIS 查询等服务。

2. 大智慧与小聪明

与其他投资活动一样，域名投资也是一种需要付出巨大努力的商业活动。除金钱成本外，域名投资更需要智慧，包括对域名制度、域名系统及其未来发展方向的准确理解，对网站建设与运营者及网络用户习惯、心理的探究与把握，对相关法律制度的熟悉等。当然，商业经营方面的知识与技能也必不可少。

不可否认，在过去几年中，相当一部分“专业域名投资人”赚到了钱，且收入颇丰，其中也不乏靠域名抢注起家者。但越来越多的案例已清楚表明，仅靠耍小聪明过日子者，其生存空间会越来越小。

从域名构成的角度而言，一个域名的可识别部分无非有以下三类：第一类是既存的权利标志，包括商业标志、非商业的身份标志、地理标志等；第二类是既存的、有特定含义的通用词汇；第三类是杜撰的、没有特定含义的字符组合。

根据现行法律及域名争议规则的规定，凡属于既存的权利标志或与其相近似的标志，非经原权利人同意而注册的，均有可能被认定为域名抢注而被裁决转移给权利人。通用词汇的使用不受法律限制，但与此同时，使用者也不太可能因使用此种标志而获得可受法律保护的权利。所以，有些域名虽然因先占先得而具有一定的商业优势，但却因不受法律保护而基本上不具备长期投资的价值。杜撰的字符因其先天的独特性而受到法律的严格保护，但作为域名，其被网络用户认知及记忆的机会则相对较少，可能需要大规模的广告宣传方能深入人心，然而一旦具备知名度，这种域名的价值将是不可估量的。例如，sina、sohu、google、baidu 等知名域名均属于第三类，而第一类域名的知名度则与原有的商业标志密切相关。

可以肯定的是，随着网站建设与运营者的逐步成熟，抢注前两类域名的市场价值会越来越小，没有什么创意的第三类域名也不太可能为注册人带来大的收益。这样看来，投资于域名的市场前景可能会是暗淡的。

3. 民间解决与司法诉讼

目前，不论是国内还是国外，均存在两种域名争议解决程序，即互联网系统内部的争议解决程序和司法解决程序。前者虽被称为行政解决，但实际上属于民间争议解决程序，其裁决结果仅能在互联网域名系统内得到执行，不具备法律上的可强制执行性。司法解决程序则属于法律程序，裁决结果具有可依法强制执行的效力。

与司法程序相比，民间解决程序主要有以下几个优点。

1）快捷性。在前置的“手续”完成后，案件一旦提交专家组，14 天内即可获得裁决结果。

2）便利性。民间争议解决程序通常不需要“庭审”过程，专家组通过审查双方提交的书面材料和证据即可做出裁决。

3）不牵涉法律问题。所谓不牵涉法律问题，包括三层含义：第一，专家组无须考察法律规定，仅需依据域名管理机构颁布的域名争议解决规则做出判断；第二，专家组仅需判断被投诉的域名是否具备争议解决规则规定的条件，无须考虑双方当事人之间是否还存在其他法律争议；第三，专家组只能就争议域名的归属状态做出裁决，包括驳回投诉、将争议域名转移给投诉人及注销域名三种结果，而不能对其他问题进行裁判。

4）可救济性。民间争议解决程序做出的裁决并不是法律意义上的“终局”裁决，当事人如不服，还可以通过司法或仲裁程序寻求解决。

在上述的四个优点中，快捷性可能是最受在先权利人欢迎的特点，也是此种制度得以推广和持续生存下来的根基。近十年的实践表明，民间域名争议解决制度的推行已经使恶意域名抢注得到了有效遏制。随着该制度的不断完善，相信会有更多的域名争议通过这种程序获得解决。当然，如果除了拿回本应属于自己的域名外，权利人还想让抢注者承担其他法律责任，就只能诉诸司法程序了。

案例拓展

杜邦公司域名纠纷案

原告杜邦公司因与被告北京国网信息有限责任公司(以下简称国网公司)发生网络域名商标侵权及不正当竞争纠纷，向北京市第一中级人民法院提起诉讼。

原告诉称如下：我公司是有 200 年历史的企业，目前是世界 500 家最大企业之一，与中国早有贸易往来。我公司注册使用的椭圆字体“DUPONT”商标(图 5-1)，虽未经行政程序认定为驰名商标，但由于我公司的优质产品和高质量服务，早已使该商标在事实上成为驰名商标，其应获得全方位的、在不同商品和服务上的跨类保护，其中包括在计算机网络域名方面的保护。被告作为一家信息公司和域名服务商，明知使用他人企业名称或商标名称注册域名是不正当的，仍擅自使用我公司的商标名称注册域名，而且在我公司一再要求下还执意将该域名据为己有。我公司的客户是凭“dupont”之名来确认我公司和我公司产品的。在互联网上，他们也会试图通过“dupont. com”与我公司取得联络，但当中国的客户输入“dupont. com. cn”之后只能看到空白页面。被告的行为不仅使我公司不能将“dupont. com. cn”注册成域名，还造成客户的混淆、误认，损害了我公司的商誉和与客户的关系。根据《保护工业产权巴黎公约》(以下简称

DUPONT®

图 5-1 杜邦公司商标

《巴黎公约》、《中华人民共和国民法通则》、《中华人民共和国商标法》(以下简称《商标法》)及《中华人民共和国反不正当竞争法》(以下简称《反不正当竞争法》)的规定，被告的行为已构成商标侵权和不正当竞争，请求判令被告如下：第一，立即撤销其在CNNIC注册的“dupont.com.cn”域名，以停止对我公司“DUPONT”商标专用权的侵犯和不正当竞争行为；第二，公开在报纸上向我公司赔礼道歉；第三，负担我公司为本案诉讼支出的调查取证费2700元。

被告辩称如下：第一，本案不属于民事诉讼的范畴。被告是因域名行政主管机关的具体行政许可行为而取得“dupont”域名，如该行政许可行为不合法而侵害原告的合法权益，在经行政异议程序不能解决的情况下，原告应以CNNIC为被告提起行政诉讼；第二，原告的“DUPONT”商标未经行政程序认定，不属驰名商标；第三，商标与域名是两个领域中完全不同的概念。互联网络域名的注册及使用均不在《商标法》调整的范围之内，《商标法》所列举的商标具体侵权行为中，也没有注册与他人注册商标相同的域名的行为这一项；第四，被告注册域名“dupont.com.cn”不可能导致人们对原告商品的误认，该行为不属于《巴黎公约》和《反不正当竞争法》中规定的不正当竞争。原告指控被告侵犯商标专用权及不正当竞争，没有事实根据和法律依据，法院应当驳回原告的起诉。

北京市第一中级人民法院经审理查明如下。

原告杜邦公司于1802年在美国注册成立，一直在其产品上使用椭圆字体“DUPONT”作为产品制造者的识别标志。从1986年11月至今，原告杜邦公司在国家工商行政管理总局商标局(以下简称商标局)陆续通过办理受让和注册手续，取得了椭圆字体“DUPONT”注册商标在第3、11、22、24、26、30、31类商品上的专用权。杜邦公司通过制作电视专题片、参加专题展览会、举办产品推介会、在媒体上发布广告等形式，在我国大陆地区持续宣传椭圆字体“DUPONT”商标。

原告杜邦公司在美国、德国、加拿大、俄罗斯等17个国家注册的三级域名，均为“dupont.com.行政区缩写”或“dupont.行政区缩写”或“dupont.Co.行政区缩写”模式。被告国网公司于1996年3月注册成立，经营范围为计算机网络信息咨询服务、计算机网络在线服务、电子计算机软硬件的技术开发等。1998年11月2日，该公司在CNNIC注册了域名“dupont.com.cn”，至今一直没有实际使用。庭审中，被告国网公司不能说明该公司的名称、地址、简称、标志、业务或其他任何方面与“dupont”一词有关。

综上，北京市第一中级人民法院于2000年11月21日判决如下。

① 被告国网公司于本判决生效之日起10日内，撤销其注册的“dupont.com.cn”域名。

② 被告国网公司于本判决生效之日起30日内，给原告杜邦公司赔偿为本案诉讼支出的调查取证费2700元。

③ 驳回原告杜邦公司的其他诉讼请求。

知识链接

域名相关政策法规

任何企业、个人要在电子商务领域进行发展，都必须学习和研究互联网上相关的政策和法规，了解域名相关政策及法规有利于保护企业利益。

参考网址：

1）中国互联网络信息中心域名注册实施细则：http://www.cnnic.cn/gjymaqzx/aqzxzcfg/201207/t20120703_30448.htm。

2）中国互联网络信息中心域名争议解决办法：http://www.cnnic.cn/gjymaqzx/aqzxzcfg/201207/t20120703_30447.htm。

3）《中国互联网络域名管理办法》(信息产业部令第30号)：http://www.cnnic.cn/gjymaqzx/aqzxzcfg/201206/t20120615_29142.htm。

拓展思考

请根据《巴黎公约》的商标保护制度、我国的《商标法》和《最高人民法院关于审理涉及计算机网络域名民事纠纷案件适用法律若干问题的解释》，分析本案一审判决的法律依据，并分析企业应该如何保护好自己的域名资源。

第六章　其他电子商务案例

【导读】

随着互联网的发展，开设网站和网上创业已成为电子商务中不可缺少的一部分，电子商务网站的策划和网店建设也越来越重要。

本章从电子商务网站的整体策划和策划书撰写、网上创业两个方面进行案例分析，使学习者能够从他人的创业经历中吸取经验教训，善于寻找自己的创业机会，培养学习者的创业意识和勇气，以及沟通和创新能力。

第一节　电子商务网站策划书

知识要点

随着互联网的飞速发展，网络虚拟市场已经形成，并逐渐步入成熟阶段。网站是互联网的组成细胞，各行各业、形形色色的网站丰富着互联网，推动着互联网的发展。电子商务网站是互联网的支柱，网络的发展使电子商务有了真正属于自己的空间，电子商务的发展也进一步促进了互联网的发展。电子商务网站是指以盈利为目的企业站点，主要以两种类型为主：一是专业的互联网网站服务商，如搜狐、163、TOM、盛大网络、腾讯、阿里巴巴等；二是传统企业通过网络提供服务的站点，如戴尔、联想、海尔等公司都有自己的电子商务网站。

电子商务网站是企业信息化建设的重要组成部分，是企业展示实力和树立形象的窗口。越来越多的企业建立了属于自己的企业网站，一方面是为了树立企业形象，另一方面也希望通过这个网络平台带来更多的收益。

1. 电子商务网站的整体策划

电子商务网站策划是指在网站建设前对市场进行分析，确定网站的目的和功能，并根据需要对网站建设中的技术、内容、费用、测试、维护等做出规划。网站策划对网站建设起到计划和指导的作用，对网站的内容和维护起到定位的作用。通过对电子商务网站的策划，可以进行合理的投资，对网站进行有效的管理，从而满足网站建设者的需求，并为网站的进一步发展做好准备。

电子商务网站的策划对于建设一个优秀的站点有着重要的意义，一个网站的成功与否与建站前的网站规划有着极为重要的关系。网络上的站点不计其数，目前大部分网站不能满足建站者的利益需求，不能产生效益。由于网络发展的时间短、速度快、变化多，人们对互联网的特点和发展的规律还没有充分地认识和掌握。因此，很多网络建设者是摸着石头过河，如果在网站建设初期没有一个整体的策划，就将导致后期网站的运营和改版存在严重的问题。在网站建立之前应明确建设网站的目的、网站的功能，并对网站规模、投入费用进行必要的市场分析等。只有详细地规划，才能避免在网站建设中出现的各种问题，使网站建设能顺利进行，达到事半功倍的效果。

议一议

网店有各种类型，每个人都有自己喜欢访问的网站。例如，新闻类的有人喜欢新浪网，有人喜欢凤凰网。有哪些网站你觉得很优秀？

2. 电子商务网站的整体策划要考虑的问题

电子商务网站的策划首先要从整体的角度来考虑和规划。很多网站建设者往往是有了初步的想法就投资建立了一个网站，没有进行市场调研，也没有进行系统的分析，结果建设出来的网站访问率不高，不能起到任何的效果和作用；有的网站建设者受到网络公司服务人员的影响，在不完全理解网站，目标也不明确的情况下，就投资建立了网站，结果效果并不明显。

那么如何从整体的角度来考虑和规划电子商务网站呢？具体有如下几个方面的问题要考虑。

(1) 确定目标市场

互联网蕴藏着巨大的商机，中国的互联网更是有着巨大的潜力，美国的摩根士丹利调查显示，中国互联网上市公司利润率远高于全球同类行业其他上市公司，同时，平均劳动成本还远低于全球水平的劳动成本。在整体网络发展的背景下，要想抓住机会，利用网络淘金，还要将市场进行细分，进一步明确目标市场，确立合理的建站目标。

(2) 确定网站的投资及盈利模式

2007 年中国互联网产业所呈现的商业潜力受到世界各国前所未有的关注，并成为互联网国际巨头的战略发展重地。随着风险投资日趋全球化，中国互联网发展与世界接轨在即。风险投资日趋全球化主要表现为两个方面：一是资本筹集国际化；二是投资对象国际化。例如，英、美、日共同组建了日本东方风险投资公司，美国太平洋创业投资公司以美国资本为主，在中国投资了几十家风险企业。这将有利于世界互联网发展的融合。无论是获得风险投资还是企业自己投资建设网站，对投资的预算和盈利模式的探讨是十分重要的，这决定了网站本身的生命力。

(3) 确定网站的建设方案

Web 2.0 概念改变了互联网的商业规则，在这一概念下衍生出的博客、播客、RSS、SNS 等众多网络创新模式，将整个中国的互联网产业带入变革时期，由门户和垂直门户所确立的商业规则正在被重新改写。因此，电子商务网站技术的选择、功能的策划需要进行细致的考虑。

(4) 确定网站的推广方案

网站是企业在互联网的窗口，是线上阵地，拥有一个好的网站固然重要，但如何让网民知道你的网站更重要。全球互联网上有上亿个站点，如果网站不推广，就会石沉大海，没有人知道它的存在。因此，网站的推广是网站成败的关键因素之一。

读一读

世界最大投资公司——凯雷投资集团

凯雷投资集团于1987年成立于美国，总部位于华盛顿，是世界上最大的直接投资公司之一。该公司旗下管理资金达184亿美元，主要投资于管理收购、创业投资、房地产及高收益债券投资。自1999年以来，凯雷旗下的三家亚洲基金拥有超过10亿美元的资金。

凯雷在业界有“总统俱乐部”之称，美国前总统布什、英国前首相梅杰、菲律宾前总统拉莫斯等构成的豪华顾问团，以及IBM前CEO郭士纳均曾加盟。

(5) 进行网站的运营管理策划

投入一定的资金就可以建设一个电子商务网站，但网站建设完成后的运营管理和内容管理是网站生命的体现，网站的运营管理包括人员的聘用、文件的管理、信息内容的收集发布等。

3. 电子商务网站如何进行整体策划

如何进行整体策划是电子商务网站策划的一个关键问题。网站建设者首先要有整体策划的意识，其次要编写电子商务网站的整体策划方案书。网站策划方案书应该尽可能地涵盖网站规划中的各个方面，它的写作要科学、认真、实事求是。

网站策划方案书的结构如下。

① 建站前市场需求分析。

② 建设网站的目的及功能的设计。

③ 网站技术解决方案，包括网站建设服务商的选择。

④ 网站内容规划。

⑤ 网站美术设计说明。

⑥ 网站开发时间进度表。

⑦ 网站制作费用。

⑧ 网站售后服务。

⑨ 网站宣传推广方案。

议一议

一个好的电子商务网站需要多种角色参与策划，那该有哪些人参与呢？

4. 网站策划书包含的具体内容

(1) 建设网站前的市场分析

建设网站前首先要分析互联网发展的现状及对本行业的影响；其次论述相关行业的市

场发展得如何，在网络市场中发展得怎样，行业市场上有什么特点，在互联网上开展电子商务有何利弊；再次是对目前市场中主要竞争者的分析，对竞争对手网络利用情况及其网站规划、功能作用的分析；最后要分析建站公司自我条件、公司概况、市场优势，分析如何利用电子商务提升企业竞争力，以及建设网站的投入费用、技术、人力等方面的问题。

（2）建设网站的目的及功能的设计

网站策划书中关于建设网站的目的及功能的设计是主要内容，主要论述这样几个问题：为什么要建立网站；网站能给企业带来什么；要建设一个什么样的网站。然后是根据网站建设的目的，确定网站的类型，并整合公司资源，根据公司的需要和计划确定网站的具体功能，并对网站的功能进行描述。

（3）网站技术解决方案

目前，网站开发有多种技术，同样功能的站点可以采用不同的技术来实现，每种技术有各自的特点，主流的网站开发技术有.NET技术和JSP技术。

现在网站的开发越来越专业，中小型企业建设电子商务网站建议选择优秀的网络服务商。选择网络服务商来进行电子商务网站的开发制作，比较节约成本，开发周期短，基本能满足企业的需求，并且有后续的服务和网站稳定性的维护。企业也可以自己组织团队来建设网站，根据网站的功能确定网站技术解决方案，主要考虑如下几个方面。

① 不论是采用主机托管，还是租用虚拟主机，都要选择合适的主机服务供应商。

② 选择操作系统，分析其投入成本、功能、开发、稳定性和安全性等。

③ 网站安全性措施，防黑、防病毒方案。

④ 相关程序的开发，如ASP、JSP、CGI、数据库程序等。

（4）网站内容规划

网站内容规划主要是网站的栏目结构的划分。可以根据网站的目的和功能规划网站内容，一般企业的网站应包括公司简介、产品介绍、服务内容、联系方式、留言板等基本内容。

电子商务类网站还要有会员管理、信息发布、订单管理、积分管理、广告管理等多种功能。具体的栏目设计要根据企业建站的目的进行合理的规划，栏目有一级栏目、二级栏目、三级栏目等，一般不超过三级。一级栏目就是首页面导航，二级栏目是点击进入一级栏目后见到的页面或是子导航，或是底部导航。

网站内容是网站吸引浏览者最重要的因素，无内容或不实用的信息都不会吸引匆匆浏览的访客。可事先对人们希望阅读的信息进行调查，并在网站发布后调查人们对网站内容的满意度，以及时调整网站内容。网站栏目不宜过多，也不能过于简单，过于烦琐的内容在网站的运营中会出现更新信息不及时的问题，过于简单的网站又没有吸引力。互联网本身就是一个信息共享的大平台，网站提供的信息是否及时、准确、利用率高，决定着网站人气的多少。

议一议

网站内容一般是由谁提供？

(5) 网页设计

网站是企业在互联网的窗口，也是企业的门面。因此，好的网站要注重页面的设计。网页设计的要求因人而异，但总体上网页美术设计一般要与企业的整体形象一致，要符合规范，要注意网页色彩、图片的应用及版面规划，保持网页的整体一致性。在新技术的采用上要考虑主要目标访问群体的分布地域、年龄阶层、网络速度、阅读习惯等。同时，要制定网页改版计划，如半年到一年时间进行一次较大规模改版等。

(6) 网站开发时间进度表

网站开发时间进度表主要是让建站者了解网站具体制作的时间、上传的时间，以及对建站者提供有效的资料，这样利于建站者做好充分的网站运营和推广的准备。

(7) 网站制作费用

网站制作费用要明确且项目清晰，要让建站投资者了解具体投资的细节、后期推广费用的预算及网站改版的预算。

(8) 网站售后服务

网站售后服务包括两个方面，一方面是网络服务商制作的网站，制作完成后提供的具体服务有哪些；另一方面是网站制作完成后对网站运营维护的介绍，具体包括服务器及相关软硬件的维护，对可能出现的问题进行评估，制定响应时间，制定网站信息维护的要求及方案，确定网站运营维护的人员。

(9) 网站宣传推广方案

网站宣传推广方案对于网站的运营至关重要，因此推广方案是否合理可行也决定着该网站项目的成败。网站宣传推广方案具体包括站点推广方式的选择、投资金额等内容。

典型案例

集团网站策划方案书

一、前言

互联网走到今天经历了高潮和低谷，让许许多多为之奋斗的人们兴奋过，也沮丧过。这些风风雨雨让许多真正了解互联网的人终于看明白了一点：互联网本身并不能创造产值，它是一个服务性行业。

透过泡沫看本质可以让我们明白很多，互联网不是神话，而是实实在在的一个媒体、一种工具、一条途径。认清了这些，我们就发现，原来互联网真的很有用，如果我们懂得利用的话。

传统企业同互联网联姻，借助互联网展示企业形象，发布产品信息，做好客户服务，已经成为业界的共识，成为现代企业发展中一个不可或缺的步骤。互联网为企业服务，渗透到企业的生产、销售、管理当中去，这也成为互联网发展的重要模式之一。

让我们构想一下企业利用互联网之道的美好局面。

企业占领互联网这一第四媒体的宣传阵地，利用它面向全球展示了企业的形象、品牌、文化和产品。

互联网不仅仅是网站，更是一种高效高技术含量的管理方法和手段。企业通过互联网的应用引进管理技术和观念，丰富管理手段，倡导互动沟通和透明管理，提高企业管理效率和质量水平。

企业通过互联网寻求产品的销售新渠道，寻求更多的商业机会。

对于这些，我们相信，如果能很好地利用互联网，互联网必将助企业一臂之力。

二、为什么需要一个新的集团网站

1. 好马配好鞍，名企配好站

一个名牌企业，肯定可以在互联网上找到它的踪影。然而纵观现有的其他集团网站，我们总感觉到，它可以也应该做得更好。

表 6-1 为大集团网站技术参数情况，从中可以看出，现有的其他集团网站还需要更好地行使其职能。一个理想的集团网站应当以知名企业网站为标准，与企业形象相衬，能够在企业的宣传策略上添加浓重的一笔。

表 6-1　名牌企业网站技术参数对比

企业		行业资讯	分辨率	信息发布系统	站内搜索	人才库	会员系统
同类企业	德力西	无	600×800	有	有	无	有
	正泰	无	1024×768	有	有	无	有
	本公司	无	600×800	无	无	无	无
美的集团		有	600×800	有	有	有	有

2. 集团网站的设计标准

形象：集团网站应当符合企业形象标准，能够充分展示企业精神和企业文化，能够展示企业员工的风采。

现代：集团企业网站应当是具有青春活力的看上去美观大方的网站，能够紧跟企业网站设计潮流，运用流行元素，使网站和企业一样充满现代气息。

实用：集团网站应当让访问者最快找到他所需要了解的，一目了然，轻松自如。同时，管理人员能够轻松进行网站内容更新和维护工作。实用、易用能使集团网站走向良性循环轨道。

互动：访问者是一面镜子，集团网站应当从访问者那里获取对网站的反馈，能够捕捉客户的需求，能够双向交流，能够使客户在网站中充分发表见解，并加以吸收。

扩展：集团网站应当是一个可扩展的网站，能够根据技术的发展而将其充分应用，能够将企业外部窗口和企业内部管理机制相结合，能够为管理决策提供数据统计与分析。

集团网站应当高屋建瓴，未雨绸缪，将企业利用互联网发挥到极致，具备了上述五大特点的集团网站就可以做到。

三、网站设计需求

1）建立完善的产品信息展示系统。产品展示是企业网站的重要职能，一个完善的产品信息展示系统，分类合理，访问快捷，添加方便，管理科学，能够使客户快速了解产品信息，并找到自己所需要的，或者发出询价意向，或者给出反馈意见。企业通过产品的展示和反馈，能够快速了解变化中的市场需求，把握商机，运筹帷幄。

2）树立诚信经营企业形象。诚信是企业之本。集团正是靠诚信经营、质量第一赢得了客户和市场的青睐。在集团网站的建设中也要展示出企业的诚信形象，通过互联网传播企业精神和企业文化。

3）保持市场的领先地位。

4）吸引更多的客户。

5）为现有的客户提供更有效的服务。

6）开发新的商业机会。

7）建立完善的网上服务系统。

8）提高管理效率。

四、网站设计风格

网站语言：简体中文、繁体中文、英文。

集团的客户层面广，产品远销全国各地和海外市场，服务好所有的用户是集团员工义不容辞的职责。因此设计不同的语言界面，会让不同地域讲不同语言的用户有更亲切温馨的感觉。

网站风格：以集团企业 CI 为基础，分为华人风格（中文版）和纯欧美风格(英文版)。

网站属性：垂直型网站。

以集团 CI 为基础，根据不同地域客户的浏览习惯设计出一流的专业网站，吸引各界浏览者对集团网站的浓厚兴趣，培养客户对集团网站的忠诚度。

五、网站架设步骤

1. 中文版网站布局

中文版网站布局如表 6-2 所示。

表 6-2　中文版网站布局

主栏目	分栏目	说明
集团介绍	集团简介	集团介绍
	总裁致辞	总裁致辞
	公司历程	公司由小壮大的发展历程
	组织结构	集团的公司组织结构
集团介绍	组织结构	集团的公司组织结构
	公益事业	集团在公益事业方面的活动
	公司荣誉	集团所获得的各项荣誉

续表

主栏目	分栏目	说明
新闻中心	集团新闻	集团新闻
	行业新闻	低压电器行业新闻
	媒体评论	各媒体对集团的报道
	××报	集团内部刊物电子版
产品信息	产品分类	集团产品系列分类展示
	新品介绍	新产品推荐和介绍
	技术白皮书	产品技术文档查询
	说明书下载	相关产品资料下载
	产品荣誉	产品荣誉
企业文化	企业理念	集团的经营理念和价值观
	企业员工	企业员工的风采
商务中心	材料采购	企业生产材料公开采购
	网上招标	企业生产建设项目招标
	在线交流	访问者在线提交意见和建议
	商务预约	集团重要商务活动发布，客户可在线预约
集团之家	贺卡壁纸下载	主题的贺卡壁纸下载
	调查问卷	关于集团的调查问卷
	集团论坛	集团论坛
	趣味下载	各类趣味小游戏下载
	友情链接	各类同行业和知名网站互相链接
客服中心	销售网点	销售网点介绍
	在线报修	在线报修
	服务网点	服务网点介绍
	服务宗旨	服务宗旨介绍
人力资源	人才战略	集团的人才战略规划
	职位空缺	现有职位空缺，可直接网上应聘
	加入人才库	访问者可填写资料，进入人才库
小栏目	网站导航、联系我们、法律声明、意见反馈、友情链接	

2. 英文版网站布局

英文版网站布局如表 6-3 所示。

表 6-3 英文版网站布局

主栏目	分栏目
集团介绍	集团简介、公司历程、公益事业
新闻中心	集团新闻、媒体评论、行业新闻
产品中心	新品介绍、产品分类、产品荣誉
商务中心	材料采购、网上招标、商务活动
客服中心	销售网点、在线反馈、服务宗旨

3. 网站功能模块说明

(1) 网站新闻发布系统

网站新闻发布系统是将网页上的某些需要经常变动的信息，类似新闻、新产品发布和行业动态等更新信息集中管理，并通过信息的某些共性进行分类，最后系统化、标准化地发布到网站上的一种网站应用程序。网站信息通过一个操作简单的界面进入数据库，然后通过已有的网页模板格式与审核流程发布到网站上。

它的出现大大减轻了网站更新维护的工作量，通过网络数据库的引用，将网站的更新维护工作简化到只需录入文字和上传图片，从而使网站的更新速度大大缩短。在某些专门的网上新闻站点，如新浪的新闻中心等，新闻的更新速度已经缩短到五分钟一更新，从而大大加快了信息的传播速度，也吸引了更多的长期用户群，时时保持网站的活动力和影响力。

(2) 全站搜索系统

全站搜索系统提供对全站的信息进行搜索的功能。全站搜索系统提供了对信息进行多种类型检索的支持，对网站主要信息提供了搜索功能。由于系统信息的储存方式有两种，即文件系统的静态 HTML 和装入数据库的信息，因此系统采用两种搜索引擎，一种是针对文件系统的全文检索功能，一种是针对数据库系统的全文检索功能。

(3) 产品信息发布系统

产品展示：能够在网上提供在线产品目录，展示所有产品。如果定期更新，客户即可获得最新目录。

更新和添加新产品信息：可以全面控制站点，并随时进行更改或补充，而不必再依赖网页制作公司或编程人员。

详细的产品介绍：提供全面的产品描述，客户可以充分了解所有产品，并灵活地从产品线中进行选择，并可在反馈表或网上调查表中提出对产品的看法。

搜索引擎能力：客户可以对产品进行搜索，以快速准确地找到他们所需要的产品。这避免了客户无谓地浏览诸多页面来寻找合适的产品。

(4) 邮件列表管理系统

邮件列表管理系统可实现增加、更改会员资料，接受会员申请、登录等，授予会员 IP 管理地址，定期向相关会员发送商业信息，发掘潜在客户。根据客户的特点分析客户对不同产品兴趣的相关性，通过对客户群的细分、客户购买行为的分析为客户提供对应的服务，有效地进行客户投诉管理、客户服务管理。

（5）BBS论坛系统

论坛系统服务已经是互联网站一种极为常见的互动交流服务。论坛可以向网友提供开放性的分类专题讨论区服务，网友们可以在此发表自己的某些观感，交流某些技术、经验，乃至人生的感悟与忧欢，亦可以作为用户与商家交流的渠道，商家亦可在此回答用户提出的问题或发布某些消息。

（6）网站流量分析系统

网站流量分析系统可以向商业网站提供页面访问计数、排行和访问分析服务，可以分析网站流量，对整个站点乃至任意页面的访问流量进行数据分析，并对网站分析出完整的统计报告，随时可以了解网站乃至任意页面的流量动向和受欢迎程度，并以此做出相关调整策略。

流量分析独立于操作系统和Web服务器，系统分析采用先进技术，不需要Web服务器记录访问日志，增强了Web服务器的性能，可分析网站任意一个文件的访问情况流量，可分析访问量、操作系统、浏览器、任一界面，有多项统计指标和日、周、月、年多项查询条件，使用全程加密技术，采用物理加密对用户数据做到公平、真实、可靠，系统运行CPU占用率小于3%，可分析一个IP地址或多个IP地址的访问状况，Web页面方式查看分析报表较方便、快捷。

六、技术支持和培训

1. 技术支持

网络公司负责集团网站的终身维护工作，并负责为集团培训网站日常管理人员和信息发布人员。

2. 培训

① 网站管理系统的使用。
② 信息发布系统的使用。
③ 网站界面风格控制系统的使用。
④ 后台管理系统的使用。
⑤ 搜索引擎的使用。
⑥ 网站的建设和维护。

3. 课程安排

课程安排如表6-4所示。

表6-4　课程安排

课程内容	时间	参加人员
网站管理系统的使用	系统验收后	系统管理员、信息发布人员

续表

课程内容	时间	参加人员
信息发布系统的使用	系统验收后	系统管理员、信息发布人员
网站界面风格控制系统的使用	系统验收后	网页设计人员
后台管理系统的使用	系统验收后	系统管理员、信息发布人员
搜索引擎的使用	系统验收后	系统管理员、网页设计人员
网站的建设和维护	系统验收后	系统管理员、网页设计人员

注：具体培训内容可与客户商定。

七、网站推广

网站推广方式说明如表 6-5 所示。

表 6-5 网站推广方式说明

序号	推广方式	说明
1	搜索引擎推广	同新浪、搜狐两大搜索引擎商合作，进行推广型网站登录；同百度竞价排行搜索引擎商合作，使集团在数百家门户网站的同类行业搜索中排名前列
2	商务信息平台发布	同阿里巴巴、环球资源、温州商务等商务平台合作，使集团网站及其新产品及时有效地出现在广大客户眼前
3	行业链接	广泛寻求同行网站联盟，进行行业链接
4	邮件列表	利用电子邮件许可营销，将集团网站进行针对性、广泛性的电子邮件推广
5	有奖活动推广	策划开展系列有奖活动，在各大网站和平台宣传，树立集团的企业形象
6	商务软件推广	利用网络营销商务软件，将集团网站信息和产品信息发布到各大行业供需平台上

八、网站建设费用清单

网站建设费用清单如表 6-6 所示。

表 6-6 网站建设费用清单

策划制作	① 网站策划：5000 元； ② 网站风格设计：10000 元； ③ 页面制作：20000 元； ④ 资料编辑录入：5000 元
功能开发	① 网站新闻发布系统：10000 元； ② 全站搜索系统：5000 元； ③ 产品信息发布系统：10000 元； ④ 邮件列表管理系统：10000 元； ⑤ BBS 论坛系统：5000 元； ⑥ 网站流量分析系统：10000 元； ⑦ 在线信息系统：20000 元

续表

网站推广	① 服务器空间：5000元/年； ② 搜索引擎推广：5000元/年
总计	① 第一年网站建设费用：120000元； ② 以后每年维护和服务器费用：20000元

案例拓展

酒店网站建设方案项目书目录

3.4.13 网站导航(二级频道)
3.4.14 顾客反馈(栏目)
3.4.15 网站流量统计显示(后台)
3.4.16 平台短信功能
3.5 功能模块总结
4. 网站设计理念说明
4.1 网站设计原则
4.2 风格定位
4.3 版面编排
4.4 网站注意事项和改进
5. 平台系统功能概述
5.1 开发平台
5.2 系统架构
5.3 技术特点
5.4 系统性能
5.5 系统部署及访问方式
5.6 系统安全性
6. 平台系统运营环境介绍
7. 系统服务
7.1 系统本身服务承诺
7.2 培训服务及运营管理
8. 网络服务公司介绍
9. 成功案例
10. 方案预算

知识链接

网站策划书及案例

网站策划书是网站策划人员在网站建设前期根据客户的不同情况进行市场分析，对网站建设和运营进行有计划的指导和阶段性总结所形成的书面报告。

参考网址：

1) 百度百科之网站策划书：http://baike.baidu.com/view/2104176.htm。

2) 网站建设策划书案例——标准版(网通动力)：http://www.30099.cn/content/?365.html。

拓展思考

根据以上酒店网站策划书的目录结构，完成该策划书的具体内容。

第二节　其他电子商务案例

知识要点

网上开店，可能很多人都已经看到了这个机会，但如何上网做生意，怎么做生意，要注意什么，相信许多“有志者”并不了解。网上开店有三个经验：价格、口碑和安全。对于跃跃欲试的人来说，了解一些网上开店的基本流程是很有必要的。

1. 前期准备和投入

在网上开店，了解网购的消费人群、成交量居高的货品，找寻自己了解的或是有条件的货源，确定出售货品的主题、投入金额的预算等都是事前必须做的功课。

1）网上开店需要一定的投入准备，主要包括硬件和软件两部分。硬件包括可以上网的电脑、扫描仪、数码相机、联系电话等，不一定要全部配置，但是尽量配齐，方便经营。电脑和宽带上网是必配的，还要通过数码相机拍下商品的照片上传到网上商店，而扫描仪则是把一些文件扫描上传，如身份证、营业执照等信息。这样初步计算前期投入约 6400 元。而软件包括安全稳定的电子邮箱、有效的网下通信地址、网上的即时通信工具（如 MSN、QQ）等。

2）通过网络了解到目前成交量居高的货品，来确定自己的市场定位——卖什么样的商品，这个非常重要，决定着开店成功与否。一般来说，最好在网上销售网下不容易买到的东西如特别的工艺品、限量版的商品、名牌服装、电子产品等。这样，专门的发烧友就会找到店里，如果合作得好，生意就会细水长流，回头客不断。

3）找寻自己了解的或是有条件的货源，了解网上同类商品的价格等。根据自己的定位确定生意方式。一般来说，“网商”分为三种类型：小打小闹型、拓展业务型和供求信息型。不同的类型适合在不同的网站开店。

4）选择要开店尝试的专业平台，如淘宝、易趣等。一般要经过以下步骤。

① 注册会员。进入注册界面，注册网站会员，目前注册会员基本是免费的。

② 获得卖家认证。注册会员之后，要想开始网上销售服务需要通过网站进行卖家认证，目前主要有身份证认证、手机认证、固定电话认证、地址认证等方式。

③ 通过卖家认证。上传商品，正式开展网上销售。

值得提醒的是，目前一些网站大都对会员提供免费开店服务，不过也有收费的，如易趣，易趣网登录物品需要支付登录费，如果物品卖出，还需要支付交易服务费。因此，卖出一件物品的总成本为登录费加上交易服务费。例如，如果用竞标卖法在易趣上登录一件起始价为 1 元的物品，然后以 25 元的价格卖给一位买家，则总支出费用为 1.3 元，即登录费 0.8 元和交易服务费 0.5 元之和。从 2005 年 12 月 20 日起，易趣网进行了价格调整，每个月有三件免费物品登录的优惠，除此以外，其他定价商品登录费用下调 50%。另外，店铺独有的仓储式物品将不再收取物品登录费。

读一读

淘宝开店认证

淘宝开店认证是指淘宝对卖家提供的一项身份识别服务。淘宝开店认证需要在支付宝实名认证基础上提供卖家本人手持身份证照片，认证要求高于支付宝实名认证，是支付宝实名认证的升级。2011 年 11 月 29 日起新开店卖家都需要先完成开店认证才可成功开店。

淘宝开店认证方法：进入“卖家中心”页面，单击“我要开店”或“免费开店”，即可开始开店认证，开店认证包括支付宝实名认证及上传真实个人照片(身份信息认证)两部分。

2. 建设自己的小店

想要生意好，电子商务的平台一定要找好，网站用户广泛才能人气旺盛，服务周到才能使市场口碑好，收费低廉才能使顾客觉得物有所值。不过，有些地方性的 C2C 网站也很有人气和特点，可以考虑一下。

经营好自己的小店，关键是寻找物美价廉的货源。网上销售价格是非常敏感的要素，而不同的商品有不同的进货渠道。掌握了价廉物美的货源，就是掌握了电子商务经营的关键。以网上销售非常火的名牌衣物来说，各个品牌在换季时期都会打折，卖家可以购买款式品质上乘的品牌服饰，然后在网上转手。有些做得好的网上店主直接进国外的打折产品，即使网上售价是传统商场的 4～7 折，还有 10％～40％的利润空间。

另外，还可以去外贸产品中淘金。在外贸订单的剩余产品中有不少价廉物美的外销产品，还可以买入一些品牌积压的库存。很多精明的人很擅长砍价，这个技巧在电子商务中同样适用。品牌商的库存积压都很多，如果有一定的谈判能力，可以找到品牌经营商与他们谈判，拿下他们手中的库存，对今后的发展一定大有益处——关键是能谈下一个最低的折扣，这是日后获得丰厚利润的关键。

议一议

你的网上小店进什么货，怎样快速进货，想好了吗？

批发商品一定要多跑地区性的批发市场，如上海的襄阳路、城隍庙，北京的动物园、秀水街、红桥市场，并要熟悉行情，和老板熟悉后可以拿到很便宜的批发价格。

3. 如何经营网上小店

由于不了解情况，许多刚加入网上生意行列者都会面临许多困惑，何况经营网上业务并非只是建个网上商店，还需要认真经营，只有经过长期的实践才能摸索出一套经营网上商店的规律。以下介绍八大诀窍。

(1) 起个好名字

商品名称应尽可能以简洁的语言概括出商品的特质，力求规范，让人一看就能大致了解商品的基本信息，而且便于从搜索引擎中找到。推荐使用的商品名称格式是品牌＋商品名+规格+说明。

(2) 好东西要放门口

怎么才能让顾客在店里第一眼就看到吸引他眼球的东西，这就需要做好商品推荐，花点时间，盘点一下自己的宝贝，让最好卖的东西出现在最上面。

商品图片是给顾客的第一印象，一幅模模糊糊、花里胡哨的商品图给人的感觉非常不好。图片可以从网上搜索，也可以通过扫描产品手册获得，最好找一个摄影技术较好的人来拍照，事后用图片处理软件修改一下也能达到不错的效果。

(3) 价格定位合理

在网上销售，没有门面租金的压力，所以，只要能有好的货源，就可以有不错的收益。因此，价格一定要比网下便宜，多参考别人的价格，尽量便宜，这样会有很多想省钱的客人进来。

(4) 商品种类丰富

在把握新、精、平的原则上，网上小店的商品种类要丰富，因为每个光临的客人都希望自己所逛的店铺琳琅满目，如果只有干巴巴的几样东西，客人可能不会再次光顾了。

议一议

大家都喜欢到淘宝网上开店，那里什么商品卖得最好?

(5) 产品说明详细

一份好的说明不只是说明而已，它体现了卖家对买家的尊重和对自己产品的尊重。详细的产品说明会让客人觉得卖家是个行家，对店主的信任和产品的信任就又多了一点。

(6) 加大宣传力度

最省钱的宣传方式是网络论坛和各种专业论坛。

(7) 和买家保持联系

手脚要麻利，当有人看上自己的商品时，无论是初期的信息沟通，还是后期的收款寄货，都应在第一时间响应对方。在网上购物的人很少有耐心等待很长时间，这样做会让买家觉得店主是一个有诚意的卖家，而且他们的问题也能得到及时解答，对成功交易有很大的帮助。

(8) 搞好顾客关系

对于曾经购买过自己商品的顾客，可以定期进行回访。例如，在发货后不久就询问顾客是否收到，在一个月后询问顾客是否满意等。让顾客感受到卖家的重视，可以培养他们的消费习惯。

典型案例

饭统网的创业

在北京，提起饭统网，那绝对是个热到发烫的词。每天一到吃饭时，会有数十万双手同时键入 http://www.fantong.com 搜索想要吃什么、在哪儿吃、怎么吃，在这里，人们只要向一个叫臧力的人打听就行了。臧力既不是餐馆老板，也不是美食家，可偏偏却对北京城大大小小的饭馆了如指掌。几年间，臧力不但成了京城鼎鼎大名的饭统网(图 6-1)的

CEO，而且也让旗下的饭统网成了国内餐饮服务网中的“大哥大”。

饭统网创意的产生要从 2003 年 7 月的一天说起，当时还是中国国际电视总公司资产经营部副主任的臧力，突然接到一个电话，说非典结束两个多月没见面的 EMBA 班的同学要聚餐。臧力 EMBA 班的同学有 100 多人，可就这 100 多人的一顿饭差点没吃成。由于找不到地方，费了九牛二虎之力，大家才吃上这顿饭。同学们都抱怨现在生活好了，找个吃饭的地方却这么难，大家放松身心得吃，招待朋友得吃，联络客户得吃，婚丧嫁娶还得吃，自己家周围的早就吃腻了，远一点又不了解，于是互相打听着吃，可没人全了解，万一有点特殊要求，那就更难以满足了。臧力听完后知道创业的机会来了，他要创建一个前所未有的、成长空间巨大的、能颠覆中国社会生活方式的餐饮服务网。从此，一个叫饭统网的网站诞生了。

图 6-1　饭统网首页

饭统网是中国第一家免费预订餐厅、提供优惠折扣的权威餐饮门户网站。北京地区已经有 6000 多家餐饮企业成为了饭统网的合作伙伴，覆盖了北京城八区的各条主要街道(包括中、西餐饮名店，异域风情美食，特色佳肴，主题餐厅，茶舍，酒吧，咖啡厅等)，无须缴纳任何费用和办理任何金卡，只要将订餐热线存入手机的电话号码簿中，就等于同时拥有了京城6000家餐厅的优惠打折卡。饭统网为消费者提供了更为广泛的餐饮选择空间，消费者可以随时上网查找或电话咨询，依照个人偏好的口味、适合的地点、希望的消费档次、喜爱的环境等个性化喜好进行检索、挑选并预订餐厅就餐。同时饭统网更为各餐饮商家提供了展示自我的广阔舞台，21世纪是网络时代，网络不再仅仅是传递信息的工具，而是回归到生活，互联网已经从一种技术变成了一种生活方式。饭统网依托网络的强大优势，深入挖掘网络的力量，汇集各餐厅的信息于一身，使餐厅的独特风格和美味佳肴不再单纯依靠口口相传，而是在互联网这个广阔的空间里存在。饭统网已经成为名副其实的“餐厅网络销售部”，形成了独特的餐饮信息效应，吸引了众多消费者的目光。除此之外，创意新颖、形式多样且颇具社会意义的各式美食(交友)活动更是饭统网的一大亮点。在与北青报成功合办了酸甜苦辣食全年系列美食活动后，饭统网又开创了京城秘书节系列的先河，举办了近100期的“天下食会”活动，先后邀请了2200多名网友免费享用京城特色美食大餐，而五折超值AA聚餐的“食尚”交友俱乐部更是火爆非常。

为了更好地服务于团体用餐消费，饭统网专门承办如公司年会、商务宴、婚宴、生日聚会、会议培训、家宴、团体用餐等各种大型、专业的特色餐饮服务，只要一个电话，包括制作活动预算、提供满意的举办场地、享受优惠折扣、活动内容策划及场地布置在内的系列团餐琐事全部都被解决。此业务开始之初就得到了GE、IBM、Intel、Olympus、辉瑞制药、雀巢、UT斯达康、联想、周大福等诸多知名企业的青睐，成功地举办了GE全球之星、光华长安教育展览会等大型团餐活动。

网上订餐、电话预订、手机WAP服务上线后，通过饭统网在北京订餐已经成为了最方便的选择。之后饭统网又开通了全国各城市信息查询服务，为全国消费者提供两万多家餐厅的最新信息，出差、旅游、商务、交友活动都可以用饭统网一网打尽各地美食。

思考题

饭统网是怎样发展起来的？臧力和他的饭统网给电子商务的发展及创业带来了哪些启示？

问题分析

饭统网的运营过程分析

1. 令人过目不忘的域名策划是网站成功的必备要素

有了好的创意，还要有个令人过目不忘的域名。2003年11月，臧力的网站开始注册运作，他把自己多年来的积蓄外加股东的资金全投了下去。这时，臧力的第一个麻烦才开始，他想给自己的网站起个名字，一定要和吃饭有关，还要一次性就让人记住。名字起了几十个，结果都不满意。这时夫人问他，你们这名字起了多久，臧力说一个多月了，夫人就笑他：“那你们简直就是一帮饭桶啊”。臧力恍然大悟：“饭桶，饭桶！就是这个词！踏破铁鞋无觅处，得来全不费工夫！当然了，得换个字，用统一的统，江山一统，气象万千！”饭统网这个名字既大俗又大雅，而最关键的是它的效果一下就抵了几百万的广告费。就这样，臧力的饭统网开张了。

2. 创业初期艰苦的业务拓展是走向成功的必由之路

做网站前，臧力曾做过一次市场调查，了解餐饮业老板们对网络这个新兴事物的接受程度，结果有将近一半的企业对他的网站表示了兴趣，这才使他下定决心要打造一个中国独一无二的餐饮服务网。可没想到，他还没从做调查时的乐观情绪中恢复，就又遇上了一个棘手的问题。网站刚刚有了好名字，可不代表就有好的发展，做餐饮服务不能光有网上的内容，得有餐厅加盟才行。

饭统网刚成立时，所有的领导和员工用地毯式轰炸的方法发展加盟餐厅，一条街上从第一家店跑到最后一家店，受到的拒绝不计其数，被拒绝出门后，他们调整好心态再进下一家继续谈。一开始加盟饭统网的都是些名不见经传的小餐厅，后来，饭统网与京城非常著名的老牌西餐名店马克西姆的签约使饭统网出现了转机，网站影响开始扩大。签完和马克西姆的合同后，整个饭统网就像被打了一剂强心针，团队从上到下都充满了自信，充满了凝聚力。渐渐地，饭统网的发展势头越来越好，一年后，臧力手头已经有 2000 多家加盟餐厅，有了第一批百家知名饭店。

3. 精彩的网站效果策划让加盟饭店尝到甜头

在饭统网首页的餐厅排行榜上，有一家长年盘踞排行榜第一位的云南餐厅“回到丽江”，这家餐厅的崛起可以说是网络造就财富的一个神话典型。这家店的地理位置很不好，是在北京西三环边的一个巷子里面，很难被来往的行人发现，因此在它之前已经倒过数家店，“回到丽江”开张时，生意也很惨淡。后来，“回到丽江”选择与饭统网合作。自从“回到丽江”挂上了饭统网的推荐页面，人气直线上升，刚开始两周就进入了排行榜第十名，然后就一直向上升，很快就到了第一名，最多的一天餐厅接到了 48 张单子，把很多京城名店都压了下去。

“回到丽江”之所以会这么火，究其原因还是网络消费群的准确定位。现在北京城里最好吃的年轻白领基本都是这个网站的忠实用户，而这批人在餐饮业里又都是名嘴。在饭统网由这批名嘴传播而声名大振的餐厅还远不止“回到丽江”，它们往往地段偏僻，也没什么历史，却凭着独特的餐饮概念，成了喜欢追求新奇的白领的首选聚会场所。

4. “双轮”运作模式为餐厅与消费者搭建了平台

饭统网有个“双轮”运作模式，说的是一头连着餐厅，一头连着消费者，而且“两手抓，两手都要硬”。其办法是一方面积极拓展餐厅业务，一方面做好和消费者的互动，还随时过滤掉过期的信息，把最新最全的餐厅资料带给消费者。每逢星期五晚上，饭统网都会组织一个叫“天下食会”的活动，就是请“饭桶”们免费就餐。每联系好一家有特色的餐厅，便在网上向报名的网友发出邀请。经过这些“饭桶”的口口相传，味觉灵敏的食客们越来越离不开饭统网，过去他们只是零星地吃，松散地吃，无组织地吃，现在终于可以有组织、有系统、最大限度地满足口腹之欲了。

在饭统网的论坛上，每天都会有“饭桶”们发布的各种各样的帖子，全京城最爱吃的那拨人都聚集在这里，分享美食去处，互相交流美食心得，小“饭统”也就在这种融洽的气氛中不断滚动成长着。

一开始，饭统网的业务还只在北京地区开展，无法满足许多外地消费者的订餐需求，每天不断的电话和网络反馈证明有越来越多的市场亟待被覆盖。目前饭统网已在全国各大中城市推出了饭统网地方站，每日为数万消费者提供免费订餐服务，包括在线餐饮预订服务、电话预订服务、手机短信和WAP平台的餐饮搜索与预订服务，以及多种主流即时通信工具的餐饮预订服务，7天24小时实时响应，可满足消费者任意时刻的订餐需求，同时饭统网也是国内唯一一家可以提供中英文双语餐饮预订服务的网站。

知识链接

网上开店及创业指南

网上开店是一种在互联网时代的背景下诞生的新销售方式，区别于网下的传统商业模式，与大规模的网上商城及零星的个人品网上拍卖相比，网上开店投入不大，经营方式灵活，可以为经营者提供不错的利润空间，成为许多人的创业途径。

参考网址：

1）百度百科之网上开店：http://baike.baidu.com/view/209565.htm。

2）百度百科之网上开店创业指南：http://baike.baidu.com/view/1738346.htm。

饭统网的特色与价值

饭统网是利用互联网加呼叫中心模式的又一个成功案例。

2007年10月，饭统网正式引进托管型呼叫中心。作为饭统网与顾客无障碍沟通的最佳渠道之一，呼叫中心的作用远不止被动应对客户的提问。饭统网呼叫中心的最大特色就是建立在CRM理念之上，使呼叫中心成为CRM基础数据库与客户之间最便捷的门户和最有效的互动渠道，而选择托管型呼叫中心则合理地降低了企业在呼叫中心上的建设和后期运营成本。基于此，呼叫中心的特色主要包括以下四个方面。

1）时效性强，提供翔实、准确、生动的餐厅信息。饭统网向消费者推荐的5000家主流餐厅都由公司安排客服人员以充分的时间进行一家家的实地走访，以便客服人员能够具备充分的亲身体会和直观印象。另外，随着客服人员不断地实地走访，他们收集到大量第一手资料，并能随时更新补充。

2）方便为先，提供多种预订方式。饭统网目前有电话、在线预订、即时通信、短信、WAP等五种预订方式，且保证7天24小时全时段迅速响应的餐饮预订及咨询服务，使客户不受时间和联系方式的约束，可轻松自如地享受订餐咨询。

3）与时俱进，深度进行数据挖掘以求不断提高服务质量。通过订餐记录对预订过的消费者进行分析，以便更准确地了解客户的口味偏好、地理位置、消费档次等，为今后的推荐累积数据资料，做好相关准备。另外，饭统网会定期更新美食信息库，共享所有重要的信息数据，使每个客服人员在工作中循序渐进地增长知识，并以餐饮专家级的服务质量让顾客得到最大限度的满意。

4）充分发挥托管型呼叫中心随需而变的特点。根据订餐业务具有周期性的特点，灵活调整呼叫中心坐席规模，应用功能模块，从而使得饭统网在呼叫中心的资本投入与自身业务的发展保持高度一致，进而通过应用呼叫中心获得最大收益。

饭统网在餐饮行业以互联网加呼叫中心的模式获得了成功，呼叫中心在预订业务中的价值得以充分体现。饭统网的愿景是“让预订改变每个人的生活”，呼叫中心的到来让这个愿景变得越来越清晰，为呼叫中心与社会生活紧密结合树立了标杆。同时，饭统网呼叫中心能够根据餐饮行业的特点，摸索出一套适合自身业务的管理方式，这对呼叫中心在更多行业进行更为深入的应用提供了借鉴；另一方面，托管型呼叫中心在饭统网的成功应用，对大量在高速成长中的电子商务企业如何选择合适自身企业特点的呼叫中心解决方案，也同样具有指导意义。

案例拓展

中国第一网店揭秘——柠檬绿茶

1．柠檬绿茶简介

2003年8月21日，柠檬绿茶(http://nmlch.taobao.com)在淘宝网上开店，四年之后它成为淘宝网上的老大，已经是淘宝网乃至电子商务领域一个响当当的名字。柠檬绿茶网店首页如图6-2所示。淘友们都知道要买化妆品，就到柠檬绿茶。它缔造了淘宝网的传奇。

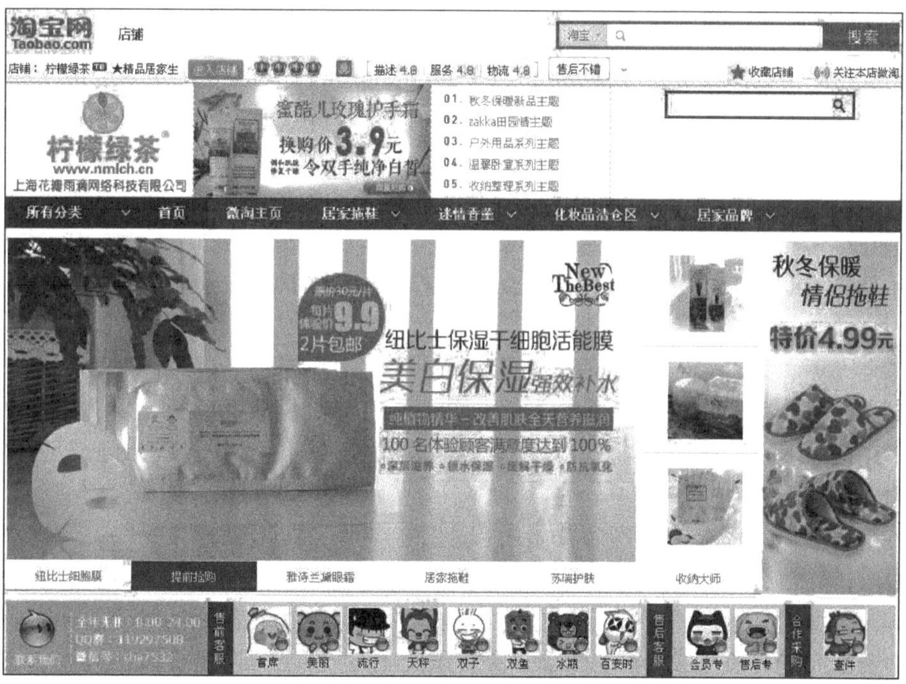

图6-2　柠檬绿茶网店首页

在淘宝网上大多数店主还在单打(一个人开店)、双打(夫妻店)的时候，柠檬绿茶的团队已经发展到260多人。公司设有人力资源部、市场部、零售部、批发部、服装部、售后服务部、后勤部、后台管理部、仓库稽核、物流部、IT技术部等部门。公司的业务主要以化妆品为主，同时涉及服装、箱包、鞋子、饰品等。

2007年8月，柠檬绿茶成功问鼎五皇冠(20万好评信誉度，1笔成功生意可以换来1个好评)，成为淘宝第一家五皇冠店铺。2008年4月，柠檬绿茶第一个成功突破淘宝巅峰——金冠信誉50万好评。2008年11月，柠檬绿茶第一个成功突破淘宝100万双金冠信誉。另外，从淘宝数据显示，柠檬绿茶是淘宝交易综合排名第一卖家，也是化妆品交易排名第一卖家。2009年1月4日，柠檬绿茶被中国美容化妆品行业第一门户站——中国化妆品网(C2C)评定为2008年度唯一优秀“网商”渠道商，是C2C领域第一(唯一)家。

2. *柠檬绿茶网站的发展*

2003年8月，张定华(柠檬绿茶创办者之一)在淘宝网上开店。她是上海人，曾就读于上海中医药大学中药系。2003年毕业，在上海一家著名的保健品公司做过电话销售和客户咨询师。2004年7月辞职，开始全职做淘宝店。王维栋(柠檬绿茶创办者之一)，青岛人，中国海洋大学会计专业，毕业以后在一家国际合作的会计事务所工作。2000年被派到上海分所，以后去过东方通信集团、小护士及欧莱雅集团，深谙企业管理之道。开始，他们除了在网上开店，还开了一个实体店。进货、租门店都需要资金，他们没有钱，就拿着自己积累的3万多元开始了创业。在最艰难的时候，一个好朋友抵押了自己的房子，贷款借给他们5万元，帮他们渡过了难关。

做化妆品生意的一个诀窍就是备货，竞争往往也在备货上。柠檬绿茶的对策就是两个字：节省。王维栋在那个阶段实际就是一个运输工，他的一辆电瓶自行车要承担进货到家、送货到实体店、送货到邮局的任务，几个地方相距几十里地，一箱装满玻璃瓶化妆品的箱子，重量有100多斤，要一箱箱自己扛上楼，为的就是节省10元钱。另外一个方法就是与很多供应商建立良好的信任与合作关系，他们也给予了柠檬绿茶很大的支持，很多产品都是到货结款、售完结款或月结。柠檬绿茶利用资金周转的时间差，算计着过日子。

2005年7月，柠檬绿茶进入网店发展的第二阶段，开始聘请员工。那个时候柠檬绿茶大约是三钻，已经有了20多万元的库存，虽然有一部分是供应商的货品，但是自己的占了大部分。在这个阶段，柠檬绿茶开始战略转移，用柠檬绿茶的话说，柠檬绿茶是做好内功，做好管理，让网店上规模。

2007年8月，一个庞大的网店开始出现。120个员工细化成为几大块，像流水线一样有序地操作。突然有一天，张定华对王维栋说，统计显示，每天有两万人进出他们的网店，但是只有1000人买了东西。两万人的潜在超大客户群，他们无意之间发现了属于自己的资源。这个资源究竟会演变成为什么，该如何利用，他们还处在朦胧阶段，但是这个资源属于他们，是他们的宝贵资产。

3. 柠檬绿茶的管理

(1) 人事管理

由于业务的快速发展，人才需求极大。柠檬绿茶专门由人力资源部负责常年招聘，几乎每个月都有新人进来。新的人员是一批批进来的，会实行三七培训制度，就是在三天里淘汰40%的人，在七天里为剩下的人定岗，再经过市场部培训、部门培训，最后在两个月的时间里适应下来。在这段时间里，会有各种考核。明确的目标，严格的考核，有效的激励，使得每一个员工都主动积极地努力拼搏。

(2) 仓库管理

柠檬绿茶把所有的中评和差评排队统计分析，发现过失的原因一个是物流上的耽误和损坏，还有一个就是库存统计的不准确。由于一天会发出1000多个商品，有的商品明明还有几十个，却会在一天里全部销售一空，这样就存在客户拍下后没有货的情况。柠檬绿茶决定从电子商务技术上改变这种状况，投入了九万余元设计适合自己特点的统计软件。这个软件和淘宝网上的数据、仓库库存数据实时对接，并且可以对一般客户、批发客户、VIP客户分级别显示库存数字，有效杜绝了误报商品库存的情况。这个软件还提供了许多潜在资源数据的说明。另外，为了配合物流减少商品途中损坏，柠檬绿茶成立了十几人的商品包装部门，对每个要发出的商品都会进行严格的检查，并且增加软包装加以再保护。

(3) 服务管理

国外的C2C，店主和客户在沟通上会很简洁，但是在淘宝网上却很烦琐，有的客户会反复泡在阿里旺旺上，导致交易成本的暴涨。这样的现象是C2C中国式本地化的特点，店主在和客户长时间的沟通中，固然可以加深感情，但是这不会是方向。柠檬绿茶公司的定位是服务公司，客服每天上午8点到下午5点是第一班，下午5点到午夜2点是第二班。柠檬绿茶对客户服务的要求：打字快，最快的要求达到每分钟180字；对化妆品的产品知识掌握熟练；对柠檬绿茶的业务流程十分了解。柠檬绿茶要求客户服务好的标准不是无限制地陪同客户沟通，而是简洁服务达到客户满意。

拓展思考

柠檬绿茶为什么能成为中国第一网店？它成功背后的秘诀是什么？它的核心竞争力又是什么？

参考文献

曹彩杰. 2010. 电子商务案例分析 . 北京：北京大学出版社 .

雷玲 . 2009. 电子商务案例分析(第三版). 大连：大连理工大学出版社 .

李贞华 . 2011. 电子商务概论 . 北京：机械工业出版社 .

刘涛 . 2008. 网页设计基础教程：Dreamweaver，Flash，Fireworks. 北京：高等教育出版社 .

罗绍明，岑蜀娟 . 2009. 网络营销教程 . 北京：经济日报出版社 .

司林胜 . 2012. 电子商务案例分析教程 . 北京：电子工业出版社 .

孙建红 . 2008. 电子商务案例分析 . 北京：对外经济贸易大学出版社 .

章炳林 . 2011. 电子商务概论 . 北京：中国水利水电出版社 .

张荣 . 2007. 电子商务案例分析 . 北京：北京理工大学出版社 .